KB230895

노인의 사회역할 상실에 따른
대안적 교육목회

노인의 사회역할 상실에 따른 대안적 교육목회

박 상 철

한국학술정보㈜

필자와 동기생들 (왼쪽부터 강대용 한일장신대 교목, 백창건 박사,
정연원 일본선교사, 잭토마스 목사, 한기홍 박사, 필자, 박천응 박사)

잭토마스 목사-필자와 인터뷰 후, 아름다운 죽음의 희망을
말하고 마지막 가는 뒷모습(파사디나의 몬테비스타 그로우브 홈즈에서)

서 문

요즘 최춘선 할아버지의 행적을 담은 동영상이 인터넷에 아주 인기가 많다. 노년의 삶을 지하철을 타면서 28년 동안 맨발로 가난한 자들을 위하여 복음을 전하다가 지하철을 탄 채로 神國으로 향해 간 그분의 이야기가 많은 사람들에게 지워지지 않는 메시지를 남기는가 보다. 마지막 가는 죽음의 모습이 아무도 따라가기 쉽지 않지만, 그러나 무언가 풍성한 삶을 보여주고 간 것 같아 사람들이 감동을 받고 있는 게다.

필자는 2004년 2월 26일, 오랜 세월을 친구처럼 지내던 노인 한 분을 神國으로 보내며 요즘 예전 같지 않은 하늘을 쳐다보는 습관이 생겼다. 그분의 죽음이 너무도 고통스러웠고, 마지막엔 기관지를 절개하여 말도 할 수 없을 무렵에야, 어쩌면 신체의 모든 부분을 다 소비한 것 같은 그런 시간이 되어서야, 등 굽은 채로 神國으로 보내 드렸다.

이 연구는 노인들의 죽음을 많이 다루었다. 특별히 필자가 함께 만났던 노인들의 죽음의 이야기를 시작으로 연구를 구성하였다. 노인들의 죽음에 대하여 우리는 너무도 준비 없이 맞닥뜨리고 있다. 오히려 병원들마다 장례예식을 사업성에 맞추어 장례식장을 운영하고 있는 실정이다. 병원이 유가족들로부터 죽음에 대한 형식적인 절차를 위임 받고 있는 것이다. 임종의 마지막 순간을 가족들과 나눌 수도 없는 장소에서 ABC(Air Way 기도확보, Breathing 산소인공호흡, Circulation 혈액순환) 조치를 통하여 생명을 연장시키고 있다. 한국사회는 고령화에 따라 노인들의 질병 우리 사회의 고령화가 빠르게 진행되는 가운데 노인들이 중풍이나 치매 등 질병을 비관해 스스로 목숨을 끊거나 혼자 병사한 채 발견되는 사례들이 속출하는 등, 불행한 죽음을 맞는 노인들이 급증하고 있다. 통계청 자료에 의하면 2003년 전체 자살 인구 1만 932

명 중 노인은 33.04%인 3,612명으로 3명 중 1명이 노인인 것으로 나타났다. 노인자살 비율은 1998년 20.06%에서 2000년 25.17%, 2002년 31.29% 등으로 꾸준히 증가하고 있는 추세이다. 또 자살과 타살, 과실사, 재해사를 포함해 경찰청이 집계하는 전국의 변사자 가운데 노인비율도 25.77%로 급증하고 있다. 노인들은 육체의 연약함을 필요 이상으로 나타내면서 또 하나의 가족들의 고통을 만들며 노추(老醜)와 가족의 고단함이 있는 장소이다.

보다 인간다운 죽음을 준비할 수는 없을까? 존귀하게 위엄을 갖추고 삶의 마지막을 아름답게 만들 수는 없을까? 고령화 사회를 대비하여 노인의 사회 역할 상실에 따른 대안적 교육목회를 함으로 건강한 사회의 안전장치를 교회가 기여하는 것은 신국(神國)을 확장하는 대안이 될 수 있다.

이 책은 제1부에서는 고령화 시대의 노인역할 상실과 노인죽음문제를 다루면서 고령화 사회로 변동하는 한국사회에서의 전통적 교육에 대한 고찰을 통하여 대안적인 접근법을 고민하였다. 2부에서는 노인역할 상실의 이론적 분석과 질문을 통하여 대안적 교육목회의 방안을 분석하였다. 3부에서는 노인문제 해결을 위한 사회사업 개입모델을 제시하고 노인들이 자원봉사 참여를 통하여 봉사 수혜자에서 봉사 주체자로 인식을 전환하고, 노인들과 대화 나눔과 예수사랑 실천운동을 통하여 큰사랑실버라이프라는 노인들의 코이노니아 구조를 만드는 대안적 목회를 진행하는 이야기를 담았다.

필자는 연구 내용을 실천했을 때에 노인들의 의식변화가 가능하다는 결론을 얻었다. 노인자원봉사 프로그램을 통하여 노인의 정체성을 확립하고, 죽음대비교육을 통하여 죽음은 끝이 아니라, 새로운 출발을 하는 아름다운 공간이라는 것을 알리었다. 교회 노인들의 죽음을 통하여 하느님의 선하신 계획을 알리게 되었으며, 죽음이야말로 행복한 삶을 나누는 화평의 기회인 것을 경험하였다. 필자는 모든 노인들이 죽음을 위엄 있게 맞이하는 것이 소원이다.

이 연구는 혼자 쓴 것이 아니다. 연구를 쓰는 과정에 함께 참여한 많은 분들에게 다시 한번 감사를 드린다. 우선 연구 형식에 있어서 독특하게 사이트 팀을 구성하였다. 연구대상자가 노인이기 때문에 노인의 처지를 충분히 이해하고 심리적으로 안정감이 있고 신뢰감을 주는 분들로 구성하였다. 우선 연구의 사이트 팀의 중요한 멤버로 이론과 신학적으로 도움을 주신 문희석 박사님께 감사를 드린다. 문 박사님은 미국에서 큰사랑교회에 두 번씩이나 오셔서 성도들을 위하여 설교도 해 주시며 큰사랑교회의 노인목회의 비전을 격려하여 주셨다. 이행로 권사님, 문옥숙 권사님, 명순복 권사님, 윤순자 권사님, 양홍우 집사님, 김성오 집사님과 노인목회 비전을 격려하고 지원해 준 큰사랑교회 모든 교우들에게 다시 한번 감사를 드린다. 인하대 고운숙 교수님께 감사를 드린다. 적지 않은 연구 내용을 일일이 읽어 주시면 아낌없는 격려를 주셨다. 뉴욕신학교의 백창건 박사님, 그리고 한국에까지 오셔서 목회현장을 격려해 주신 루이스, 미셸 임 교수님의 수고를 다시 한번 감사를 드린다. 파사디나에서 예수사랑운동을 통하여 희망을 발견하고, 실천목회를 다짐하며 우의를 다진 한인철 박사님께 감사를 드린다. 죽음의 의미를 일깨워 주신 故 잭 토마스 목사님, 서원석 할아버지, 김려하 권사님을 잊을 수가 없다. 동료 목사인 한기홍 목사님, 박천웅 목사님, 강대용 목사님께 감사를 드린다.

연구를 작성하면서 가족들의 따뜻한 격려를 잊을 수가 없다. 아들의 공부를 위해 기도로 큰 사랑을 주신 아버지, 어머니께 진심으로 감사를 드린다. 형제자매들에게도 감사한다. 사랑하는 딸 유준이가 연구의 목차를 고치려고 밤을 지새우며 도운 일을 잊을 수가 없다. 큰딸 소희와 사위가 아빠를 위해 격려를 하려고 요리를 하며 격려를 한 것도 무척 고맙게 생각한다. 함께 '작은 교회 큰사랑'의 목회철학을 갖고 교회를 개척한 동역자인 아내 강재현에게 이 책을 바친다.

2006년 박상철 목사

목 차

제3부 노인역할상실 회복을 위한 목회전략

그림 목차

제1부 연구과제와 연구목적

제1장 서 론

본 연구는 노인의 사회역할 상실에 따른 대안적 교육목회라는 제목으로 연구를 진행하려고 한다. 제1장에서는 교회가 위치한 지역, 역사적 배경, 및 노인의 상황 등을 논하고 문제제기를 하고자 한다.

제1절 배경소개

1. 교회가 위치한 지역상황

큰사랑교회는 인천광역시 남동구 만수동의 주공아파트 단지 내에 위치하고 있다. 아파트 단지는 3,000세대의 대단지이며, 18평형부터 28평까지로 구성된 주로 서민들이 거주하는 아파트이다. 교회 옆에는 초등학교와 중학교가 나란히 있으며, 아파트 단지를 넘어서 500미터 반경 내에는, 대단위 시장이 소재한 많은 상가들과, 각종 은행, 병원, 학원 등이 조성되어 있다.

남동구 지역의 총인구수는 392,478명이다.(남자 198,022명, 여자 194,456명) 그중 교회가 위치한 만수 4동의 인구는 8,248세대 25,841명(남 12,913명, 여 12,928명)이다. 만수 4동 연령별 분포를 보면 40-44세 2,782명(남 1,376, 여 1,406), 45-49세 2,145명(남 1,161, 여 984), 50-54세 1,127명(남 617, 여 510), 55-59세 753명(남 396, 여 358), 60-64세 541명(남 244, 여 297), 65-69세 459명(남 159, 여 300), 70-74세 409명

(남 115, 여 294), 75-79세 290명(남 94, 여 196), 80-84세 179명(남 63, 여 116), 85-89세 60명(남 19, 여 41), 90-94세 19명(남 6, 여 13), 95-99세 3명(남 1, 여 2), 100세 이상은 없음으로 60세 이상의 인구가 1,960명(7.58%)이고 65세 이상 인구는 1,419명으로 5.5%이다.[1]

2. 교회의 역사적 배경 및 상황

인천큰사랑교회는 본 연구의 연구자가 '작은 교회 큰사랑'이라는 설립 취지를 갖고 시작한 개척교회이다. 2001년 2월 11일, 만수 4동 12번지 상가 3층에 마련한 작은 예배당에서 12명의 설립자를 중심으로 목회를 시작하였다. 설립 3주년이 지난 지금은 장년 57명이 등록되어 있으며, 도시의 작은 교회로서 성장하고 있다.

큰사랑교회는 아파트 단지 내에 위치하는데, 주변에는 학교와 상가들, 금융기관, 시장, 녹음 진 야산이 있다. 교회 뒤쪽에는 인천대공원이 있고, 개발되지 않은 시골풍경을 볼 수 있기도 하다. 이 지역에는 60세 이상의 노인이 1,960명(지역인구의 7.58%)이 주거하고 있어, 본 연구자가 남은 생애를 하느님의 종으로서 섬김의 교역을 할 수 있는 자원이 충분히 있다고 생각된다.

루터는 "본질적 또는 비가시적인 교회는 진정한 믿음, 소망, 그리고 사랑 가운데 사는 모든 자들의 공동체 또는 모임이다."라고 말한다.[2] 본 연구자는 노인자원봉사공동체의 비가시적인 교회를 세우기 위하여, 노인들을 섬김의 대상으로 하는 노인교육목회를 출발하고자 한다.

---

1) 2003년 주민등록 인구 통계(인천광역시) 2003년 12월 31일 기준.
2) Martin Luther, On the Papacy in Rome, in Luther's Works, ed. Eric W. Gritsch, (Philadelphia: Fortress, 1970), 39-65, 69-70.

제2절 문제제기

1. 고령화 시대와 노인 사회역할 상실

본 연구자가 연구하고자 하는 분야는 노인의 사회역할 상실에 따른 대안적 교육목회(큰사랑교회 노인자원봉사교육프로그램을 중심으로)연구이다. 노인들은 육체적, 정신적, 영적인 건강에 많은 위협을 받고 있다. 정신적 고독감은 물론 영적인 고독감과 무력감, 쓸모없는 존재라는 의식, 의미 없는 여가생활에 대한 절망감에 시달린다. 과거 지향적인 삶의 태도에서 벗어나 희망적인 미래가 실재할 수 있다는 것을 인식케 하고 삶의 자세를 긍정적으로 바꿔 나갈 수 있도록 하는 신앙교육이 이루어져야 할 것이다.

교회를 구성할 때 노인들과 대화하는 모습은 예수님의 섬김의 본을 보여주는 좋은 표본이 된다. 예수는 소외된 자를 찾으시고 그들을 회복하여, 가난하고 억압된 삶의 자리를 박차고 일어설 수 있는 능력을 공급하셨다. 만일 내가 참으로 한 사람을 사랑한다면 나는 모든 사람을 사랑하고, 세계를 사랑하게 된다. 교회가 노인들에게 '당신을 사랑합니다'라고 말할 수 있다면, 교회는 노인들을 통해 모든 사람을 사랑하고, 노인을 통해 세계를 사랑한다고 말할 수 있을 것이다. 인간소외에 대한 관심자체가 사회주의와 휴머니즘, 그리스도인과 비그리스도인을 가장 잘 연결해 주는 고리이다.[3]

따라서 기독교교육에서의 노인은 다음과 같이 규정할 수 있다.

---

3) Oskar Schatz and E. F. Winter, ed, Erich Fromm. 소외와 마르크스주의 그리고 휴머니즘, 휴머니즘. (서울: 사계절 출판사, 1982), 267.

첫째, 교회노인은 노화와 관련된 부정적 견해를 긍정적으로 바꿀 수 있는 소외될 수 없는 학습자다.

둘째, 교회노인은 각 개인의 가능성과 잠재력을 발휘하여 삶의 의미를 보다 풍요롭게 발견할 수 있는 능력자다.

셋째, 교회노인은 신앙과 삶을 통해 신앙공동체 속에서 중요한 역할을 감당해야 할 봉사자인 것이다.

노인 역시 하나님의 형상으로 지음 받은 하나님 앞에, 세상 앞에 나름대로 책임을 다해야 하는 인간임과 인지적 차원, 정서적 차원, 의지적 차원의 전인적 신앙성숙을 위해 평생 성장을 멈출 수 없는 인간임을 새롭게 인식해야 할 것이다. 뿐만 아니라 노인도 급변하는 현대사회 속에서 타인을 위해 희생과 봉사를 기꺼이 감당할 선교적 삶을 살아가는 존귀한 인간임을 주시해야 할 것이다.

개척 초기의 교회의 재원은 한정되어 있음으로 지역사회 노인의 교육을 위한 목회방안은 특별한 접근이 필요할 것이다. 그것은 비공식적인 자연적 원조체계를 활용하는 방법이다. 노인들의 문제와 욕구가 나타나기 전에 노인들에게는 자연적으로 욕구가 충족되거나 문제 해결의 장치가 그들 안에 이미 존재하고 있어서 그 부분이 활용된다면 노인교육에 대한 욕구를 해결하는 데 기여하게 될 것이다.

그들의 경험재원을 하느님께서 사용하실 수 있도록 교회가 장을 만드는 것도 필요하다. 그런 프로그램으로서는 노인자원봉사교육프로그램이 될 수 있다. 노인대학을 설립함으로써 새로운 정보를 소개하기도 하고, 그들의 경험재원을 분류하여 간증의 형태와 노인자원봉사자로 활용할 수 있는 것이 그것이다.

재경부가 2001년 12월 27일 번역 출간한 ‘OECD(Organization for Economic Cooperation and Development)한국경제보고서’에 따르면 우리나라가 2022년에는 노인층 비율 14% 이상인 ‘노령사회’에 들어설 것으로 예상됐다. 이러한 고령화[4]와 그에 따른 문제들은 또 다시 사회에 여러 가지 새로운 변화를 초래하게 될 것이다.

우선 노인인구의 양적인 증가에 따른 변화들을 생각해 볼 수 있다. 노인인구가 증가한 만큼 노인복지에 대한 양적인 수요의 증가뿐 아니라, 다양한 서비스에 대한 요구도 함께 증가될 것이다. 또한 노인인구의 양적 증가는 그만큼 사람들이 사회도처에서 노인들과 부딪치고 노인들과 함께 상호 작용할 기회와 필요성이 증가함을 의미한다.

노인인구의 증가[5]는 자연스레 노인의 세력화를 가져오게 될 것이다. 노인들은 자신들의 이익을 위하여 정치적인 세력을 규합할 수 있으며, 사회적인 압력단체를 구성할 수 있고, 자신들의 의견을 표현하고 그것을 관철시키기 위하여 다양한 정치적 행동을 실천할 수 있다. 고령화 사회 속에서 노인인구의 양적인 증가는 경제상황 및 교육여건의 개선

---

4) 〈표 1〉 인구 고령화속도 비교(65세 이상 인구비율)

국 명	7% →14%	소요 연수
프랑스	1865년→1979년	114
스웨덴	1890년→1972년	82
미 국	1945년→2014년	69
영 국	1930년→1976년	46
일 본	1970년→1995년	25
한 국	2000년→2019년	19

(2000년 기준-인구 100만 명 이상의 국가-65세 이상 노인인구 점유율은 한국 7.1%(52위), 이탈리아 18.2%(1위), 그리스 17.9%, 스웨덴 17.4%, 일본 17.1%, 스페인 17.0%, 벨기에 16.7%, 독일 16.4%, 영국 16.0%, 프랑스 15.9% 순이다.)

5) 〈표 2〉 한국의 인구 평균수명 추이

구 분	1960년도	1970년도	1980년도	1990년도	1995년도	2000년도	2020년도
평균수명	52.4	63.2	65.8	71.6	73.5	74.9	78.1
남	51.1	59.8	62.7	67.7	69.6	71.0	74.5
여	53.7	66.7	69.1	75.7	77.4	78.6	81.7
차 이	2.6	6.9	6.4	8.0	7.8	7.6	7.2

(자료-통계청, 「장래인구추계: 1990-2021」, 1996.)

과 맞물려 노인들의 교육적, 경제적 지위를 향상시킬 것이다. 따라서 단순히 노인문제를 사회복지적인 서비스의 확충을 통하여 해결하고자 하는 소극적인 노력에서 벗어나, 보다 적극적인 대응방법의 처방과 노인들이 갖고 있는 기본적인 욕구를 넘어 그 이상을 충족시키기 위한 대안으로서의 노인교육이 부각될 것이다.

한정란 교수는 "노인은 교육의 대상에 그치지 않고 귀중한 교육적 자료재원으로서, 그리고 능력 있는 교수재원으로서 주목받기에 충분한 의미와 중요성을 갖고 있다"고 한다.6) 세계적으로 노인교육의 필요성이 강조되기 시작한 것은 오래전부터이나, 보다 체계적으로 강조된 것은 '평생교육의 개념'이 대두하고서부터이다. 1965년 유네스코 총회에서는 평생교육을 교육발전의 기본정책으로 채택하였고,7) 1982년 오스트리아 빈에서 채택한 교육에 대한 권고안에서는 "교육은 인간의 기본적 인권으로서 고령자에게도 차별 없이 적용되어야 한다. 교육정책은 재정의 적정한 분배에 의하여 고령자도 공평하게 교육의 기회가 부여되도록 배려하여야 한다."고 하여 노인교육의 중요성을 강조하였다.8)

우리나라도 평생교육의 중요성을 인정하여 1980년 헌법 개정 당시 헌법 제29조 5항에 "국가는 평생교육을 진흥해야 한다."라고 명시하였다. 그리고 이러한 헌법정신을 구현하기 위해 정부는 1982년 12월 국회에서 사회교육법을 통과시켰다. 정부의 '평생학습진흥 종합계획모형'은 다음과 같다.

---

6) 한정란, "노인을 위한, 노인에 관한, 노인에 의한", 교육노년학, (서울: 학지사, 2003), 19-21.

7) 안선호, 교회노인학교의 문제에 관한 고찰, 석사학위논문, 중앙대학교 사회개발대학원, 1993. 3.

8) 김종서 외, 한국에서의 평생교육 체제정립에 관한 연구, (서울: 한국정신문화연구원, 1982), 5.

<그림 1> 평생학습진흥 종합계획모형

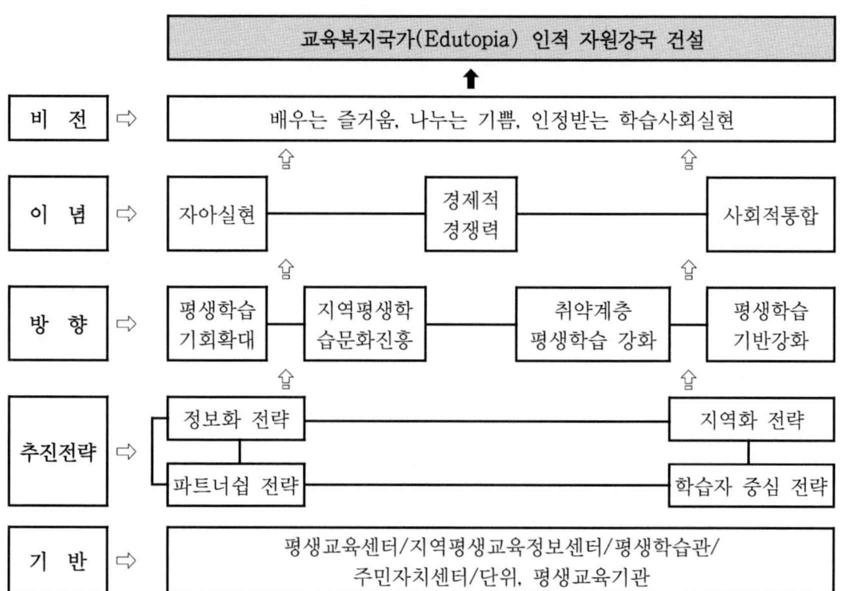

노인교육에 관련된 철학적 문제를 연구한 미국의 노년학자 중의 한 사람인 무디는 "교육관계자의 한 사람으로서, 나는 노인들이 왜 교육을 받아야 하는가에 대한 분명한 의견을 가지고 있지 않음을 지적하고자 한다. 이처럼 기본적이고 철학적인 사고가 없다는 것은 결국 활동 전체에 있어서 위험한 것이다."라며 노인들에게 왜 교육을 실시해야 하는가의 이유가 이해되지 못하고 있다는 것에 대해 주의를 환기시켰다. 무디는 또 "노인들을 미래에 있어서의 투자대상으로 생각하는 노인교육의 근거는 경제적인 문제에 있어서는 거의 의미가 없다"고 주장했지만 경제적 가치에서 발생하는 이익을 규명한 바 있다. 이는 지역사회에서의 생활의 모든 영역에서 경험을 가지고 사리분별이 있는 고령시민이 적극적으로 참가하는 것은 지역사회활동을 유지하기 위한 매우 중요한 지역사회의 재산이라는 것을 설명한다.

노인교육의 또 다른 하나의 중요한 사회적 이익은 그것이 민주적 과정을 촉진시킨다는 것이다. 노인들은 아동, 청소년, 젊은이, 중년시대의 중요한 역할 모델이 될 수 있다. 노인들은 버틀러(1975)가 주장하는 '노인의 기능'을 완수하는 심리적 자원도 될 수 있다. 노인교육이 가져다줄 수 있는 사회적 이익은 사회복지경비와 같이 축소될 가능성이 있는 사회적 지출과 비교해서 측정할 수 있다고 주장하는 사람들도 있다.

노인교육을 통한 개인적, 사회적 이익은 다양하면서도 중요하다. 따라서 노인교육의 본질적인 목적과 정당성은 사회적, 경제적, 정치적, 교육적인 제도를 초월하여 확장되는 가치에서 나오는 것이어야 한다. 이러한 교육목적관은 개인이나 사회의 단순한 생존 이상의 것에 기초하여, 앞으로 살아갈 세계에 있어서의 상호 이해를 심화시킴으로써 노인의 역할에 관한 인류의 의식을 고양하는 것에 관련되어야 한다.[9]

오늘날 고령인구의 증가와 더불어 고령자를 위한 교육의 필요성이 증대되고 있다. 그러나 고령자를 대상으로 한 교육에 있어서는 노인교육에 대한 부정적인 편견의 제거, 교육장애요인 제거, 노인교육기관 및 프로그램 간 연계구축, 평생학습체제로의 학교 교육개혁, 고등교육기관의 노인교육 참여 확대 등을 충분히 고려해서 실천해 나가야 할 것이다.

노인교육은 21세기 노인의 정체성을 새롭게 확립하기 위한 중요한 방안이다. 노인들의 새로운 존재 의미는 생산적인 존재로서의 노인으로 거듭나기와 노인들의 사회 참여 구현이다. 노인들이 쓸모없는 소비적 존재, 혹은 사회적 부가가치를 갖지 못하는 존재로서의 편견에서 벗어나, 사회성원의 한 집단으로 자주권을 가진 존재로서 참여하도록 하기 위한 것이다. 21세기 한국노인교육의 비전을 수립하기 위하여서는 우리 사회의 노인교육에 대한 편견을 분석하는 것이 시급하다. 노인교육에 대한 편견은 노인교육에 대한 오해에서 비롯된다. 노인교육에 대한 오해는 노

---

9) 허정무, 노인교육이론과 실천방법론, (서울: 양서원, 2002), 104-108.

인교육 범위의 제한성, 노인교육의 오락활동화, 노인들의 다양성 불인정, 과거 지향적 노인교육, 노인교육투자의 경제적 평가로 요약된다.

지금까지 노인교육학자들은 노인교육을 노인들을 위한 교육, 노인과 노화에 관한 교육, 노인과 관련된 직업을 가진 이들을 위한 교육, 노인에 의한 교육 등으로 분류해 왔다. 대체적으로 노인이 교육의 수혜자가 되는 교육을 노인을 위한 교육, 노인이 교육의 내용이 되는 교육을 노인에 관한 교육, 젊은이들과의 상호 작용 속에서 노인들이 교육적 역할을 수행하는 노인에 의한 교육 등의 세 가지로 요약된다.

현실적인 상황으로는 과거의 젊은 시절 교육기회를 충분히 누리지 못했던 현재의 노인들에게 교육의 권리라는 측면에서 노인들을 위한 교육에 중점을 둘 수밖에 없지만, 이제 우리나라에서도 노인교육을 노인을 대상으로 삼는 '노인을 위한 교육'의 영역뿐만 아니라 다른 영역의 학습자들 혹은 노인과 관련된 영역에 종사하는 사람들을 대상으로 노화와 노인에 관하여 가르치는 '노인에 관한 교육'의 부분과 노인들이 교육적 역할을 직접 수행하는 '노인에 의한 교육'의 영역까지도 포함하는 넓은 의미의 활동으로 다시금 정의하여야 한다.

노인들에게도 앞으로 살아가야 할 삶의 미래가 있으며, 그 미래를 준비하고 그에 적응해 가는 것은 노인들에게 있어서도 중요한 과제임에 틀림없다. 노인들에게 있어서 교육의 의미는 과거에 대한 반추와 종합일 뿐만 아니라 현재에 대한 적응이며, 동시에 미래를 위한 준비라는 인식의 변화가 요구된다.

노인교육관계자는 노인들의 학습에 영향을 미치는 여러 가지 요인들에 대해 알고 있어야 하며 정통해 있어야 한다. 또한 노인교육기관 및 프로그램 간 연계구축과 평생학습체제로의 학교교육을 개혁하는 것과 고등교육기관의 노인교육 참여를 확대하는 방안 등을 수립함으로써 자신들이 소유한 인적 자원과 물적 자원들을 노인들의 교육을 위해 투자해야 할 것이다.

2. 고령화 사회와 노인죽음문제

사회는 개인들의 삶에 의미를 부여하며 사회에서 개인이 단절될 때 개인은 자살을 감행하는 경우도 있다.[10] 우리 사회의 고령화가 빠르게 진행되는 가운데 노인들이 중풍이나 치매 등 질병을 비관해 스스로 목숨을 끊거나 혼자 병사한 채 발견되는 사례들이 속출하는 등 불행한 죽음을 맞는 노인들이 급증하고 있다. 통계청 자료에 의하면 2003년 전체 자살인구 1만 932명 중 노인은 33.04%인 3,612명으로 3명 중 1명이 노인인 것으로 나타났다. 노인자살비율은 1998년 20.06%에서 2000년 25.17%, 2002년 31.29% 등으로 꾸준히 증가하고 있는 추세이다. 또 자살과 타살, 과실사, 재해사를 포함해 경찰청이 집계하는 전국의 변사자 가운데 노인 비율도 25.77%로 급증하고 있다.

국민일보 기사(2004년 10월 14일 3면)에 의하면, 2004년 10월 9일 강원도 강릉에서는 2년 전부터 중풍과 치매를 앓아 오던 80대 노인이 자식들에게 부담을 주는 것을 비관, 스스로 목숨을 끊었다. 2004년 10월 5일에는 서울 오류동에서는 치매에 걸린 아내를 돌봐 오던 90대 노인이 자식들에게 부담을 주기 싫다며 아내를 목 졸라 숨지게 하고 뒤따라 목을 맨 채 자살한 안타까운 일도 발생했다. 이 노인은 달력 뒷장에 파란색 사인펜으로 '78년이나 함께 산 아내를 죽이는 독한 남편이 됐다. 살만큼 살고 둘이서 같이 세상을 떠나니 너무 슬퍼하지 마라'라는 유서가 자식들에게 남겼다. 지난 12일 서울 독산동에서는 돌봐주는 사람 없이 혼자 살며 치매를 앓아 오던 80대 노인이 변사체로 발견됐고, 같은 날 서울 북부 지방법원에서는 치매에 걸린 어머니가 대소변을 가리지 못한다며 때려 숨지게 한 아들에게 6년형을 선고하기도 했다.

---

10) Emile Durkheim, Suicide, trans. by John A. Spaulding & George Simpon, (New York: Free Press, 1951. Originally published in 1897), 47.

노인문제 전문가들은 노인 죽음의 특성상 많은 수의 자살, 타살 등이 자연사로 은폐되고 있어 실제로 불행한 죽음을 맞는 노인들은 더 많은 것으로 추산하고 있다. 호서대 사회복지학과 김형수 교수는 "노인들의 자살이 증가하는 것은 노인개인의 문제가 아니라 우리 사회의 극도로 열악한 노인복지 문제를 단적으로 보여주는 사례"라며 "사람은 누구나 다 노인이 될 수밖에 없기 때문에 이 문제를 가벼이 해서는 안 된다"고 지적했다. 노인문제 연구소의 홍미령 소장은 "부모를 부양해야 한다는 전통적인 가치관이 무너지면서 우리 노인들이 갈 데가 없어 죽음으로 떠밀리고 있다. 이를 가정윤리의 문제로 치부할 것이 아니라 노인들이 경제적으로 자립할 수 있도록 경로연금을 현실화하고 저렴한 비용의 양로원, 요양원 시설을 대폭 확충해야 한다."고 강조했다.[11]

죽음에 대한 사람들의 태도는 덜 인간다워지고 있는가? 아니면 더 인간다워지고 있는가? 신문을 펼쳐보면 이런 저런 일로 그렇게나 사람이 많이 죽는데 그들은 죽었지만 '나는 안 죽었어 나는 됐어'라는 안도감이 생긴다. 자신이 사멸할 존재임을 부정하는 특수한 형식이 곧 전쟁이다. 백혈병으로 죽게 된 한 사람은 믿기지 않는다는 투로 말한다. "내가 지금 죽는다는 것은 있을 수 없는 일입니다. 하느님 뜻이 그럴 리 없어요."라고 말이다.[12]

가족 구성원 중의 한 사람의 죽음, 보다 넓은 공동체 안에서의 어떤 사람의 죽음은 가족이나 공동체가 함께 겪는 사건이다. 하나의 죽음이 일어나면 사람들은 직접적이든 간접적이든 그 죽음과 함께 참여할 수밖에 없기 때문이다. 사회적인 맥락에서 보면 죽음은 결코 홀로 죽음이 아니다. 죽음은 사회적인 사건이기 때문에 모든 사람에 의해서 공유되어야 한다. 대부분의 사람들이 병원에서 죽음을 맞이하고 있는 요즈음

---

11) 국민일보, 2004년 10월 14일 3면 발췌.

12) Elisabeth Kübler-Ross, On Death And Dying, 성염 역, 인간의 죽음, (서울: 분도출판사, 2000), 28.

따뜻한 보살핌과 간병을 받지 못하고 병실 한 구석에서 차가운 의료 기계에 둘러싸인 채 여러 가지 튜브를 몸에 꽂고 있는 모습을 자주 목격하게 된다. 어떤 원인으로 죽어가는 환자라도 응급실에서 ABC조치 (Air Way 기도확보, Breathing 산소인공호흡, Circulation 혈액순환)를 취하면 어느 정도 생명을 붙들어 놓을 수 있다고 한다.

보다 편안하게, 보다 인간적으로 죽음을 맞이하고 싶은 사람에게 이것이 과연 인간다운 죽음의 방식일까라는 의문이 들게 한다. 더구나 환자의 임종을 가장 가까이에서 지켜보는 의료관계자가 죽음에 대한 적절한 교육을 받았는지, 또 스스로 죽어가는 환자를 돌보는 방식이라든가 자기 자신의 죽음에 대해 얼마나 생각해 보았는지 궁금하다. 모든 죽음은 모든 삶과 연결되어 있다.[13] 우리가 죽어갈 때에 우리 모두의 육신은 존중받으면서 치료받을 권리가 있다. 현대사회는 냉혹하게 편의주의에 빠져 어떤 영적가치도 부인하기 때문에 시한부 인생 선고를 받은 사람은 자신이 아무 쓸모도 없는 물건처럼 내팽개쳐진듯한 느낌에 몸서리치게 된다.

현대사회에서 죽어가는 사람에게 대다수가 표하는 유일한 관심이란 그의 장례식에 참석하는 것뿐이다. 가장 상처받기 쉬운 바로 그 순간 세상 사람들은 거의 아무런 보살핌이라든가 통찰력도 제시받지 못하고 내팽겨 쳐진다. 누구든지 어느 정도 마음의 평화를 느끼면서 죽음을 맞이할 수 없다면, 적어도 이것을 가능하게 하려는 어떠한 노력도 진행되지 않는다면, 권력과 성공만을 지향하는 현대사회의 허세는 공허해질 뿐이다.

큰사랑교회에서는 지난 2년간 70대의 두 분의 죽음을 통하여서 장례에 대해 집례를 하였다. 그분의 죽음이 초래한 파장이 그분의 삶의 내용을 너무나도 잘 반영하고 있고, 우리 교회의 공동체에 삶 속에 심어

---

13) 정진홍, 죽음과의 만남, (서울: 우진 출판사, 1995), 112.

주었기 때문에, 그분들의 죽음과 또 다른 죽음의 만남을 다시 한번 회상하면서 죽음의 문제를 함께 생각하고 공유하고자 한다.

1) 서 ○○ 성도님

서 ○○ 님은 지난 2월 26일에 72세로 돌아가셨다. 이분은 후천성 장애인이셨다. 3살 어릴 적에 툇마루에서 땅으로 떨어져서 척추를 다쳐서 그 후부터 등이 굽어버린 장애인의 삶을 살았다. 이분과는 40대 후반이실 때부터 만났으므로 25여 년을 함께 교제하였다. 언젠가 등이 굽은 사연을 말씀하시면서 유감을 표하는 것을 들었다. 그리고 자신이 장애인임으로 미술 같은 예술계통의 공부를 더 했었더라면 더 의미 있는 삶을 살았었을 거라고 말씀하셨다. 그래도 이분은 취미가 다양하셨다. 고서나 고화수집, 수석 등을 하셨고, 60대에는 수석가게까지 운영하시면서 취미를 통해서 사람들과 교제하는 것을 즐겨 하셨다. 큰사랑교회가 설립될 때, 교회 표어를 무엇을 할까하고 이분과 의논할 때에도 '작은 교회 큰사랑'이라는 귀한 말씀을 주셨다.

이분이 한 말 중에 자신이 일생에 3번 정도 괴로울 정도로 아픈 경험을 했다고 했다. 그것은 신체 구조가 다른 사람들과 다르기 때문에 육체가 성장할 때마다 골격과 근육, 그리고 살과 피부가 균형을 맞추지 못해서 오는 그런 아픔이라고 했다. 그렇지만 대나무가 마디를 만들어 자라듯이 자신도 그런 고통을 3번 겪은 다음에는 그런대로 참을 만했었다고 했다. 그렇지만 60대 이후에는 한 시간도 아프지 않은 시간은 없었다고 했다. 한 시간도 아프지 않은 상황을 어떻게 해석할 수 있을까? 그래서 노인들이 아프다고 말씀하실 때마다 그분의 이야기를 생각하고 이해를 한다.

작년부터 이분은 당뇨로 합병증을 일으켜 거동이 불편해지기 시작했다. 하루에 약을 당뇨, 전립선, 위장약 등 여러 가지 종류의 약을 시간을 맞추어서 1년 이상을 복용했다. 체력이 소진되면서부터는 외출을 삼가기 시작했고, 나중에는 배설을 제대로 할 수 없어서, 옆구리에 배설장치까지 했다. 그때쯤에 이분은 목사에게 세례를 받을 생각을 했다. "박목사, 세례는 어떻게 받는 거지?" 교회는 나오지 않았지만 목사와 교제하는 그 기간에 방 안에는 늘 성경책이 놓여 있었고, 틈틈이 성경을 보고 있었던 게다. 그래서 2003년 7월 20일에 교회의 신도들과 함께 집에 찾아가서 세례집례를 했다.

그 후 3개월여 후에 병원 응급실로 실려 갔고, 중환자실에서 체력이 되질 않아 호흡이 곤란해서 강제로 산소 호흡기를 차고 호흡을 하게 했다. 기관지 절개 수술을 했기 때문에 말을 할 수가 없어서 문병을 가서도 대화를 나눌 수 없는 어려움이 있었다. 그런데도 오랜 세월 교제를 했으므로 손을 잡고 격려를 했다. 6개월여를 그렇게 중환자실에서 약물주입으로 생명을 연장하였다. 신체는 부을 대로 붓고 회복의 가망이 사라질 즈음에 지난 2월, 서 할아버지는 등이 굽은 장애의 삶을 청산하시고 돌아가셨다. 병문안을 했었을 때 목사는 서 할아버지에게 "굽었던 등이 날개가 되어 신국(神國)으로 가시라"고 말씀을 해드렸었다.

2) 김 ○○ 권사님

김 권사님은 2004년 9월 병원에서 중환자실에서 향년 78세 일기로 돌아가셨다. 김 권사님은 큰사랑교회 개척시기부터 오셨다. 성품이 얼마나 쾌활한지 찬송을 부를 때면 박수를 치고, 손을 흔들며 춤을 추며 좋아하셨다. 새벽기도를 꼭 해야 하는 줄 아시기 때문에 목사는 권사님 한 분을 태우고 새벽기도 차량운행을 2년여를 했다. 돌아가시기 전 6개월 정도는 교회와 거리도 있고 해서 가까운 교회에서 기도를 하시라고 권면을 해드렸다. 교회공동체에서도 활달하셔서 제1여전도회 회장직도 하시고 노인대학 반장으로 섬겼다. 그리고 구역장도 맡아서 회원들을 격려도 하고 잘 섬겼다. 관절로 인해서 가끔 걸을 수 없어서 그렇지 마음은 청춘이라 항상 의욕이 많으셨다. 그렇지만 혈압이 좀 있어서 병원에서 주의하라는 이야기를 듣고 조심을 했었다. 이분은 앞으로도 10년 이상은 끄떡없이 사실 것으로 모두들 기대했었다. 그러나 추석 전날, 갑자기 병원 응급실로 실려 가서 응급실에서 ABC조치(Air Way 기도확보, Breathing 산소인공호흡, Circulation 혈액순환)를 취하였으나, 급히 중환자실로 옮기고 중환자실에서 3일 만에 돌아가셨다. 응급실과 중환자실에서 온 몸의 장기가 얼마나 급하게 스트레스를 받는지 CT 촬영을 보니 심장, 위, 창자 등이 부어오르고 나중에는 혈관이 팽창되어 터지게 되어 수술도 불가능한 상태가 되어 버렸었다. 물을 달라고 그렇게 소리를 쳤는데 물을 먹으면 안 된다고 의사와 간호사가 만류를 하여 김 권사님은 물을 먹지를 못하니까 그 고통을 호소를 하였었다. 그렇게 빨리 죽음이 진행될 것이라면 차라리 물을 드시게 했더라면 고통이 덜 했을 텐데 아쉬움이 든다. 얼마나 빨리 죽음이 진행되었는지 지금도 어디 소풍을 가신 것처럼 그렇게 생각된다. 이분은 어쩌면 죽음에 대한 준비를 전혀 하지 못하고, 이 땅에서도 신국(神國)과 같은 삶을 사시다가 그렇게 급히 신국(神國)으로 가신 것 같다.

3) 잭 토마스 목사님

다음은 2004년 7월 14일 잭 토마스(85세)와 대화한 기록들이다.[14] 우

---

14) Dr. Jack Thomas 목사님은 2004년 9월에 이미 돌아가셔서 화장으로 간단히 장례식도 없이 깨끗이 돌아가셨다. Dr. Jack Thomas 목사님의 장례예배는 9월 15일에 드려졌다.

리는 파사디나에서 아침 10시에 만났다. 이분의 부인은 파사디나 공동체의 회장이다. 1944년에 안수 받으시고 장로교목사이다. 기독교 교육에 관심이 있어 설교보다는 교육계통에 봉사하였다. 이분이 죽음 앞에 용기를 가진 모습은 매우 다른 모습이었다. 자신의 삶을 정리하기 위해 그가 말한 내용을 간략해 본다.

1주일에 두 번씩 하루에 4시간씩 투석하는 고통을 통하여 신학적인 문제를 생각하였다. 나는 기계에 의해서 사는 인생과 하나님의 섭리에 의해서 사는 삶과 어느 쪽을 선택하여야 하는가? 2년 전에 죽었을 몸인데 일주일에 사흘씩 기계에 의해서 치료를 통한 삶을 유지하고 있다. 내 몸은 하나님의 것이다. 목사로서 봉사했다. 하나님의 만나는 자체 그리스도를 위해서 일했다. 성령의 역사로 말미암아 일하였다. 삼위일체 삶을 했다. 죽음공포는 없어지고 하나님을 만나고 그리스도 함께 살고, 성령의 역사로 어떤 모습이 되어야 하는가?

현재로선 죽음의 공포는 없다. 주요한 점은 여기에 살고 있는 주변 사람들이 예수를 믿고 알고 한다. 반대하는 사람들에게 '예수를 위해 살았다.'는 것을 알리고 싶다. 지금 나는 하나님의 뜻에 의해 사는 것이 아니고 기계에 의해서 살고 있다는 생각이 든다. 다음 주가 되면 의사가 나의 인생의 마지막 시간을 이야기할 것이다. 4, 5주 후면 죽는다. 어떻게 준비하여야 하는가? 가장 참기 어려운 것은 심리적으로 기가 빠지는 것이다. 가족들하고 1년 전부터 이야기했다. 한 번은 자살시도를 하였는데 실패하였다. 아내가 어디 갔다고 와서 내가 죽어 있는 경우를 볼 수 없다. '죽은 그 자리에 함께 하고 싶다.'는 이유가 중요하다. 교인 가운데 한 사람이 편지한 장 남겨 놓고 혼자서 죽은 죽음에 충격을 받았다. 그 사건이 죽음을 결정하고 준비하기로 하게 된 큰 이유 중 하나이다.

가족들이 언제 죽는 것을 아는 것 때문에 가족들이 준비할 수 있다. 가족들도 생각을 해야 한다. 어려운 상황을 극복할 수 있는 기회가 된다. 우울증을 극복하는데 어디에서 작용하는가 머리에서 작용한다. 우울증이 올 때마다 약으로 치료한다. 그러나 후유증이 많다. 그중에서 기억력을 상실한다. 지금도 우울증이 올 때는 아내가 기억을 해서 조치한다. 죽는 순간에 우울증이 없이 가족들이 누군가를 알고 죽는 것이 좋다. 자기도 모르게 죽는 것은 힘들다.

  죽을 때는 가족까지 생각해야 한다. 죽음을 앞두게 되니까 돈에 대해서는 이슈가 없다. 기억력이 없이 가족들 앞에서 죽는 것 아니고 죽을 때에 가족들을 알고 죽는 것이 필요하다. 나는 하나가 아니다. 가족의 한 부분이다. 그들에게 죽는다는 것을 아는 기억력을 갖고 죽는 것이 필요하다. 가족들이 죽는 것을 모르고 하는 것이 얼마나 괴롭겠는가?

  재산을 낭비하고도 자기만 살려고 하는 것은 개인적인 욕심이다. 죽을 때는 가족들이 이야기할 때도 모르니까 가족들이 죽을 때 이야기하는 것을 들으면서 죽는 것 자체가 중요하다. 죽기 전에 가족들이 할 이야기가 있다. 이야기를 하고 듣고 이해할 수 있는 기회를 주는 것이 화해의 장이 된다. 해결이 된다. 눈으로 직접 볼 수 있고 들을 수 있고 이야기할 수 있는 것이다. Final Gift(최후의 선물)이라는 책이 있다. 그 책이 도움이 되었다. 다시 읽었으면 한다.

죽음 가운데 아름다운 죽음의 희망이다. '비우는 상태에서 하나님께 맡긴다.'는 신학이다. 산 신학이고 행동신학이다. 평화롭게 죽는 모습을 본다. '약이 생명을 주는 것이 아니다. 생명은 하나님의 손에 있다.'는 것이 포인트이다. 약도 의사를 통해 처방을 받는 것도 하나님섭리로 오지만 상당히 복잡하다. 약을 많이 먹지만 약을 너무 의존하면 하나님에 대한 신앙이 적어진다. 하나님에게 더 의지해야 한다.

다음은 문희석 박사가 토마스 목사와 대담 시 느낌을 기술한 것이다.

  편지를 썼다. 1주일 동안 편지를 보고 울기도 하고 우리도 이렇게 할 수 있는가? 고민을 하였다. 여기에 있다는 것을 알아야 한다. 말만 하지 잊어버리고 산다. 여기에서 경험 있었다. 이웃에 사는 분인데 아주 정정했다. 그분을 일주일 보지 않았는데 죽었다. 마지막 이야기를 나눌 수 없었다. 토마스 가족은 이번 토요일 파티를 한다. 60주년 파티이다. 다 온다. 프리이다. 토마스 목사의 이야기는 산 신앙 living faith이다. 병원에선 할 수 없다. 의사가 책임을 진다. 죽기 전에 커뮤니티에서 그렇게 하고 파티를 하고 장례식을 할 때도 파티를 할 수 있다. 세리머니가 된다. 교회에서 준비를 해 주어야 한다. 이분은 노인이 되도록 생활한 경험을 전부다 기증한 사람이다.

잭 토마스, 그의 부인 에버린의 편지와 이웃의 편지를 소개해 본다.

친애하는 친구들에게 2004년 6월 23일
우리는 당신에게 우리 집에서 무엇이 계속되고 있는지 알아도 좋기 위해 잭이 썼던 편지를 보냅니다. 친구들이 상상했듯이 우리 가족은 여러 달 동안 미래에의 이 단계에 관한 토론을 수개월 동안 계속하고 있었습니다. 우리 4명의 자식들과, 그들의 배우자와 손자의 일부는 포함하고요. 얼마 전에, 우리 모두는 잭이 올바른 시간을 보고 접근해 이 결정을 하고 있음을 보았고 잭의 결정을 허락했습니다.
그는 7월 17일 60번째 결혼기념일까지 머무르기로 결정했습니다. 그 다음엔 편지에 쓴 대로 결정을 하기로 했습니다. 하나님이 죽음의 시간과 그 너머에서 하나님과 방법으로 그 이를 어떻게 보살필 것인지에 대하여 그이와 나는 하나님 안에서 엄청난 믿음이 있습니다. 그 믿음과 더불어, 우리는 잭이 지상의 환란으로부터 자유롭게 된 것을 봅니다. 그리고 그분의 하나님이 무엇을 하시든지 하나님의 앞에서 살고 있음을 보고 있답니다.
우리가 우리 인생에서 이번을 경험하는 것에 대해 여러분들의 기도를 간절히 바랍니다. 우리는 그 지지를 벌써 느낍니다. 그리고 그것에 감사합니다.
사랑과 더불어, 에버린으로부터

그리고 편지에 대한 답장을 소개해 본다.

사랑하는 잭과 에벌린에게, 2004. 7. 28.
당신의 편지를 읽고 난 후에, 우리는 당신의 결정에 이르기까지 얼마나 많이 괴로웠겠는 지를 생각하고 있었습니다. 우리는 주와 함께 있고 싶어 하는 우리 인생의 최종적인 장을 위엄 있게 닫는다는 것이 얼마나 중요한 지를 생각하는 기회를 우리에게 주기 위한 당신의 노력에 정말로 감사했습니다. 우리는 당신을 사랑해왔고, 우리의 삶 내내 함께 일했습니다.

당신의 편지 안에서처럼 그렇게 말하는 것은 쉽게 들릴지도 모르지만 우리는 실제로 그런 결정을 내린다는 것이 얼마나 어려운지를 알고 있습니다.

우리 사랑하고 사랑하는 잭과 에벌린, 우리는 당신들을 동정하고, 당신의 결정을 이해합니다라고 위로하고자 하는 매우 많은 말이 있습니다. 그러나 너무 많은 말을 말하지 않는 것은 현명할 것입니다. 단지 우리는 당신의 결정을 지원하고, 존경하고 싶습니다. 그리고 당신이 직접 우리 주의 얼굴을 만날 것일 때까지 하나님의 풍성하신 은혜가 당신의 생명을 평화롭게 유지하기를 계속하여 주시기를 기도하겠습니다.

조만간, 우리는 그리스도 안에서 기쁨과 행복으로 결합할 것입니다. 다시 당신의 아픈 결정을 우리와 함께 나눈 것에 대해 당신들에게 감사를 드립니다. 하나님께서 두 분에게 함께 계속하시기를 주 안에서 신실함을 보냅니다.

김상화 목사, 문희석 목사 드림

4) 스코트

죽음을 품위 있으며 잘 준비하고 떠난 가장 바람직한 사람 스코트를 소개하며 그의 죽음준비를 통해서 삶의 지혜를 배울 수 있다.

나는 앞으로 남은 삶의 열쇠가 내 손에 쥐어져 있다는 사실을 알고 있다. 이제 나는 우리가 가기로 마음먹으면 언제라도 갈 수 있으며 평화롭고 고요한 가운데 위엄을 지키며 죽을 수 있다는 것을 알 수 있다.

스코트가 그랬듯이 음식을 먹는 일을 멈출 수 있다. 죽음이 우리의 목적이라 한다면, 음식은 우리를 육체에 매이게 하는 미끼요, 독이다. 육체에 음식물 공급을 멈추면, 육체는 쇠약해져 죽음에 이른다. 죽음은 삶의 모험을 끝내는 것이 아니다. 그것은 다만 육체가 끝나는 것일 뿐이다. 스코트는 언젠가 죽은 뒤의 삶의 가능성에 대한 질문에 이렇게 답장을 쓴 일이 있다.

나는 다르게 묻고 싶네. 사람은 그가 속해 있는 우주와 계속해서 관계를 유지해 가는가? 내가 이르게 된 결론은 삶이 본질에서 아주 다른 경험의 영역으로 옮겨 간다는 것일세. 삶은 단순한 것이 아니라 복합적이고 그 복합적인 것의 하나는 삶이 길거나 짧은 지속기간을 갖는 여러 조각들로 나누어진다는 것이네. 그리고 어떤 조각의 삶이든 이 땅에서 우리 삶을 이어가도록 해 주는 몸의 기관보다는 영속적이라네. 15)

같은 의사 친구에게 이렇게 썼다.

내 건강 상태를 염려하는 편지 고맙네. 자네 제안을 내가 이해하건대 자네는 다달이 내가 소변을 받아다 자네에게 갖다 주고 비타민 B-12주사를 맞으며 그 밖에 필요한 처방이나 치료를 받기를 권하고 있네. 내가 만일 그렇게 한다면 내 삶의 남은 기간 동안 의사의 감독 아래 수명을 늘리려고 애쓰는 셈이 되는 걸세. 고맙네만 나는 그런 과정을 밟느니 차라리 죽는 편을 택하겠네.

내 방식은 내가 할 수 있는 한 보통의 건강과 원기를 유지하면서 적절히 절제된 생활을 해나가는 것이라네. 내가 올바른 식사 방식과 절제된 생활로 잘 지낼 수 없다면, 될 수 있는 한 빨리 죽는 것이 나와 내가 속해 있는 사회를 위해서 좋을 것이라 생각하네. 16)

많은 사람들은 죽음을 끝으로 생각하지만 우리 같은 사람들에게 죽음은 변화지. 낮에서 밤으로 바뀌는 것과 비슷하게, 언제나 다시 또 다른 날로 이어지지. 두 번 다시 같은 날이 오지 않지만 오늘이 가면 또 내일이 오네. 사람의 몸뚱이는 생명력이 빠져 나가면서 먼지로 바뀌지만 다른 모습을 띤 삶이 그 생명력을 받아 이어진다네. 우리가 죽음이라 부르는 변화는 우리 몸으로 보아서는 끝이지만, 같은 생명력이 더 높은 단계에 접어드는 시작이라고 볼 수 있지. 나는 어떤 식으로든 되살아남 또는 이어짐을 믿네. 우리 삶은 그렇게 계속되는 것일세.

---

15) Helen Nearing, Loving and Leaving the Good Life, 이석태 역, 사랑 그리고 마무리, (서울: 보리, 1992), 9-12.

16) Ibid., 198.

쾌적하고 낯익은 환경 속에서 조용하고 조화롭게 사라지는 대신에 우리는 비싼 돈을 들여 우리가 사랑해 온 이들을 병원이나 요양소로 보내어, 그 과정을 편안하게 돕기보다는 자연스럽지 못한 수단으로 막으려는 낯선 사람들에게 맡긴다. 우리는 불편함 속에서 울음으로 인생을 시작하지만, 떠날 때는 적어도 얼마만큼 우리의 목표를 이룬 가운데 위엄과 완전함을 지닌 채 갈 수 있다.[17]

죽음은 언제나 우리가 지향해서 일해 온 우리 삶의 일부인 것처럼 느껴졌다. 우리가 언제 어디서 죽느냐가 중요한 것이 아니라 우리가 죽음을 맞이한다는 사실과 어떻게 맞이하느냐가 중요한 것이다. 죽음에 맞닥뜨리고 죽음을 맞이하는 데 얼마나 많은 방법들이 있는가? 죽는 사람 수만큼이나 많다. 죽음이 실제로 어떨지는 우리 자신이 갈 때까지 모르지만 우리는 그것을 뒤틀린 떠남, 또는 꽝 닫힌 문처럼 만들 수도 있고, 또는 조화로운 정점, 절정으로 만들 수도 있다. 우리가 어떤 태도, 어떤 행동으로 죽음을 맞이하는가 하는 열쇠는 우리 손에 달려 있다. 우리가 잘 준비를 하면 우리는 분별 있고 평온한 마음으로 뜰을 걸어 내려가 문을 열고 그 길의 모든 과정을 눈여겨보면서 갈 수 있다. 죽음을 통해서 아까운 사람을 잃어버리는 것은 다만 개인적인 관심사만이 아니다. 이것은 그 죽음이 발생한 공동체에 영향을 미치고 따라서 상을 당한 사람은 공동체의 이해와 지원을 필요로 한다.[18] 교회는 이들에게 희망을 찾을 수 있도록 코이노니아를 통하여 자비와 신뢰의 대안목회로 치유하여야 할 것이다.

---

17) Ibid., 207.

18) 릴리 핑거스, 이인복 역, 죽는 이와 남는 이를 위하여, (서울: 우진출판사, 1992), 329.

제2장 현대사회와 노인이 당면한 문제

제1절 노년에 대한 이해

1. 노년기의 주요 특성

1) 신체적 변화와 기능의 감퇴

넓은 의미에서 노화란 생명이 잉태되는 순간부터 시작되어 사망의 순간까지 계속되는 발달과정으로서, 이것은 생물학적인 측면뿐만 아니라, 심리적, 사회적, 그리고 영적인 측면까지 포함하는 개념이다. 그런데 좁은 의미에서의 노화는 주로 생물학적인 측면만을 지칭하는데, 예를 들면, "사람들이 일생을 살아가는 동안에 생물학적으로 성숙된 인간들에게 일어나는 모든 규칙적인 변화"라든지, 또는 "개인의 생존율을 감소시키는 유해한 모든 변화들"이라는 정의가 이러한 관점에서 나온 것이다. 이러한 좁은 의미에서의 노화의 현상은 주로 우리가 노년기라고 분류하는 연령층에게서 나타나는 것이라고 할 수 있으며, 따라서 노년기의 주요 특성으로서 우리는 우선 신체적 기능의 감퇴 또는 노쇠를 들 수 있는 것이다.

이 생물학적 노화의 원인은 아직 완전하게 밝혀지지 않았지만, 대체로 유전적 원인과 비유전적 원인, 그리고 생리학적인 원인들이 관련되어 있는 것으로 알려져 있다. 신체적 변화 중에서 가장 눈에 두드러지게 나타나는 것은 외모의 변화다. 그중에서도 피부와 머리카락의 변화는 '노화를 알리는 첫 번째 변화'다. 피하조직의 손실과 피부의 신경세포 수가 감소함에 따라 체온을 일정하게 유지하는 능력과 온도를 감지하는 능력이 떨어진다.

그 다음에는 신체의 골격 구조가 변하는데 이는 뼈의 조직이 점점 더 성기게 되어 가벼워지고 약해지면서 등과 허리와 무릎이 굽어져 자세가 구부정하게 되며 키가 작아지는 현상을 만들어 낸다. 또한 관절 부위의 연결조직이 탄력성을 잃으면서 유연성이 떨어지거나 신경통이 증가하게 된다. 그리고 대뇌의 기능이 감소하면서 결정속도가 느려지게 되고 이것은 몸의 조절과 놀림을 점점 더 둔하게 만든다. 이러한 현상은 나이를 먹으면서 아랫배가 나오는 것과 함께 노인들의 외모에서 매력을 떨어드리는 요인이 되는데, 이 모든 외모상의 변화는 일상생활의 기능을 크게 저하시키는 것보다 심리적 및 대인관계적인 면에서 더 큰 영향을 주는 것으로 보고 되었다.[19]

노년기에 나타나는 또 하나의 신체적 노화현상은 신체적 에너지의 저하다. 이것은 혈액이나 기타의 각종 기관들이 체내에 산소와 양분을 공급하고 노폐물을 제거하는 능력이 떨어짐에 따라 나타나는 현상이다. 노년기에는 각종 감각기관의 쇠퇴도 일어난다. 그중에서도 가장 현저한 변화는 시각에서 나타나는데 40세에서 50세 사이에 발생하여 60세쯤에 안정되는 노안 또는 원시안 현상이 그것으로서, 가까운 물체에 초점을 잘 맞출 수가 없어서 '눈이 흐려지는' 경험을 하게 되는 것이다. 또한 깊이나 색깔을 감지하는 능력이 떨어지고, 빛의 밝기가 갑자기 변하는 상황에 잘 적응하지 못하며, 눈부신 빛에 약하고 어두운 곳에서 잘 보지 못하는 등의 문제도 나타난다. 청력의 저하도 일어나는 데 여성보다는 남성에게서 더 일반적으로 나타나며 저음보다는 고음에 대한 감지

---

19) Lucien E. Coleman, Jr., Understanding Today's Adults (Nashville: Convention Press, 1982), 11.

력이 더 떨어지는 것으로 보고 되었다.[20]

각종 기관들의 변화도 일어나는데, 우선 심장의 경우에는 박동 능력이 떨어지며 뿜어내는 혈액의 양이 줄어둔다. 이러한 변화는 혈관의 탄력성감소와 혈구들의 기능 저하와 함께 노년기에 많은 건강상의 문제를 유발하는데, 65세 이후의 가장 흔한 사망원인은 혈액순환계의 기능 저하에 기인한 것으로 알려져 있다.[21] 폐활량도 점차 감소하는데 이는 늑골근육의 약화와 폐의 탄력성 감소 때문이다. 치아와 잇몸 약화 및 질병, 위 근육 약화로 인한 연동 활동 약화, 그리고 소화액 감소 등으로 인하여 소화능력이 감소하며 노인들 공통의 질병인 변비가 많이 발생한다. 또한 콩팥의 여과율이 낮아지면서 빈번한 배뇨현상이 나타나는데, 특히 남자들은 전립선 비대증 때문에 이런 증상에 더 많이 시달리는 것으로 알려졌다.

이상의 신체적 기능의 쇠퇴는 노년기에 많은 건강 문제를 유발시키지만, 젊었을 때부터 적절한 관리를 해 온 사람들에게는 일상생활의 여러 기능들을 수행하는 데 큰 문제가 되지 않는다. 아무튼 노인들의 경우에 신체적 노화로 인한 건강 문제가 제일의 관심사인 사실을 고려해 볼 때, 교회의 노인교육에 있어서도 이 영역의 특성과 필요를 올바로 이해하고 적절한 대응책을 제공해 주는 일은 매우 필요하다.

2) 사회적 접촉과 역할의 감소

노년기에 나타나는 사회적 측면의 특성은 대인관계의 접촉이 줄어들고 기존의 역할들이 감소한다는 것이다. 노년기를 특징지어 주는 이 현상은 주로 직업에서의 은퇴와 배우자와의 사별, 그리고 자녀들과의 분

---

20) D. E. Papalia, et al., 인간발달 Ⅱ, 정옥분 역, (서울: 교육과학사, 1992), 327.
21) Ibid., 322.

리된 생활 등을 통해 두드러지게 나타난다.[22] 가정과 직장에서 역할을 상실하고 '의미 있는 타인'들과의 접촉과 관계가 줄어드는 것은 자신감과 자존감의 상실과 함께 노인들에게 큰 심리적 스트레스를 줄 수 있는 것이 사실이다.[23]

특히 제도적 강압이나 타의에 의해서 어떤 역할로부터 물러나게 되거나 빈번한 대인적 접촉에서 멀어지게 되는 경우에는 자연적으로 소외감이 생기게 되는 것이며, 현실적으로는 많은 노인들이 이 같은 심리적인 문제를 안고 있다. 실제적으로 가정과 직장에서의 역할상실은 노인들에게 심리적 소외감과 고독감을 안겨다 주는 주된 요인이 되며 때로 이것은 노년기의 가장 대표적인 정신질환인 우울증(depression)을 유발하기도 한다. 사실 역할이란 한 사람의 자아개념의 기초인데, 이러한 역할들이 줄어드는 것은 결국 자아개념과 사회적 정체감의 침식을 유발하는 것이다.

노년기의 역할 상실은 다른 연령층의 경우와 달라서 다른 역할들로 대치하는 것이 쉽지 않고, 또한 노인으로서 해야 할 역할이 분명하게 정해져 있지 않은 이른바 '역할의 모호성' 때문에 이 문제는 노인교육에서 매우 중요하게 다루어야 할 사항이다.[24]

3) 소극적 성향의 증가

사람이 어떤 대상이나 상황에 대해 얼마나 자기 자신을 적극적으로 관여시키고 참여하는가의 문제를 자아에너지투입(ego energy)이라고

---

22) 이석철, "교육대상자로서의 노인에 대한 이해 – 기독교노인 교육의 과제와 전망" 기독교교육논총 9(서울: 한국 기독교교육학회, 2003), 29.
23) D. B. Bromley, 노인심리학, 김정휘 역, (서울: 성원사, 1990), 157.
24) 이석철, Ibid., 29-31.

한다. 그런데 노년기에 이를수록 이 자아에너지투입이 소극적이고 그 강도가 점차 감소되는 것이 일반적이다. 즉, 어떤 상황이나 대상에게 자신의 감정과 주관적 생각을 적극적으로 개입하지 않으려고 하며, 자신의 생각을 주장하는 일에 지구력과 적극성이 약해질 뿐만 아니라 새로운 일에 도전하기를 주저한다는 것이다.

따라서 어떤 문제에 적응하는 방식이 능동적이지 않고 매우 수동적으로 되며, 때로는 무사안일하거나 방임적이 되고 또는 신비롭고 막연한 것에 기대하는 경향을 보인다는 것이다. 이것과 관련하여 노인들은 사물의 판단과 활동 방향을 외부보다는 내부로 돌리는 내향적 행동양식을 많이 나타나게 되는데, 이러한 현상들이 생기는 주요 이유는 노화되면서 신체적 기능과 인지 능력이 감퇴되기 때문이다.

또 하나의 소극성은 경직성이다. 모든 사물은 움직이던 방향으로 계속 움직이려는 관성적 특성을 가지고 있다. 인간들도 이 같은 속성을 나타내는데, 어떤 문제 해결과 적응에 있어서 다양하고 융통성 있는 사고와 접근을 하지 못하고, 과거에 살아오던 대로의 방식을 고수하려는 경향이 있는 것이다. 이러한 경직성의 성향은 노인들에게서 크게 증가하는 것으로 발견된다.

또한 노인들에게서는 행동의 조심성도 증가하는 것을 볼 수 있다. 실제로 노인들은 어떤 일을 처리하는 속도보다 정확성에 더 많은 신경을 쓰며, 정답을 말하려는 것보다는 틀린 답을 하지 않으려는 것에 더 많은 주의를 기울이는 경향이 있다. 이렇게 조심성이 높아지려는 원인으로서는 신체의 기능감퇴로 인한 자연적인 결과라고 보는 입장과, 매사에 정확을 기하고 체면을 손상시키지 않으려는 동기에서 비롯되는 것으로 보는 입장이 있다.[25]

---

25) 홍근표, "노인들의 정신세계와 건강", 빛과 소금 5월호, (서울: 빛과 소금, 1991), 57.

4) 과거 지향적 성향의 증가

노인들은 과거에 대한 회상에 집착하려는 성향을 강하게 나타내는 것이 일반적이다. 과거에 대한 추억은 긴 시간을 살아온 노인들로 하여금 자신의 삶의 실재와 접하게 하고, 또한 현재와 미래에 보다 더 잘 적응하도록 힘을 주는 역할을 한다. 따라서 노인들에게 있어서 과거에 대한 회상과 추억은 삶의 본질이요, 아마 어떤 노인들에게는 그것이 현실보다도 더 실재적인 것으로 자리잡기도 한다는 것을 우리는 이해해야 할 필요가 있다.

과거의 생에 대한 이 같은 회상과 반성을 통하여 노인들은 자신들의 과거의 성공과 실패들로부터, 그리고 갖가지 다양한 삶의 사건과 경험들로부터 어떤 의미를 찾아내려고 하는 것이다. 이는 자신의 한평생을 정리해야 할 단계에 와 있음을 깨닫고 생의 잘잘못들을 평가하며, 남은 생애와 죽음을 준비하는 작업인 것이다.[26]

제2절 한국의 사회 변동

1. 한국의 유교전통과 현대화에 따른 전통적 가족제도 붕괴

조선시대를 중심으로 한 우리 전통사회에 있어서 가족제도상의 큰 특징은 유교적 가부장 대가족제도(家父長 大家族制度)로서, 부계(父系) 중심, 부권(父權)중심, 부치(父治), 족외혼(族外婚), 장자상속(長子相續)

---

26) 이석철, Ibid., 32-33.

등을 그 특징으로 한다. 이런 가부장제도하에서 노인이 가졌던 가족 내 역할은 가장으로서 가정의 우두머리이자 외부에 대한 가족의 대표로서 역할을 수행하였다. 노인은 또한 모든 가족의 정신적 지주로서 가족의 상징이자 원로이며, 모든 가족원들로부터 존경을 한 몸에 받는 존재였다. 노인은 또한 가정교육의 책임자로서 가족의 사회화 및 사회적응을 돕고, 가족원들의 잘못에 대하여 징계하고 훈계하는 책임을 진 사람이었으며 가정의 운영을 맡고 가정 경제를 책임지는 가산관리자이자 가계의 운영자로서의 역할을 담당하였다.[27]

가족 내에서와 마찬가지로 전통적인 지역사회 및 전체 사회 속에서의 노인의 역할 역시 대단히 중요한 것이었다. 노인들은 지역사회의 대표자인 동시에 그 지역사회의 지도자로 역할을 수행하였다. 또한 지역사회에서 노인들은 마을의 젊은이들과 어린아이들에 대한 사회 교육자였다. 노인은 지역사회의 원로로서 지역사회 모든 구성원들과 젊은이들로부터 존경을 받는 존재였다. 씨족중심의 지역사회에서 노인은 문중의 어른이었고, 마을지도자였으며, 존경받는 교육자였다. 이렇듯 한국전통사회에서 노인의 사회적 지위는 확고했고 명실 공히 중심적 역할을 수행하였다.[28]

국가적인 전체사회에서도 노인들은 존경의 대상이었다. 통일신라시대부터 모든 단계의 경로교육은 중요한 위치를 차지해 왔다. 통일신라의 최고국립교육 교육기관이었던 국학에서는 「논어(論語)」와 「효경(孝經)」을 필독서로 규정하고, 효도와 경로를 교육내용으로 권장하였다. 고려시대에는 60세 이상의 노인들에게는 역역(力役)을 면제해 주었고, 관리들에게는 부모에게 효도할 수 있는 기회를 주기 위한 휴가제도의 하나인

---

27) 한정란, "노인을 위한, 노인에 관한, 노인에 의한", 교육노년학, (서울: 학지사, 2003), 105-107.
28) 이정효, "한국기독교 노인교육의 과제 – 기독교 노인교육의 과제와 전망", 기독교교육논총 9 (서울: 한국기독교 교육학회, 2003), 4.

급가(級暇)제도가 시행되기도 하였다.

고려시대의 대표적 교육기관인 국자감의 교육과정에서도 「논어」와 「효경」 등을 교과목에 포함시켜 경로사상을 강조하였다. 조선시대 교육에서도 「논어」와 「효경」 등을 기본으로 한 도덕 교육과 윤리 교육을 경로사상과 관련시켜 강조하였음은 물론이고, 태조 때부터 경로예우를 목적으로 오늘날의 경로당에 해당하는 기로소(耆老所)가 설치 운영되었다. 또 세종 때부터는 노인의 지위와 권위를 뒷받침하기 위한 중요한 정책의 하나로서 양로연(養老宴)제도를 실시하였다. 양로연은 매년 봄과 가을에 80세 이상의 노인들을 초청하여 노인들의 장수를 축하하는 국가적인 행사였다.

그리고 노인들에게 특별히 제수하던 벼슬로서 노인직이 있었는데, 80세 이상의 노인들에게는 그 신분이나 성별을 불문하고 1계급을 제수하고, 원래부터 관계에 있던 사람들에게는 1계급을 올려 주었으며, 당상관의 경우에는 어명에 따라 주었다. 이렇듯 우리 전통 사회에서는 지역사회나 전체사회 속에서 노인의 사회적 지위가 확고하였으며, 노인들은 명실 공히 사회의 중심적 역할을 수행하였다.[29] 그러나 현대에 들어 급격한 사회변화에 따라 가족과 사회 속에서 노인의 역할 또한 크게 변화하였다.

현대화에 따른 노인의 지위하락의 과정에 대한 B. D. McPherson(1983: 150)의 설명에 따르면, 현대기술의 등장은 인간의 평균수명을 연장시켰고, 이는 세대 간의 경쟁과 정년퇴직제도를 초래하였으며, 경제발전에 따라 과거 노인들의 기술과 직업은 시대에 뒤떨어진 쓸모없는 것이 되고 도시 환경에 맞는 새로운 직종이 창출되었다. 도시화의 진전으로 도시로의 인구이동과 연령 및 사회경제적 지위에 따른 사회적 분리가 일어났다. 또 교육제도의 확대로 인하여 젊은 세대로 갈수록 교육의 기회가 확대되어 자녀 세대들이 그들의 부모나 조부모 세대보다 더 많은 교

---

29) 한정란, Ibid., 108-109.

육을 받을 수 있게 되었다.(MoHong & Keith, 1992: 198)[30] 이러한 현대화의 과정 속에서 노인들의 지위는 자연히 하락할 수밖에 없었다.

2. 핵가족화와 노인부양의식 변화

가족 속에서 노인의 역할 변화에 가장 크게 영향을 미친 현대사회의 변화는 핵가족화 현상이다. 개인중심의 가치관이 확산됨으로써 가족 구조의 핵가족화('70년 71.5%->95년 79.8%, 2002년 출산율 1.17%), 여성의 경제활동 증가(85년 41.6%->99년 47.4%), 이혼율 증가(80년 5.8%->2000년 35.9%, 2002년 12월 현재 42%) 등으로 가족 내의 자체 부양 기능이 약화되고 가정 내 및 사회적 소외현상이 증가할 것이다.(통계청, 2001) 그리고 확대가족에서 핵가족화로 이행되는 가족 세대의 단순화, 한 부모 가족, 노인 가족, 독신가족, 등의 비정형적인 가족형태가 출현하고 있다.[31]

가족의 기능도 크게 변화했는데, 과거 가족이 수행하였던 경제적, 사회적, 문화적 기능 중 많은 부분이 형식적이고 제도적인 외부 전문기관들로 이양됨에 따라 현대사회에서 가족의 의미는 크게 축소되었다. 우선 가장으로서 노인의 역할의 변화를 들 수 있다. 부부 중심의 핵가족화로 가족 내 의사결정의 주체가 노인에서 부부로 옮겨갔고, 과학기술의 발달과 서구중심의 종교의 확산은 가정의 제사기능을 축소시켜 제주(祭主)로서의 노인의 역할에 축소를 초래하였다.

사회변화의 가속화와 현대과학의 발달은 노인들의 전통에 근거한 지식과 기술, 그리고 그들이 인생의 경험을 통해 얻은 지혜마저도 화석화

---

30) Ibid., 110.

31) 정무성, 교회 사회사업 프로그램의 개발과 평가 - "제1회 교회 사회사업실천 세미나", (서울: 한국교회 사회사업학회, 2003), 34.

(化石化)시켜 버림으로써, 노인들을 무시하고 시대에 뒤떨어진 쓸모없는 존재로 만들었다. 과거 가족의 기능 중 가장 중요한 부분을 차지했던 교육의 기능 중 상당 부분이 학교와 같은 교육기관에로 이양됨에 따라 가정의 교육책임자로서의 노인의 역할도 대폭 축소되었다.

가족 경제 중심의 산업구조가 공업 및 서비스업 위주의 산업구조로 변화함에 따라 가정의 경제권의 중심은 생산성이 우수한 젊은층으로 옮아가게 되었다. 한편, 산업화와 도시화로 인하여 자녀들이 도시로 이동하게 되고 핵가족화가 진전됨에 따라 노인 단독 가구가 점차 증가하고 있음에도 불구하고, 노인들의 경제적 자립 능력은 여전히 낮은 상태에서 더더욱 문제를 심각하게 만들고 있다. 우리나라에서 재가노인 가구 중 노인 단독 가구의 비율은 1985년 20.5%, 1988년에는 22.9%, 그리고 1995년에는 30.6%로 해마다 증가하고 있으며(김성순. 1981: 56-57; 통계청. 1997: 125), 더욱이 노인 자신들의 인식의 변화로 노인들 스스로 자녀와 동거를 원하지 않는 경향도 증가해 가고 있는 추세이다.[32] 이처럼 핵가족화와 노인부양의식변화는 한국의 사회변동 현상을 낳아 심각한 노인의 사회역할의 상실의 원인이 되고 있다.

3. 현대사회에서의 고령화와 노인의 4대 문제

한국은 어느 나라보다 빠르게 고령화되어 가고 있는 반면, 국가적 차원에서 고령층에 대한 대책 마련이 충분하지 않아 노인의 소외와 빈곤 등의 문제가 큰 사회적인 문제로 대두되고 있다. 대체로 우리 사회에서 노인문제라고 하면 노인의 4苦(고), 즉 빈곤, 질병, 고독, 그리고 역할 상실을 거론한다.

---

32) 한정란, Ibid., 111-113.

인구학적인 측면에서 노인인구의 양적인 증가는 노인자신의 경제력을 요구하게 된다. 노인문제의 가장 심각한 것 중의 하나는 경제적인 불안정이다. 65세 이상 노인인구 중 50% 이상이 절대적 빈곤에 시달리고 있으며 경제적으로 자립할 수 있는 노인은 10%에 불과하다. (민재성, 1993)[33]

일반적으로 노인들은 건강이 악화되어 자신에게뿐만 아니라 사회적으로 문제를 야기하기 마련이다. 노인들의 영양문제는 점진적인 생리적 쇠약, 넉넉하지 못한 경제력과 충분하지 못한 영양섭취, 여러 질병의 복합증세, 그리고 이 병들을 고치기 위하여 복용하는 여러 가지의 약물들 때문에 더욱 심화된다. 한국보건사회연구원(1998)의 조사에서는 조사대상 노인 3,535명 중 가운데 86.7%가 한 가지 이상의 만성질환을 앓고 있으며, 74세 이상 여성 노인의 경우는 92.5%가 만성질환 유병상태에 있는 것으로 나타났다. 특히 1998년의 조사에서 노인질환 가운데 관절염(43.4%), 요통좌골통(29.2%), 고혈압(23.5%) 등의 만성질환은 비교적 많이 앓고 있는 질병으로서 완치되기 어렵다는 특징이 있다. 고독과 소외의 문제는 현대사회의 특징으로 인한 필연적인 결과이며 노소를 막론하고 누구나 경험할 수 있는 문제이지만, 특히 노인들에게는 그 심각성을 더하고 있다.

만일 노인이 한평생 일에 몰두했다가 아무런 사전 준비도 없이 갑자기 은퇴해야 했다면 자신이 사회적으로 배척당하고 거절당했다고 느끼게 된다. 또 개인적인 이유로 인해서 그간 익숙했던 역할을 벗어 놓게 되더라도 여전히 상실과 허탈감 속에서 고독과 소외감을 경험하게 된다. 이러한 역할과 관계의 손실에 겹쳐 경제적으로 넉넉하지 못하고 몸까지 불편하면 더 이상 사회활동을 계속할 수 없을뿐더러 그 공백시간을 메울 수 있는 여가활동까지도 감당해낼 능력이 없게 된다.

---

33) 홍숙자, 노년학 개론, (서울: 하우, 2002), 43.

산업사회의 생산기술의 기계화는 노령 노동에 대한 수요를 제한함으로써 생산현장에서 젊은 세대와의 경쟁에서 말려난 노인들로 하여금 평소 자신들이 수행해 오던 역할을 상실하게 만든다. 그리고 이 같은 중요한 사회적 역할의 갑작스런 변화는 자신을 능력 있고 필요한 존재라고 느끼고 있는 이들에게 심각한 정신적인 타격을 가하게 된다.[34]

노인의 4대 문제는 현대사회의 변화로 노인의 가족 내 지위뿐만 아니라 노인의 사회적, 경제적 지위에도 커다란 변화가 초래되었다. 도시화와 산업화로 친족 및 씨족 중심의 지역사회가 해체됨으로 노인들은 지역사회의 대표에서 종속인으로 만족해야 할 형편에 있다. 근대적인 행정제도가 발달하고 전문적인 행정 관료들이 등장함으로써 지역사회의 행정이 거의 전적으로 전문적인 행정기구와 직업 관료들에게로 넘어가게 됨으로 노인들은 지도자에서 방관자로 만족해야 하는 형편이 되었다.

공업화와 근대생산 기술의 발달은 생산성이나 근대적인 기술력 면에서 뒤떨어지는 노인들을 당연한 것처럼 생산 현장으로부터 내몰았고, 경제력을 상실한 노인들은 사회 속에서 종속인이 되어 버렸다. 노인의 지위 변화에 가장 크게 영향을 미친 것은 정년에 따른 강제 퇴직제도의 등장이라 할 수 있다. 퇴직은 20세기의 특징적인 현상이다.[35] 20세기에 들어서 급속히 인구학적으로 변화하였다. 더구나 21세기 초기에는 한국적인 상황에서는 고령화 사회로 진입함으로 노동인구에 비하여 직업의 과부족 현상이 나타나게 되어 노동능력이 뒤지는 실버세대에게는 강제퇴직현상이 나타나게 되었다. 또한 기술발전으로 인한 기계화의 영향과 경제체제상의 변화로 임금노동자가 증가하는 등 도시근로자가 증가함은 퇴직을 증가시키는 요인이 되었다.

---

34) Ibid., 45-48.
35) 한정란, Ibid., 114-115.

제3장 노인의 문화적 배경에 따른 전통적 교육에 대한 고찰

제1절 동아시아 사상의 淵源(연원)으로서의 周易(주역)

21세기에 접어들면서 기독교교육학의 관점에서 볼 때 동아시아적 문화권의 배경에 뿌리를 둔 중국, 한국, 일본의 사상과 한자 문화권에서 형성된 학문체계를 올바로 이해하지 않으면 안 된다. 또한 동양 교육사상의 근원지를 찾기 위해서 동아시아 사상 문화의 연원으로 이해되고 있는 주역으로부터 그 출발의 시점을 삼는 것이 바람직하다.

주역은 순수 동양인들의 본래적인 정신과 사유를 나타낸다. 주역은 유교경전 가운데 가장 먼저 쓰인 것들 중의 하나이다. 주전 2세기 이후부터 주역은 정통적인 철학적 경전으로서 확고하게 자리 잡게 되었다. 주역은 도교와 신유교의 학문적 기초를 이루었고,[36] 후에 점성술, 예술, 나아가서는 과학 등의 발전에 기반을 이루게 되었다. 화이트헤드가 진술한대로, 만일 모든 서구의 철학이 단지 플라톤의 주해에 불과하다고 말한다면, 대부분 동아시아의 철학들은 주역의 주석에 불과하다고 말하기도 한다.[37]

천지자연의 현상이나 인간의 운명은 일정불변한 것이 아니라 항상

---

36) Jung Young Lee, The Principle of Change: Understanding the Iching (New York: University Books, 1971) 40.

37) 이정용, 이세형 역, 역의 신학, (서울: 기독교서회, 1998), 12.

바뀌는데, 이 바뀌는 원리를 설명한 것이 다름이 아닌 「易(역)」이란 책이다. 봄이 지나면 여름이 되고 여름이 지나면 가을이 되는 것은 자연의 變易(변역)이요, 아이가 자라 어른 되고 勢道家門(세도가문)도 10년이 지나면 기운다는 것은 人事(인사)의 變易(변역)이다. 따라서 易(역)의 원리는 천지자연의 變易(변역)의 원리, 인사의 變易(변역)의 원리를 기술한 책이라고 보게 되는 것이다. 易(역)은 자연을 그대로 본받은 학문이므로, 자연의 운행질서와 인류 사회의 근본원리를 모두 포함하고 있다. 대자연에 있어서는 모든 것이 상호 작용을 한다. 하늘의 운행이 땅에 영향을 주고, 땅은 그 영향을 받아 자신을 변화하는 동시에 그 변화를 다시 땅에게 주는 순환의 연속이며, 그 가운데 사람으로 대표되는 만물이 하늘과 땅의 교감작용에 영향을 받고, 다시 자연에 그 영향을 미치게 된다.[38]

제2절 주역과 기독교의 한국적 해석

동아시아 문화권에 속한 한국의 노인들은 중국 문화의 영향을 받으면서 살아온 민족으로서 주역을 모르는 사람이 없다. 서양문화가 기독교의 성경과 밀접한 관계를 유지해 온 역사를 갖고 있다면 동양문화 속에서 살아온 동양인들에게 주역은 서양문화 속에서의 성경과 같다고 하겠다.

주역은 유교의 핵심경전 중의 하나이기 때문에 유교의 종교성은 주역 속에 비교적 잘 나타나 있다. 또한 주역은 도교적 영향 속에서 우리

---

[38] 장종철, "역의 신학과 기독교교육－기독교 노인교육의 과제와 전망", 기독교교육 논총 9, (서울: 한국기독교 교육학회, 2003), 104-105.

나라 민간 신앙에 깊이 파고들어 가서 내일의 운을 점쳐 보는 일이 끊임없이 지속되어 오고 있다.[39] 한국기독교인들 중에서 주역에 관한 많은 영향력 있는 해석들이 있어 왔다. 이들이 시도한 새로운 해석들은 우주의 생성에 관한 논리가 들어 있을 뿐만 아니라 자연관, 인간관, 가족관, 세계관이 들어 있다.

한국에서는 100년 전 一夫(일부) 金恒(김항)에 의해서 正易(정역)이 나왔고, 그 원리 해석에 따라 우주의 완성, 역사의 완성의 논리를 밝힌 바 있다. 일부의 정역사상은 100년 전 동학사상에 많은 영향을 끼쳤을 뿐만 아니라 동학이 갖춘 천도교가 형성되었고, 또한 정역은 천도교 교리 형성의 철학적 배경이 되었다.[40]

기독교가 전 세계에 전파되고 또 토착화됨으로써 계속해서 서양적인 사상의 지배를 받을 필요성이 없어졌다. 또한 식민지적인 신학정책에 반대하고 나선 대표적인 신학은 미국의 흑인신학이라든가 라틴 아메리카의 해방신학이나 제3세계의 식민지 정책적인 신학으로부터 반항은 물론 제3세계의 주체성을 찾는 정체성 회복운동과의 관계 속에서 일어나고 있었다. 신학이라는 것은 그 나라의 Context에 맞아야 하며 또한 사고방식과 직접적인 관련이 있어야 한다.

오늘날 현대신학의 연구경향을 보게 되면, 동양사상은 물론 주역에 대한 관심이 점차 깊어지고 있다.[41] 오늘날 우리를 지배하는 사고방식은 서양의 현대과학 정신이나 현대의 과정 신학적 세계관에 기초를 둔 세계관 또는 사고방식에 기원될 수 있겠으나 우선적으로는 고대 동양

---

39) Ibid., 119-120.

40) Ibid., 120-121.

41) 현대신학에서 중국과 한국과 일본을 연계시키면서 동양사상의 심오한 철학과 공통된 체계를 형성시켜 오면서 역의 신학형성 작업을 주도해 온 연구 가운데 이정용 박사의 연구는 탁월하다. 이정용, 「역의 신학」대한기독교서회, 1998을 참고할 것.

적인 사고방식에서 왔다고 볼 수 있다. 우리의 사고방식을 동양적인 것으로 볼 때에 가장 대표적인 것이고 기본적인 것은 주역이 준 중국의 세계관이며 또는 한국이나 일본에 미친 영향이 대단히 크다고 믿는다.

이정용 박사는 이렇게 설명한다. "동양 우주론의 순환적 시간은 창조적 과정의 새로움을 향하여 앞으로 나아가는 직선적인 시간의 개념과는 분명히 차이가 있다."[42] 시간개념에 있어서 과정신학은 시간의 개념을 직선적 개념으로 전제하는 반면에, 역의 신학은 시간을 순환적 개념을 전제한다.[43] 만일 陽(양)이 과정신학의 중심이라면, 陰(음)은 절대신학의 중심사상이다. 그러나 易(역)의 신학은 음과 양, 수용성과 창조성, 존재와 생성 이 둘 다를 포괄한다. 왜냐하면 역은 이 둘의 근원이기 때문이다. 따라서 역은 과거와 현재와 미래에 존재하는 모든 것의 총체이다. 따라서 이 박사에 의하면 역의 신학은 우리가 지향해야 할 포괄적이며, 역의 신학은 동양의 역의 신학을 향하는 길목에 서 있는 신학이라고 한다.[44]

제3절 인간발달의 여섯 단계

인생이 영원한 생명에 이르는 방법에 대하여 불교에서는 八正道(팔정도)를 말한다. 이에 비하여 주역에서는 6단계를 말한다. 일 년이 12개월인데 음양이 6개월마다 변하게 때문이다. 그래서 내가 되는 방법을 6단계로 나누어 설명한다. 여섯 단계는 다음과 같다.[45]

---

42) 이정용, Ibid., 28.

43) Ibid., 30.

44) Ibid., 36.

〈인간의 여섯 단계〉

(1) 初九(초구) – 潛龍(잠용): 자기가 되기 위해 한없이 노략하는 단
    계다.

(2) 見龍(현용): 이 시기는 어느 정도 자기가 자기를 느낌.

(3) 君子(군자): 하나님의 아들 같은 모습을 지님.

(4) 惑躍(혹약): 비약을 함. 애벌레에서 나비가 되기 위해 거듭남. 새
    로운 피조물.

(5) 飛龍(비용): 하늘을 날아다님.

(6) 亢龍(항용): 맨 꼭대기에 올라감. 자유, 自存(자존).

자연의 기적은 우리 삶에서 일하시는 하느님의 역사와 상당히 유사
하다. 실제로, 애벌레의 변화를 묘사하는 데 쓰인 것과 똑같은 단어가
성령께서 하나님의 자녀 모두를 향한 그분의 의도와 그들에게 주신 명
령을 설명하는 데 사용되었다. 바로 탈바꿈이란 단어이다.[46] 이런 의미
에서 인생의 6단계는 탈바꿈하는 발달과정이라고 할 수 있다.

인생의 여섯 단계를 孔子(공자)의 일생에 적용시켜 보면 다음과 같다.

(1) 15세: 志于學(지우학): 진리탐구의 시작. 나를 알아야겠다.

(2) 30세: 立(입) – 자기의 입장을 가지는 것.

(3) 40세: 不惑(불혹) – 유혹에 빠지지 않음. 길을 잃지 않음.

(4) 50세: 知天命(지천명) – 자기의 사명을 알게 됨.

(5) 60세: 耳順(이순) – 하나님 말씀을 듣게 되고 순종함.

(6) 70세: 不踰距(불유거) – 從心所欲不踰距(종심소욕불유거)는 진리

---

45) 김흥오, 「주역강의」 노트 인용.

46) Chip Ingram, Miracle of Life Change, 홍종학 역, 탈바꿈, (서울: 생명의
    말씀사, 2004), 20.

와 하나 됨이다.

영원한 생명이 진리와 하나가 되는 것이다. 예수의 일생도 6단계의 발달로 나눠 볼 수 있다.

〈예수의 일생〉
(1) 志學(지학): 12살에 성전에 들어감.
(2) 立(입): 세례 요한에게 세례를 받음.
(3) 不惑(불혹): 사십일 금식과 시험을 이김.
(4) 知天命(지천명): 복음을 전파함.
(5) 耳順(이순): 십자가, 사명의 완수.
(6) 不踰距(불유거): 부활

오늘의 세계는 동양과 서양의 경계가 무너지고 있다. 지금까지 기독교교육은 서양철학에 조명된 신학적 사유가 지배적 배경으로 작용해 왔으나 앞으로 기독교육은 동양적 삶에 뿌리를 둔 한국의 기독교회가 자기 성찰을 거치면서 동양적 사상사의 이해에 접근을 시도하면서 또한 한국, 중국, 일본 사상의 근원으로 작용해 온 주역 이해와 해석에 많은 관심을 기울려야 할 것이다.

기독교교육이 동양사상을 접하면 깊은 관심을 갖게 되는 것은 인간 교육에 있어서 주역에서 보여준 인간의 여섯 계단의 발달과정과 공자의 여섯 계단의 발달과정 그리고 예수의 생애를 주역의 여섯 단계의 발달과정으로 해석한 것은 미래교육에 있어서 동, 서양적 사유에서 함께 공유하면서 새로운 인간 교육의 과제로 삼을 수 있는 좋은 과제의 한 예가 된다.[47] 누구든지 이 여섯 가지 단계의 삶의 발달 과정을 거치

____

47) 장종철, Ibid., 141.

는 것은 이것이 바로 인간의 일생으로 노인의 삶의 경험이기 때문이다. 노인의 삶은 사회의 역할을 상실하는 인생의 끝이 아니라 인생의 단계에서 영원한 생명에 가장 가까운 중요한 시기이다.

제2부 이론적 배경 :
노인역할상실 회복의 이론적 분석

제1장 노인의 사회역할의 성서, 신학, 사회학, 교육심리학적 분석과 추정

제1절 문제분석

1. 성서적 분석

큰사랑교회는 개척 초기의 작은 공동체이다. 등록인원은 57명 (2004년 6월30일 현재)이지만 전체 교인 중 50세 이상의 수가 반수를 넘는다. 큰사랑교회의 노인들의 상황을 보면 대부분 직업을 잃고 수입에 대하여는 자녀들에 의존하는 경우가 대부분이다. 또한 독거노인으로서 혼자 계시는 분도 7명(전체 13.3%)이나 된다. 또한 질병을 호소하는 노인들이 대부분이다.

질병의 종류로는 관절염, 고혈압, 당뇨병 순으로 많고 우울증을 호소하는 노인들도 있다. 큰사랑교회 지역사회 노인들의 삶을 살펴보면 그들은 소일거리가 없어서 하루 종일 집에만 있거나 일주일에 한번씩 병원에 가는 일로 시간을 소일하고 있다. 그러나 교회에 등록된 노인들은 새벽기도 참가, 수요기도, 금요기도와 주일예배를 참석하여 종교생활을 통하여서 자신들의 삶에 활력을 갖고 있다.

구약은 "너희 아버지 너희가 말하던 그 노인이 안녕하시냐"(창43:27)했고, 이사야 선지자는 "배에서 남으로부터 내게 안겼고, 태에서 남으로부터 내게 품기 운 너희여, 너희가 노년에 이르기까지 내가 그리하겠고,

백발이 되기까지 내가 너희를 품을 것이라. 내가 지었은즉 안을 것이요, 품을 것이요, 구하여 내리라(사46:3-4)"라고 함으로써 노인을 끝까지 보호하겠다고 말한다.

교회가 노인에 대하여 관심을 기울여야 할 이유는 바로 이와 같은 성서적 근거들과 의미들에서 볼 때, 너무나도 명백하고 당연한 것이다. 육체적으로 점차 쇠약해져 가는 노인들의 모습은 성서에서 말하는 흙으로 돌아가고 있는 삶의 자리이다. 그 자리야말로 하느님께서 우리에게 말씀하시는 장소이다. 성경은 연약한 존재로서의 노인으로 표현되기도 했다.

인간은 나이 들면 들수록 육체적으로 정신적으로 점차 약해지는 것이 특징이다. 전도서 12장에는 노년의 죽음에 이르는 쇠약해지는 과정을 시적으로 표현하고 있다. '흙은 여전히 땅으로 돌아가고 신은 그 주신 하나님께로 돌아가기 전에 기억하라 전도자가 가로되 헛되고 헛되도다 모든 것이 헛되도다'[48] 노년에 출산능력이 없다는 표현도 하고 있다. '아브라함과 사라가 나이 많아 늙었고 사라의 경수는 끊어 졌는지라'[49]

성경은 인생을 연속적인 몇 단계로 구분하여 그중의 마지막 단계로 노년을 기술하기도 한다. 보통 어린이, 성인-13세부터, 노인으로 구분하든지, 네 단계로 유년기, 청년기, 장년기-결혼한 남녀, 노년기-렘 51:22, 노년의 경우 보통 노인과 아주 나이 많은 고령자를 다시 구분하는 경우로 볼 수 있다. -렘6:11 또한 레위기에 나타나는 이스라엘 백성이 하나님께 서약한 몸값 계산 규정을 보면 노년에 대한 기준을 어느 정도 가늠해 볼 수 있게 한다.

① 20-60세: 남자(은 50세겔), 여자(은 30세겔)

---

48) 전도서 12장 7-8절. 한글판 개역 관주 성경전서.
49) 창18:11.

② 5-20세: 남자(은 20세겔), 여자(은 3세겔)
③ 1개월-5세: 남자(은 5세겔), 여자(은 3세겔)
④ 60세 이상: 남자(은 15세겔), 여자(은 10세겔)

여기서 남자든 여자든 60세를 넘는 사람의 서원 값이 20세에서 60세에 속한 사람보다 적다는 것은 60세 이상의 사람은 쓸모가 적어졌다는 것을 의미한다고 볼 수 있다.

따라서 이 구분에 의하면 구약시대의 노년은 60세 이후로 볼 수 있을 것이다. 그렇게 보면 레위기의 노인기는 오늘날 우리나라 노인복지법의 노인기준 연령이나 고령자 고용촉진법의 고령자로 보는 나이와 비슷하다는 것을 볼 수 있다.[50]

노인들에 죽음을 예비하는 교육과 전통적인 효사상과 노인부양에 대한 현대적 의미를 해석하여 소외된 계층인 노인을 끌어안는 것이 필요하다. "이스라엘의 죽을 기한이 가까우매 그가 그 아들 요셉을 불러 그에게 이르되 이제 내가 네게 은혜를 입었거든 청하노니 네 손을 내 환도뼈 아래 넣어서 나를 인애와 성심으로 대접하여 애굽에 장사하지 않기를 맹세하고 내가 조상들과 함께 눕거든 너는 나를 애굽에서 메어다가 선영에 장사하라 요셉이 가로되 내가 아버지의 말씀대로 행하리이다 야곱이 또 가로되 내게 맹세하라 맹세하니 이스라엘이 침상 머리에서 경배 하니라"[51]

오늘의 노인들은 과거를 추모하고, 현재를 선용하면서, 미래를 꿈꾸게 되는데 그러한 꿈 중에는 신앙문제 즉 사후의 자기문제를 앞에 놓고 생각하게 된다. 유신론을 믿든지, 무신론을 믿든지, 노인이 되어 가는 과정에서 각자의 신앙문제를 앞에 두고, 초인간적인 존재를 찾아서 숭

---

50) 강윤구, "교회의 노인교육프로그램 개발 및 운영", 기독교노인교육의 전망, (서울: 한국기독교교육협회, 2003), 89.

51) 창47:29-31.

배하고 경배하는 생활을 지속하게 된다.

대부분 노인들은 유신론을 믿고 있다는 사실과 함께 그들의 종교는 무지한 수에 달하고 있다는 현실이 보고 되고 있다. 주전 8세기부터 예언자들에 의해 주장되고 있다. 완전한 유일신사상이 발전하게 시작했다. 한 종교를 믿다가 혹시 불안과 회의를 느끼게 되면 노인들은 그들 일생 제일 큰문제로 생각하게 된다.

더욱이 여러 가지 이유로 말미암아 선택한 종교생활을 지속할 수 없게 되면, 노인들은 더욱 절망을 느끼고 많은 고민 속에서 살게 된다.[52] 유일신사상임에도 불구하고, 현재 우리는 다원주의적 종교의식을 가지고 있는 이유로 말미암아 계속적으로 기독교의 하나님과 타종교들의 신들과의 동일성과 분리성을 구체적으로 해석하지 못하고 있다. 이러한 교인들의 불안을 해소를 해줄 수 있는 교회와 성서적 뒷받침은 어떻게 끌고 나갈 것인가?

소외된 노인의 죽음에 대하여는 신약에서 예수의 죽음을 통하여 위로와 희망을 발견하게 된다. 예수는 십자가상에서 저주받은 범인으로서 고통스런 죽음을 죽었다. 그의 마지막 절규는 성서 구절들이 일치하여 보고하고 있거니와(막15:34-37, 히5:7참조), 이것은 신의 부조리에 절망한 나머지 능히 있을 수 있는 일이었을 것이다.[53] 쿨만의 지적처럼 예수는 죽음 그 자체와 대면하시고 두려워했던 것이다.[54] 그는 죽음에 직면하여 두려워하셨으며(요12:27, 13:21, 막14:33), 할 수만 있다면 죽음으로부터 면해 주시기를 성부께 간청했으나(막14:36, 눅22:42, 요12:27, 히5:7), 마침내 그는 부르짖기를 "나의 하나님 나의 하나님 어찌하여 당신은 나를 버리셨나이까" 그리고는 다른 알지 못할 소리를 지르고

---

52) 김경희, 노인복지연구, (서울: 홍익제, 1990), 23.

53) E. Jungel, Tod, (Suttgart, 1971), 134.

54) O. Cullmann, Ibid, 17.

예수는 운명하셨다(막15:37), 여기서 죽음은 가장 무서운 공포가 아닐 수 없다. 이것이야말로 진실로 하나님의 궁극적인 대적이 되는 것이다. 이것이 바로 바울이 고린도전서 15장 26절에서 말한 이름이다.[55]

이렇게 죽음을 맞이하신 예수는 '율법의 지배하에'(갈4:4) 태어나고 "죄 많은 인간의 모습을 몸소 취하신"(롬8:3)분이며, 그는 자기의 백성과 온 인류와 유대를 같이 하셨다. 하나님께서는 우리를 위해 그리스도를 죄인으로 만드시고(고후5:21, 참조. 갈3:13) 인류의 죄 때문에 받아야 할 벌을 그리스도가 지게 하셨다. 이것이 바로 그는 무죄하셨으나 그의 죽음이 "죄로 인한 죽음"(롬6:10)이 되는 연유이다.

그러나 신약성서는 그리스도의 죽음을 이렇게 끝나는 것으로만 보도하고 있지 않다. 그리스도의 죽음은 땅에 떨어진 밀알처럼 결실이 풍부하였다.(요12:24-32) 겉으로 보기에는 죄의 벌로 인한 죽음이었으나 실제로는 속죄의 희생 제사였다.(히9장, 참조. 사53:10) 즉, 예수의 죽음은 속량으로 간주된 것이다.[56] 그의 피는 대가이다(벧전1:18-19)[57]. 그는 "백성을 위하여"(요11:50, 18:14) 죽으셨다. 이는 그의 백성을 위해서뿐만 아니라 "모든 사람을 위해서"(고후5:14) 죽으셨다. 그리스도는 우리가 죄인이었을 때(롬5:6) "우리를 위하여"(살전5:10) 죽으셨다. 그리스도는 우리를 위하여 우리를 대신해서 뿐 아니라 우리의 유익을 위하여 죽으셨다. "우리 죄를 위하여"(고전15:3, 벧전3:18) 당신 죽음으로 우리를 하나님과 화해시켜(롬5:10) 우리가 약속된 상속을 받게 하셨다(히9:15). 그러므로 그리스도는 죽음을 구원의 도구로 사용하여 죽음의 의미를 바꾸어 놓는다. 이런 점에서 그리스도의 죽음과 그리스도인에게

---

55) Ibid., 19.

56) Pierre. Grelot, Are Mort in Vocabulaire de Theologie Biblique, (Paris, 1970). 장경 역, "죽음", 신학 전망 31호, 1975, 99.

57) Hans Conzelmann, Grundrissder Theologie des Neuen Testaments, 김철손, 박창환, 안병무 공역, 신약성서신학, (서울: 한국 신학연구소, 1982), 88.

있어서의 죽음은 그리스도의 부활을 통해서 새롭게 그 의미가 극복될 수 있는 것이다.

나이가 들면 다섯 가지 특수감각의 변화가 온다. 촉감 압력과 진동, 서늘한 느낌에 대한 역치가 높아지고, 촉각, 시각, 청각이 현저하게 떨어진다. 창27장 1절에서 보면 '이삭이 나이 많아 눈이 어두워 잘 보이지 못하더니 맏아들 에서를 불러 가로되 내 아들아 하매 그가 가로되 내가 여기 있나이다 하니'라고 기록되어 있다. 또한 21, 22절에서는 '이삭이 야곱에게 이르되 내 아들아 가까이 오라 네가 과연 내 아들 에서인지 아닌지 내가 너를 만지려 하노라 야곱이 그 아비 이삭에게 가까이 가니 이삭이 만지며 가로되 음성은 야곱이 음성이나 손은 에서의 손이로다 하며 그 손이 형 에서의 손과 같이 털이 있으므로 능히 분별치 못하고 축복 하였더라'라고 기록되어 있다. 노인들은 감각기능에 변화에서 제일 먼저 눈이 흐려지며 그 다음에는 촉각이 둔하여져서 감각으로는 균형 있게 판단을 하지 못하게 되는 것이다.

그러나 창1:28에서 보면 하느님이 그들에게 복을 주시며, 그들에게 이르시되, 생육하고 번성하여 땅에 충만 하라, 땅을 정복하라, 바다의 고기와 공중의 새와 땅에 움직이는 모든 생물을 다스리라 하시니라 함으로써 사람에게 수명에 대하여 제한을 두지 않았다. 성서의 해석은 인간의 수명에 대하여 영원성을 부여하는 것이다. 창6장 3절을 보면 여호와께서 가라사대 나의 신이 영원히 사람과 함께 하지 않으리니 이는 그들이 육체가 됨이라 그러나 그들의 날은 120년이 되리라 하시니라 하였다. 인구가 급성장함으로써 죄악도 급성장하게 되었고 하느님의 심판으로 수명이 짧아지게 된 것이다.

과거 우리 민족의 노인을 공경하는 가치관은 사회를 통합시키고 발전시키는 에너지였다. 그러나 이 인구의 고령화에 따른 경쟁의 가치관으로 밀려나게 됨으로써 이 세대는 노인에 대한 공경에 대한 가치관이 무너지는 사회변동의 과정을 겪고 있다. 장수하는 노인들의 특성을 연구하는 노년학은 창세기에서의 대홍수 이전의 사람들이 현대인들보다 오래 살았다는 믿음에서 노인의 노화에 대한 관심을 불러일으킨다.58) 성경에서도 노인을 공경하는 것이 땅에서 장수하는 비결(출20:12,신5:16)이라고 하였다. '네 부모를 공경하라 그리하면 너의 하나님 나 여호와가 네게 준 땅에서 네 생명이 길리라' 노인을 공경하는 삶에서 우리가 하나님을 만날 수 있는 축복의 통로로 만날 수 있다.

성경에 나타난 효는 부모에 대한 존경과 공경이란 통속어에 분명하게 나타나 있다. 모세 5경 중 출애굽기에 보면 "네 부모를 공경하라 그리하면 너의 하느님 나 여호와가 네게 준 땅에서 네 생명이 길리라"59)고 하여 부모를 공경하는 효가 하느님으로부터 받는 축복의 조건이 되고 있다.60) 잠언과 전도서의 배후에 있는 지혜의 교사들은 대체로 노인들이었다. 그리고 노인들은 기쁨과 축복이었다. 노인의 백발은 영광스러운 면류관으로 참다운 기쁨이 되며 하느님께서 주신 축복인 것이다. 백발은 허약의 표시가 아니라 명예의 표시로 간주되었다. 장수는 하느님께로부터 부여받는 것으로 히브리 사회에서 노인의 놀랄 만한 위치는 하느님의 뜻을 전달하는 중보자의 역할을 하였고, 노인이 축복의 말을 해줌으로 자녀들에게 축복이 임하였다. 노인을 공경하지 않음은 반드시 그 나라에 화가 초래할 것이라는 경고가 발해지기도 했다.

구약에 나타난 노인과 관계된 인용구들은 약 250여 곳이나 되지만 노인에 관한 정확한 개념을 언급한 것은 없다. 노인에 해당하는 성서 히브리어 용어들 가운데 가장 많이 쓰이는 동사는 자간(Zagan)으로 '수염이 나 있다'는 뜻으로 수염이 없는 사람과 반대되는 '나이들은 사

---

58) 홍숙자, 노년학 개론, (서울: 도서출판 하우, 2002), 5.

59) 출20:12.

60) 우택주, 성경의 효, (인천: 성산효도대학원 효학 연구소 편찬, 2001), 37.

람'이라는 의미를 포함하고 있다. 명사 자간은 수염이라는 뜻이고 조갠 (Zogen 창48:10)과 제건임(Zegunim 창21:2, 7)은 '나이 많이들은'이 며, 제갠(Zegen)이 바로 '수염이 나 있는 사람'(삿19:16-22; 삼상 28:14), 늙은 사람(창44:22)으로 오늘날 노인을 칭하는 말이다.

그러므로 성경은 지혜의 상징으로서의 노인으로 표현되기도 했다. 지혜는 노인들의 오랜 경험에서 나오는 것으로 그들의 가르침을 받을 것을 성경은 제시하고 있다. 구약시대의 장로의 직분은 지혜자로서의 노인의 역할을 대표적으로 감당했다. 장로는 히브리어로 "자켄"이라고 하는데 본래 노인의 얼굴에 있는 긴 수염을 가리킨다. 장로란 연령이 높고 생의 경험이 풍부한 지도자를 일컫는 말로 성경에는 장로는 가족과 공동체내의 시시비비를 가려주고, 충고와 권면을 통하여 올바른 삶을 살도록 하는 지도력을 발휘하였다.

그런가 하면 성경에서 노인에 대해 나타내는 표현은 여러 가지로 표현된다.

첫째는 하나님의 축복받는 노년으로 표현된 부분이 있다. 백발로 대표되는 노년의 삶은 하나님이 주시는 복이며 하나님을 경외하고 그 계명을 지킨 데 대한 은총으로 이해된다. (삼상2:32) 구약에는 나이 많아 늙은 노년을 히브리어로 "세바토바"라고 했는데 직역하면 "좋은 흰머리"라는 뜻이며 머리가 완전히 희어질 때까지 오래 살고 죽을 때까지 형통하며 자연사하여 가족묘에 장사되는 것을 말한다. 그러므로 노년은 이런 하나님의 은총과 복을 증언하는 삶을 살아야 할 사명이 있는 시기다.

둘째는 존경의 대상으로서의 노인으로 표현된 부분이 있다. 노년을 의미하는 히브리어의 "야시스"는 "나이든"이라는 뜻과 함께 "존경할 만한"이라는 의미를 가지고 있다. "너는 센머리 앞에서 일어서고 노인의 얼굴을 공경하며 네 하나님을 경외하라 나는 여호와니라"(레19:32) 라고 명하신다. 또 "백발은 영화로운 면류관이니 의로운 길을 걸어야 그것을 얻는다"(잠16:31)고 가르친다. 노년의 백발은 여호와 하나님을 경외하고 그의 계명을 지킨 데 대한 하나님의 약속된 복으로 여겼기 때문에 노인은 존경을 받고 노년은 복된 인생의 단계로 인식되었다.

셋째는 돌봐드려야 할 대상으로서의 노인으로 표현되기도 했다. 하나님께서는 자녀들에게 부모를 공경하라고 명하셨다. 노년의 부모는 육체적으로나 정신적으로 쇠약해지는 것을 피할 수 없기 때문에 자녀들에게 부모를 공경할 것을 명하신 것이다. 이렇게 보면 노인에 대한 공경과 섬김의 맘을 갖도록 말씀해 주고 있음을 알 수 있다.[61]

신약에 나타난 노인의 어원은 헬라어로 케론으로 '자녀 출산이 불가능한 이'(요3:4) 또는 게라스로 '늙은 나이'(눅1:36), 포레스부테스로 '늙은이, 연장자'(눅1:18, 딤2:2)의 뜻으로 자녀생산 능력이 없는 생리적 노령과 연령적으로 연장자를 말하고 있다.[62] 계명으로서 부모에 대한 효는 신약성경에서도 잘 나타나고 있다. 마태복음 15장 4절에는 "하느님이 이르시되 네 부모를 공경하라"는 진술이 나온다. 이와 비슷한 구절이 마가복음에서도 나오는데 이는 모세오경의 계명이 반복된 것이다.

노인을 포함한 효사상은 서신서 중에도 찾을 수 있다. 에베소서는 "자녀들아 너희 부모를 주 안에서 순종하라 이것이 옳으니라"(엡6:1)고 하여 자녀가 부모에게 순종하는 것은 당연한 본분이라 하고, 더 나아가서 부모공경이 "약속 있는 첫 계명"(엡6:2)이라고 하였으니 이 약속은 모세의 계명과 같이 "땅에서도 잘되고 장수하리라"는 보상을 의미한다. 디모데 전서는 "늙은이를 꾸짖지 말고 권하되 아비에게 하듯 하고 - 늙은 여자를 어미에게 하듯 하라"(딤전5:1-2) 그러므로 자기 부모에게 효도하는 그 정신으로 늙은이를 공경하라고 하였다. 그러므로 신약의 자기부모에 대한 효는 더 나아가서 사회적으로 다른 노인에 대한 존경과 부양정신의 기반이 되는 것이다.

그리스도의 효 실천방법을 말한다면 먼저 제5계명에 함축되어 있는

---

61) 강윤구, Ibid., 90.
62) 이성호, 성구대사전 1권, (서울: 혜문사, 1988), 290.

존경심과 돌봄의 자세, 제10계명에 명시되어 있는 탐심의 포기 혹은 극복의 자세라고 할 수 있다. 성경적인 효의 실천은 부름 받은 그리스도인이 살아가야 할 삶의 좌표요, 구체적이고 원대한 목표인 것이다. 그 실천적 자세는 제반 삶의 공간 속에서 존경과 돌봄 그리고 탐욕을 버리는 결단을 포함한다. 효의 실행은 무엇보다도 먼저 부모 공경으로부터 시작된다. 는 점을 명심해야 한다.[63]

성서는 힘을 잃은 아비의 모습을 무시하는 세대에게 너 낳은 아비를 청종하라고 말한다. 네 늙은 어미가 힘이 쇠약해지고 짐이 되더라도 이를 경이 여기지 말라고 말한다. 왜냐하면 저들의 외로움이야말로 예수님이 가서 너도 자비를 베풀라고 하신 이웃이요, 내 몸의 지체이기 때문이다. 네 이웃을 네 몸과 같이 생각하라(눅10:27)고 하신 주님은 오늘 노인에게도 네 몸과 같이 사랑하라고 말씀하신다.

하나님을 사랑하고 이웃을 사랑하라는 말씀은 율법의 핵심이자 기초이다. 예수님께서도 다른 기회에 율법 중에 큰 계명이 무엇이냐는 질문을 받으시고 이 율법사가 했던 것과 같은 말씀을 하셨다. "예수께서 가라사대 네 마음을 다하고 목숨을 다하고 뜻을 다하여 주 너의 하나님을 사랑하라 하셨으니, 이것이 크고 첫째 되는 계명이요, 둘째는 그와 같으니 네 이웃을 네 몸과 같이 사랑하라 하셨으니, 이 두 계명이 온 율법과 선지자의 강령이니라(On these two commandments hang all the laws and the prophets)"(마22:37-40) 예수님께서는 이웃에 관한 논의를 이론화하신 것이 아니라 단순하고도 실천적인 것으로 만드셨다. 의무에서 사랑으로, 논쟁에서 행동으로 전환시키셨다. 그 삶의 자리에서 단절감을 경험하는 노인들의 모습은 바로 우리들을 육으로 낳은 부모요 이웃이라고 생각된다. 교회는 노인들에 종말론적 신앙을 제시하여

---

63) 우택주, "하나님의 섬김과 부모공경", 성경의 효, (인천: 성산효도대학원대학교 효학연구소 편찬, 2000), 52.

그들이 신앙 간증이 되도록 교회가 제공하는 것이 필요하다.

김동배 교수는 성경의 노인관에 대해 다음과 같이 세 가지로 요약하고 있다. 첫째, 노인에 대한 공경으로, 자녀는 노부모에게 효도하고 순종해야 하며, 둘째, 노인이 지혜의 원천이라는 것으로, 노인의 연륜은 쌓인 지혜가 많음을 뜻하는바, 그에게서 배우고 훈계를 청해야 한다는 것이고, 셋째, 노인은 보호의 대상이라는 것으로, 늙음이라는 것이 인간존엄성에 대한 경시의 대상일 수 없기에, 젊은이는 노인의 고통을 분담해야 한다는 것이다.[64] 이와 같이 기독교 차원에서 보다 적극적인 노력을 기울여야 할 필요성이 제기된다. 노년에 대한 성서적인 해답은 하느님께서 창조사역을 마치시고 제7일에 안식하심과 같이 노년은 버림받은 삶이 아니고 노년은 모든 사역을 정리하고 안식을 누려야 할 시기이다.

2. 신학적 분석

노년기에는 다양한 문제를 가지게 된다. 생활고,[65] 병고,[66] 고독고, 무의고 등 자신이 어떻게 대처하여 배려를 해야 할 것을 제대로 파악하여 교육해야 한다. 노인문제의 원인을 산업구조의 변화, 경제적 어려

---

64) 김동배, "한국기독교사회복지회편", 기독교와 사회복지, (서울: 예안, 1995), 158-161.

65) 65세 이상 노인인구 중 50% 이상이 절대적 빈곤에 시달리고 있으며, 경제적으로 자립할 수 있는 노인은 10%에 불과하다. (민재성, 1993).

66) 한국보건사회연구원(1998)조사에서는 조사대상 노인 3,535명 가운데 86.7%가 한 가지 이상의 만성질환을 앓고 있으며, 74세 이상 여성노인의 경우는 92.5%가 만성질환 유병상태에 있는 것으로 나타났다. 특히 1998년의 조사에서 노인질환 가운데 관절염(43.4%), 요골·좌골통(29.2%), 고혈압(23.5%) 등의 만성질환은 비교적 많이 앓고 있는 질병으로서 완치되기 어렵다는 특징이 있다.

움, 역할상실, 건강의 악화로 볼 수 있다. 현대인이 불안정된 삶을 살기에, 오히려 종교에게 안정감을 요구하기도 한다. 교회는 현대적인 삶과 동시대성을 함께 나누지 못하는 경우가 많다. 하지만 '자유주의 신학'으로 일컬어지는 개신교 신학은 19세기 초반부터 부르즈와 정신과 밀접한 관계를 맺었다. 신앙의 자유, 양심의 자유, 집회의 자유는 신학 자체의 자유를 위한 필수조건이었다. 이 자유는 칸트와 연결되어 윤리 신학을, 슐라이어마허에 와서는 신앙의 신학을 발전시켰다.

이들의 공통점은 개인적 실존의 종교적 규정에 한정된 신앙과 모든 면에서 자유로워진 합리적 이성 사이에 새로운 동맹을 형성한 데 있다. 그리하여 신앙은 이성을 방해하지 않고 이성은 신앙을 해체시키지 않게 되었다. 그러나 이는 부르즈와 세계가 그리스도교 세계로 간주될 때만 가능하였다. 하지만 이 세계는 나치, 파시스트 등의 독재로 허물어졌다. 그리스도인들은 그리스도교 이후의 비그리스도교적인 냉담한 환경 속에서 살아가는 법을 배우고 있다. 그러나 이 흐름엔 긍정적인 면도 있다. 교회와 신학이 개방되어 세계적인 폭을 갖는 기회도 되는 것이다.

노인들에게는 건강의 악화, 오감의 감지력 감퇴 등 신체적 문제를 비롯하여 사회적 역할의 상실, 대인접촉의 빈도 등 사회적 문제, 심리적 문제로 자아정체감의 상실, 외향성의 상실 등이 있다. 처음으로 그리스도인들이라 일컬어졌던 안디옥교회는 형제들을 힘닿는 데로 부조(행11장26-29)했고, 고린도교회는 하느님의 교회 혹은 그리스도 예수 안(고전1:2)이라 일컬어졌으며, 바울은 교회를 만물을 충만케 하시는 그리스도의 몸 혹은 머리(엡1:22-23)라고 하면서, 그리스도인 형제자매들은 "예수 그리스도께서 교회를 사랑하시고 위하여 자신을 주심같이 하라"(엡5:25)고 했다. 또한 "네 이웃을 네 몸과 같이 사랑하라"(마19:19)고 하신 예수 그리스도는 "건강한 자에게는 의원이 쓸데없고 병든 자에게라야 쓸 데 있느니라"(마9:12)고 하심으로써 고아, 과부, 병자, 빈민은 물론 노약자에게도 지대한 관심을 보이셨다.

예수님이 창설하신 교회는, 태어날 때부터 지진아인 아들이 학자인 그의 형과 똑같은 가치를 지니는 하나의 가족에 비유할 수 있다. 교회는 마치 다양성이 가장 두드러지면서도 가장 효과적인 상호관계를 유지하는 세포들로 이루어진 몸과 같은 것이다. 하나님께서는 각 세포에게 한 가지 요구, 즉 각 사람은 머리에 충성하라는 요구만 하고 계시다. 각 세포가 몸 전체의 필요를 각자 삶의 목적으로 받아들인다면, 몸은 건강한 가운데 생활할 것이다. 이는 대단한 일격으로 내가 사회 전체에서 찾아 볼 수 있는 단 하나의 순수한 평등주의이다.[67]

하나님께서는 몸 안의 각 지체에게 똑같이 그분에게 반응할 수 있는 능력을 주셨다. 여기에 그리스도의 몸의 비밀이 있는 것이다. 만일 우리 각자가 그리스도의 몸에 대한 관계에서가 아니라면 별로 중요하지 않다는 사실을 자랑할 줄 알고, 다른 모든 지체 안에 있는 가치를 인정한다면 아마도 그리스도의 몸의 모든 세포들은 주님께서 의도하신 대로 움직이기 시작할 것이다.[68] 일반적으로 연령이 증가함에 따라 신체 각 기관의 조정능력이 쇠퇴하고 신체가 외적 자극에 민첩하게 대처하지 못하며 신체의 면역체계가 그 효율성을 잃어 가게 되는 것을 생물학적 노화라 일컫는다. 생물학자들은 세포가 현저하게 감소하기 시작하고 신체의 기능이 퇴행하는 자연스러운 신체적 변화를 노화라고 한다. 노화로 인한 인간의 신체적인 변화에는 외견상의 변화나, 소화기, 신경계, 순환기 계통의 기능 퇴화와 피부의 탄력성 상실 등을 들 수 있다.

알렌은 신진대사 비율은 노화과정을 지배하는 주요한 요인으로서, 신진대사의 감소는 생의 주기를 연장시키고 신진대사의 증가는 생의 주기를 단축시킨다고 주장한다. (S. Begley 등, 1990). 이는 수명을 위한 신

---

67) Philip Yancey & Poul Brand, Fearfully and Wonderfully Made, 정동섭 역, 나를 지으신 하나님의 놀라운 손길, (서울: 생명의 말씀사, 2002), 47-48.
68) Ibid., 49.

진대사의 양이 고정되었다 함을 암시하는 것으로서, 파리 시험에서 섭씨 30도에서의 상황보다는 섭씨 18도에서 수명이 2배로 증가하였으며, 동면하는 것들을 포함해서 본성적으로 느린 신진대사를 가진 종들은 일반적으로 더 오래 살지만, 반면 보다 활발한 대사를 가진 종들은 젊어서 사망한다는 사실에 기초한 것이다. 호르몬이론은 주로 신체의 활동성을 조절하는 내분비 구조의 일반적인 능력감소에서 노화의 이유를 찾고 있다.[69] 서구나 미국에서는 흔히 노인은 전형적인 은퇴 나이인 65세에서 시작된다고 설명하고 있다. 이는 단순히 연령적으로 65세 이상을 노인이라 말하기보다는 실질적으로는 경제적 활동과 노동현장에서 은퇴하고 있는 인구층을 노인이라 지칭하고 있음을 알아야 한다. 이런 의미에서 기대수명이 낮은 세계의 몇몇 지역에서는 35-40세의 나이를 노인이라고 칭하기도 한다. 그러나 노인을 구분하는 확실한 기준이 없기 때문에 학자마다 지역과 문화마다 노인개념이나 노령선이 상이하다.

하비 거스크는 노년기를 후기성숙기인 65세 이후 사망하기까지의 시기로 보고 있으며, 에릭슨도 자아의 8단계 발달과정 중 통합과 절망의 양극 감정이 대립하는 성인후기인 65세 이상을 노인기로 간주하고 있다. 한편 노년기의 범주를 넓게 55세부터라고 보는 성인학자 뉴 가르텐은 미국 노인을 역연령에 따라 다음의 3그룹으로 분류하기도 한다. 55-64세로 아직 사회적으로 일을 하고 있으며 그들의 삶과 사회에서 절정기에 있는 연소노인, 65-74세로 퇴직한 사람이 대다수이며 건강상태가 양호하고 취미 생활을 할 풍부한 시간을 가지고 있는 중 고령노인, 75세 이상으로 더 이상 일을 하기가 어렵고 신체적으로 노쇠하고 질병에 걸릴 경우가 많으며 가장 빈곤하며 가장 외롭고 가장 약한 고령노인이다.

일반적으로 우리나라에서는 역연령인 60세를 전후하여 노인으로 규

---

69) 홍숙자, Ibid., 24-25.

정하는 경향이 있는데 이는 전통적인 환갑 연령이나 정년퇴직의 시기, 그리고 조부모가 되는 시기 등을 고려한 것으로 판단된다. 우리나라 생활 보호법에서는 생활보호 대상자를 65세 이상으로 규정하고 있다. 우리나라의 경우 인구 노령화의 속도가 빨라서, 7%에서 14%로 2배가 되는 기간이 약 19년 정도가 될 것으로 예상된다.[70] 이와 관련하여 2030년에는 생산연령(15-64세)인구 2.8명이 1명의 노인을 부양해야 할 것으로 전망되고 있다. 이러한 결과로 인하여 노인교육과 관련한 국가정책 수립에 매우 중요한 의미를 갖는다.

이와 관련하여 1995년 이후 5년 사이 노령인구는 27.7% 늘어난 반면 15세 미만은 5.8% 줄어듦으로써 1990년 13% 증가했던 생산 연령층(15~64세)은 지난해 1995년 대비 4.1% 증가에 머물렀다. 이러한 경제활동인구 대비 노인인구 비율인 노년부양비는 해가 갈수록 증가함으로써 2030년에는 35.7%로 늘어나 생산연령인구 2.8명이 1명의 노인을 부양해야 할 것으로 전망되고 있다. 우리나라의 인구구성비와 노령화 지수를 살펴보면 다음과 같다.

---

70) 자료: UN, the sex and age Distribution of World Population.

연　도	도달연도			증가 소요 연수	
국　가	7%	14%	30%	7%→14%	14%→20
한　국	2000	2022	2032	19	7
일　본	1970	1994	2006	24	12
영　국	1929	1976	2021	47	45
미　국	1942	2013	2028	71	15
스웨덴	1887	1972	2012	85	40

〈표 3〉 우리나라 인구구성비와 노령화 지수

(통계청 2003. 8)

인구항목	단 위	1970	1980	1990	2000	2010	2019	2020	2026	2030
총인구	명	32,240,827	38,123,775	42,869,283	47,008,111	49,594,482	50,618,727	50,650,260	50,609,812	50,296,133
인구증가율	‰	2	2	1	1	0	0	0	0	0
0~14세	명	13,709,367	12,950,775	10,973,592	9,911,229	8,551,714	7,147,303	7,034,423	6,487,361	6,217,381
15~64세	명	17,540,152	23,716,967	29,700,607	33,701,986	35,740,673	36,157,808	35,948,429	34,009,733	32,475,033
65세 이상	명	991,308	1,456,033	2,195,084	3,394,896	5,302,095	7,313,616	7,667,408	10,112,718	11,603,719
인구구성비:0~14세	%	42.5	34	25.6	21.1	17.2	14.1	13.9	12.8	12.4
인구구성비:15~64세	%	54.4	62.2	69.3	71.7	72.1	71.4	71	67.2	64.6
인구구성비:65세 이상	%	3.1	3.8	5.1	7.2	10.7	14.4	15.1	20	23.1
노년부양비	%	5.7	6.1	7.4	10.1	14.8	20.2	21.3	29.7	35.7
노령화지수	%	7.2	11.2	20	34.3	62	102.3	109	155.9	186.6

이와 같이 많은 경우에 있어 일정한 연령적 구분 점을 설정하여 그 연령선 이상 전후의 사람을 노인이라고 하고 있지만,[71] 그러나 단지 나이를 기준으로 노인을 구분하는 것에는 문제가 있다. 왜냐하면 개인마다 노화에 상당한 차이가 존재하고, 또 각 개인의 노화를 설명하는 데에 총합적인 신체적, 심리적, 사회적, 가족적 측면 등을 고려해야 하기 때문이다.

1951년 제2회 국제 노년학회에서는 노인을 '인간의 노령화 과정에서 나타나는 생리적, 심리적, 정신적, 환경적 및 행동의 변화가 상호 작용하는 복합과정에 있는 자'라고 정의하였다. 브린은 노인을 '생리적 및 생물학적인 면에서 퇴화기에 있는 사람, 심리적인 면에서 정신기능과 성격이 변화하고 있는 사람, 그리고 사회적인 면에서 지위와 역할이 상실된 사람'으로 정의하고 있다. 그간 대부분의 학자들이 의견을 정리해 보면 노년을 변화의 한 과정으로 보고 신체적, 심리적, 사회적 및 문화적 측면, 그리고 본인의 주관적인 측면을 종합적으로 고려하여 개념을 정의할 것을 강조하고 있다.[72]

우리의 생활 가운데 있는 위험성의 하나는 가끔 삶의 의미를 성공과 혼동하는 일이다. 그렇게 되면 정신적으로 자본주의 안에 머물게 되는데, 자본주의야말로 성공을 최고의 가치로 생각하기 때문이다. 또 생각할 수 있는 것은 하느님의 원수들이 창조의 세계를 파괴하는 데 성공할지도 모른다는 것이다. 맹목적인 믿음이 불안 없는 삶을 보장하지 않는다. 우리가 참으로 하느님을 태초의 창조의 힘으로 생각하고, 관계성

---

71) 뉴 가르텐(B. Neugarten, 1874)의 역연령에 의한 노인구분은 다음과 같다.
　① 연소노인(young-old): 55-65세, 절정의 사회생활과 삶을 누리고 있음.
　② 중고령노인(middle-old): 65-75세, 대다수가 퇴직한 상태이며, 건강상태가 양호하여 풍부한 취미 생활을 할 수 있는 시간을 가지고 있는 노인.
　③ 고령노인(old-old): 75세 이상으로, 신체적 노쇠와 질병으로 인하여 일을 할 수 없으며 경제적, 심리적으로 가장 약한 노인.
72) 홍숙자, Ibid., 13-15.

의 힘으로 생각한다면, 창조의 보전은 인간들 사이의 사랑의 힘에 달려 있는 것이다.

핵의 겨울이 오고 안 오는 것은 얼마나 많은 사람들이 회개하여 무관계성의 죽음으로부터 부활하느냐에 달려 있다. 하느님은 우리가 회개를 실천할 수 있도록 매일 우리를 부른다. 문화침해는 한편으로는 지배의 '도구'이면서도 또 한편으로 보면 지배의 '결과'이기도 하다. 이처럼 지배적인 성격을 띠는 문화행동이, 고의적이고 계획적인 것이면서도, 한편으로 보면 단순히 억압 현실의 산물이기도 한 것이다. 신학은 언제나 일정한 사회 안에 있는 특정한 사람들의 목표와 포부를 반영한다.[73] 그리스도교 신학은 그리스도교 전통과 메시지를 현대의 상황과 비판적, 임상 치료적으로 관련시켜야 한다. 왜냐하면 이렇게 함으로써 신학은 그리스도교의 신앙과 희망과 사랑의 전승을 매개할 수 있기 때문이다. 정치신학의 다양한 형태 속에서 종말론은 중요한 위치를 갖는데 희망의 신학에서만큼 중요한 위치를 차지한 것은 없다.[74] 신학자들은 종말론이 조직신학의 부록이 아니라 오히려 중심축의 원리가 되어야 한다고 주장한다.

전체적인 사회구조를 한 몸이라고 가정할 때 노인세대는 아직도 지체에서 소외된 지체장애의 모습으로 분류되어 있는 상황이다. 아픔을 함께 나눈다는 의미가 포함된다. compassion이 느껴지는 공동체. 손톱이 아프면 온 몸이 아픈 것처럼, 손가락이 중요하다고 손가락이 온 몸을 뒤덮여서야 되겠는가? 각각 개체성을 존중하면서 전체가 살아남는 그런 공동체를 만들어 나가는 것이 교회 안에서 이루어져야 할 것이다.

교회는 사회구조는 물론 노인세대를 그리스도의 몸이라는 개념으로

---

73) James H. Cone, 현영학 역, 눌린 자의 하나님, (서울: 이화여자대학교출판부, 1980), 62.

74) Jurgen Moltmann, The Theology of Hope, (New York: Harper and Row, 1967).

바라 볼 때에 하느님의 생명역사를 만날 수 있다. DNA의 설계자가 되시는 하느님께서는 자신의 몸의 지체가 되라는 새롭고 고상한 목적으로 전 인류를 부르셨다. 그리고 이 몸의 지체로 참여하는 회원자격은 DNA의 주입과정과 같이 몸 안의 새로운 세포 하나하나와 재료교환을 하는 것으로 시작된다. "그리스도의 몸"이라 불리는 공동체는 다른 어떤 인간 그룹과도 같지 않다. 사회적 기구나 정치적 집단과 달리, 이 공동체의 회원이 되면 각 세포 안에 새로운 코드가 찍힐 정도로 전격적인 변화가 일어난다. 실제로 나는 그리스도의 몸에 속하기 때문에 유전적으로 그리스도와 같게 되는 것이다.[75]

한국교회가 맞이하는 노인문제의 근본적인 해결은 이론적, 현실적인 욕구에 대한 대안만으로는 불가능하다. 한 시대를 걸어 온 노인들은 지위와 교육과 생활 및 여러 가지 환경의 차이를 벗어나 인생이라는 다양한 경험과 삶을 영위해 온 세대들이다. 이러한 현실에서 노인들을 위한 교육은 가르치는 것이 아니라 그들의 요구에 부응하는 대안들을 마련하기 위한 것이다. 그러므로 그 해답은 인간의 뿌리의 역사를 담고 있는 성경적인 해결책을 벗어나서는 불가능하며 이러한 이유로 인하여 교회의 지도자로서의 목회자들과 사역의 동역자들로서의 새로운 결단을 하게 되며 이와 같은 맥락에서 현대사회에서 소위 계층화되고 있는 노인들에 대하여 기독교적 이해와 그들을 위한 교육 방안을 마련하고 실시함은 매우 중요한 교회의 교육사역이다.

노인들의 소외감과 상실감은 역할의 상실에서부터 시작되었다. 그러나 보잘것없는 것으로 간주되어 온 노인들의 삶을 소중하게 여기는 삶, 그런 생명을 더욱 caring 하는 그런 교육, 같이 말하고 같이 밥을 먹어 보고 하는 그런 교육이 필요하다. 예수님이 행했던 상황을 그대로 모방하는 것이 아닌가? 기존의 삶의 가치에 혼돈이 오는 것이 필요하다. 예

---

75) Philip Yancey & Poul Brand. Ibid., 54.

수님이 지금 오셨다면 성경 속에서 말씀하신 말씀을 지금의 언어로 바꿀 수도 있지 않은가? 어떻게 재구성할 것인가? 이 부분은 조직신학적으로 정교하게 다뤄야 할 것이다. 모방하는 것이라면 할 필요가 없다는 입장이 있는가 하면, 예수가 가르친 상황을 모방해서라도 해야 한다는 두 극단적 주장이 있다. 우리는 지금 중간 길로 가고 있다. 예수가 나름대로 하나님과 깊은 교제 속에서 핵심주제로 했던 것은 우리도 받아서 우리 시대에 맞게 할 수 있다. 그것을 우리가 굳이 언급하지 않은 채 중간 길을 가고 있는 것이다.

예수가 하나님의 뜻을 받아서 살아서 얻지 못한 경험들을 우리는 살아가고 있는 것이 있다. 그때 당시에는 생태학적 문제가 없었다. 물 오염, 공해, 쓰레기 등의 문제는 없었다. 현재의 이 상황 속에서 예수가 판례로 내어 놓은 것이 없다. 하나님의 뜻을 따라서 생태계의 위기를 극복하기 위해서 얻을 수 있는 아이디어는 바로 「생명」이다. 그런데 예수의 경우에는 성경에서 생명이라고 특별히 강조한 것이 없다. 또 다른 문제가 발생할 수도 있다. 인터넷과 관련하여 기괴한 상황이 연출될 수 있다. 판례는 없다. 우리가 그 판례를 만들어 내어야 하는 것이다. 우리 나름대로 파악한 것이 예수의 길에 부합하는 길을 찾아내야 한다.

신학은 그 자체를 위해서 존재하는 것이 아니라 우리를 보다 깊은 신앙에로 성숙시키기 위하여 있다. 신학의 사고 모델은 프락시스로 출발하여 프락시스로 끝난다. 이것이 삶을 거친 신앙이다.[76] 교회의 노인에 대한 사회적 책임은 크게 사회봉사와 사회행동으로 대별된다. 사회봉사는 구제와 노력봉사를 의미하며, 사회행동이란 인간을 비인간화시키는 사회제도의 변화를 추구하는 활동을 의미한다. 그리스도인은 자신의 개인적 생활만 경건하게 살면 되는 것이 아니라 하느님의 기준에

---

76) 도로테 죌레(Dorothee Solle) 서광선 역, 현대신학의 패러다임, (서울: 한국 신학연구소, 1998), 16.

맞는 정의와 공평히 실현되는 사회가 될 수 있도록 비판적인 삶을 살아야 하며, 교회는 개인적인 사회활동을 보다 많이 담당하여야 하는 것이다.

그리스도인은 누구나 머리되신 예수 그리스도를 거쳐서만 다른 사람과 가까워질 수 있다. 사람들 가운데는 다툼이 있다. 그러나 사도 바울은 예수 그리스도에 대해서 '그는 우리의 평화'(엡2:14)라고 말했다. 말하자면 예전에 갈라졌던 인류가 그의 안에서 하나가 된다는 것이다.[77] 교회가 하느님의 뜻을 구체적으로 실현할 장은 사회라고 할 수 있다.

본회퍼는 '성숙한 세계'에서 신학은 세상의 세속성을 존중해야 하며, 자유로운 인간의 성숙을 기쁜 마음으로 받아들여야만 한다고 하였다. 20세기 후반 신학의 가장 큰 특징은 신학의 관심과 강조점이 바뀐 데 있다. 하나님으로부터 인간으로, 하늘로부터 땅으로 저 세상에서 이 세상으로, 정통교리(신앙의 바른 진술)로부터 정통실천(행동의 바른 성격)으로 신학의 관심이 전환되었다. 뿐만 아니라 개인적인 신앙보다는 타인을 위한 삶이, 말씀전파보다는 인간의 인간화가 강조되었다. 한마디로, 세상성에 대한 발견과 관심이 고조되었다.

1960년 이후 기독교는 전반적으로 세속화되고 신학은 급진화되는 경향이 있다. 이러한 신학적 변화에 결정적인 역할을 한사람이 본회퍼(Dietrich Bonhoeffer)였다. 그의 핵심 사상이자 혁명적인 개념인 무종교적 시대와 무종교적 기독교, 혹은 성인된 세계와 성서개념의 비종교적 해석은 기독교 신학계에는 큰 충격을, 젊은 신학자들에게는 깊은 감명을 주었으며, 세계 신학의 흐름을 바꾸어 놓았다. 특히 그가 「옥중서간」에서 주장한 '성서개념의 비종교적 해석'은 기독교의 새로운 방향을 제시했다. 세속화신학, 신 죽음의 신학, 상황윤리 등이 그와 직접적인 연관이 있고, 정치신학, 혁명신학, 해방신학이 간접적으로 연관되어 있

---

77) 디트리히 본회퍼, 문익환 역, 신도의 공동생활, (서울: 대한기독교서회, 1993), 27.

다. 이러한 급진신학의 중심에는 항상 본회퍼의 사상이 자리 잡고 있다. 본회퍼를 제외하고 20세기 신학을 논하는 것은 불가능하다고 해도 과언이 아닐 정도로, 현대 신학계에 미친 그의 영향은 실로 대단하다.[78] 기독교인은 물론 많은 비기독교인까지도 사로잡는 본회퍼의 매력은 그의 삶과 사상의 일치에서 찾을 수 있다.

그러나 이것은 신학이 현대 세계에 대해 지금까지보다 더 분명하게 자기 나름의 해석을 제공할 때만 가능하다. 본 훼퍼는 "하느님의 성육신으로 하느님은 더 이상 세계 현실과 대립하지 않는다. 하느님은 무기력한 하느님이다. 그러나 고통 받는 하느님만이 도울 수 있기에 무기력한 하느님만이 참 하느님이다."라고 말했다. 그는 또 "성숙한 세계는 더욱 더 무신적이며, 바로 그렇기 때문에 성숙하지 못한 세계보다 하느님께 더 가까운 것이다."라고 말했다. 그는 종교 시대를 마감하는 동시에 그리스도교 신앙의 가능성을 열어 주었다. 그는 교회를 그리스도의 대리성을 들어 타자를 위한 교회로 정의하여 교회란 '공동체로 존재하는 예수 그리스도이다'라고 말했다.[79]

본회퍼는 13세기에 시작된 인간의 자율성을 위한 운동은 이제 완성의 단계에 도달했으며, 인간은 더 이상 종교나 하나님에 의존하여 어려운 문제들을 해결하지 않고 스스로 해결하는 성인된 세계에 이르렀다고 보았다. 따라서 그는 1944년 4월 30일 자로 베트에게 쓴 편지에서 성인된 세계 혹은 무종교 시대의 도래를 선언했다.[80] 본회퍼의 성서개

---

78) 목창균, 세속화 신학논쟁 - 그 신학적 배경을 중심으로, (서울신대교수 논문, 2000).

79) 손규태, "본 훼퍼" 103인의 현대사상, (서울: 한길사, 1996), 328-329.

80) 본 훼퍼의 성인된 세계 - 나를 끊임없이 움직이고 있는 것은, 기독교란 무엇인가 혹은 오늘의 우리들에게 있어서 예수는 누구인가 하는 물음이다. 그것이 신학적인 말이든 혹은 신앙적인 말이든, 말에 의해 인간에게 모든 것을 말할 수 있는 시대는 지나갔다. 내면성과 양심의 시대, 즉 일반적으로 종교의 시대도 역시 지나갔다. 우리는 완전히 무종교적인 시대를 맞이

념의 비종교적 해석은 현대신학에 새로운 방향을 제시했다. 그의 신학

하고 있다. 성인된 세계는 "종교의 시대가 지나갔다"는 것, 무종교 시대가 왔다는 것을 의미한다. 본회퍼에게 있어서 성인된 세계는 무종교적 시대요, 성인된 인간은 무신성 속에 살고 있는 인간, 종교 없는 인간이다. 다시 말하면, 하나님 없이도 살아갈 수 있는 세상, 종교가 필요 없는 세계가 곧 성인된 세계이다. 그것은 "하나님 앞에서 그리고 하나님과 함께 하나님 없이" 사는 인간의 자율운동이 성취된 것이다. 따라서 성인된 세계에 대한 본회퍼의 진술은 새로운 시대에 대한 선언이다. 그것은 당시의 종교적 상황에 대한 진단이며 새로운 종교에 대한 예측이다. 그 예측은 하나님에 대한 인간의 자율성과 세계의 자주성, 그리고 세계의 비신격화와 세상성(Weltlichkeit)의 발견을 의미한다. 그리스도의 십자가와 현실 속에서 하나님이 인간이 되셨다는 것은 종교적인 세상의 의미를 극복하고 성인된 세계를 긍정하는 것을 말한다. 이와 같이 본회퍼가 옥중에서 발견했던 것은 현대의 성인성(成人性)이었다. 따라서 그는 현대 세계를 성인된 세계로, 그리고 현대인을 성인된 세계에 살고 있는 성인된 인간으로 규정했다. 현대인은 종교가 필요 없는 사람들이다. 그들은 하나님을 의지하지 않고 자신의 책임 아래 모든 일을 처리할 수 있는 사람들이다. 마치 신이 없는 것처럼 행동하며 스스로 책임을 진다. 이것이 성인된 세계이다. 따라서 본회퍼는 성인된 세계에 사는 우리는 더 이상 하나님을 필요로 하지 않거나 또는 하나님 없이 살기를 배워야 한다고 주장했다. 우리는 이제 우리 자신의 자원들, 즉 환경과 사회가 우리에게 제공하는 것에만 의존해야 한다는 것이다. 도덕, 정치, 과학에 있어서 작업가설(working hypothesis)로서의 하나님은 극복되고 폐기되었다. 그 같은 일이 철학과 종교에서도 일어났다. …… 우리가 정직할 수 있는 길은 비록 하나님이 존재하지 않는다 해도 우리는 이 세계 속에서 살아가야 한다는 것을 인식하는 것이다. 그리고 우리가 하나님 앞에서 인식하는 것이 바로 이것이다. 하나님 자신이 그것을 인식하도록 우리를 강요한다. 우리의 성인된 시대는 우리로 하여금 하나님 앞에 있는 우리의 상태를 바로 인식하게 한다. …… 하나님은 우리가 하나님 없이도 잘 살아갈 수 있는 성인으로 살아야 한다는 것을 우리에게 가르쳐 준다. 우리와 함께 있는 하나님은 우리를 버리는 하나님이다(막 15:34). 하나님이라는 작업가설(作業假設) 없이 우리를 이 세계 속에 살게 하는 하나님은 우리가 항상 그 앞에 서 있는 하나님이다. …… 하나님은 이 세계에서 약하고 무력하다. 그것이 그가 우리와 함께 있고 우리를 도와주는 유일한 방법이다. …… 성인된 세계를 향한 발전은 그릇된 신개념을 버리게 하고 성경의 하나님을 볼 수 있는 길을 마련한다. …… 이것이 아마도 세속적 해석의 출발점일 것이다.

은 20세기의 후반의 개신교 신학, 가톨릭신학과 에큐메니칼 신학에 큰 영향을 미쳤다. 젊은 신학자들은 자신들의 신학의 초석으로 본회퍼의 신학적 개념을 채택했다. 특히 세속화 신학자들과 신의 죽음의 신학자들이 그러하다. 그의 비종교적 기독교 개념에 자극을 받아 기독교의 세속화론이 일어나고 그것에 기초하여 세속화 신학이 형성되었다.

세속화 신학은 본회퍼의 '비종교적 해석'을 발전시킨 것이다. 로빈슨은 「신에게 솔직히」에서 틸리히의 실존의 심연, 불트만의 비신화화, 본회퍼의 비종교적 기독교 개념이 자신에게 큰 영향을 주었음을 밝히고 있다. 뿐만 아니라, 그는 본회퍼의 기독론에 근거하여 타자를 위한 존재로서의 그리스도를 본받는 인간의 모습에서만 살아계신 하나님의 모습을 발견할 수 있으며 세속의 한가운데 거룩의 장소가 있음을 주장했다. 콕스(Havey Cox)도 「세속 도시(The Secular City)에서 인간이 종교와 형이상학의 후견에서 풀려나는 해방, 저 세상에서 이 세상으로 주의를 돌린 인간관심의 변화[81]라고 정의함으로써 비종교적인 세상에서 신앙을 실천하는 것으로 보았다. 반 뷰렌(Paul van Buron)의 「복음의 세속적 의미(The Secular Meaning of the Gospel)」도 본회퍼에게서 영감을 받아 쓰인 문제의 저서들이다.

하나님의 죽음의 신학은 세속화 신학의 극단적인 형태로 전통적인 기독교 유신론을 거부하고 하나님의 죽음을 선언했던 급진신학이다. 이 신학을 주도한 하밀톤이나 알타이저는 본회퍼의 「옥중서간」에 나타난 무신론적 기독교에 큰 영향을 받았다. 세속화신학의 또 다른 변형들로 간주될 수 있는 희망의 신학, 정치신학, 해방신학 역시 본회퍼의 영향 아래 형성된 것이다. 억압받는 자의 해방을 강조하는 남미의 해방신학, 북미의 흑인신학, 죌레(Dorothe Soelle)의 여성신학은 본회퍼의 고난 받는 하나님에 대한 사상에 힘입은바 크다. 상황윤리 역시 본회퍼의 '타자

---

81) Harvey. Cox, The Secular City(세속 도시), (서울: 대한기독교서회, 1967), 27.

를 위한 존재', 성육신의 사랑의 개념에 근거한 것이라고 할 수 있다.

콕스는 세속파를 성서적 신앙이 역사에 영향을 끼쳐 일어난 당연한 결과로 간주했다. 그리고 세속화 과정의 세 가지 중요한 흐름, 즉 마력으로부터의 자연의 해방, 정치의 비신성화, 가치의 상대화가 성서로부터 기원한다고 주장했다.

첫째, 콕스는 창조사건을 자연의 비신비화로 이해했다. 세속 이전의 인간은 마법의 지배 아래 살았다. 마술은 세속 이전의 인간형을 형성한다. 한편, 히브리적 창조관은 하나님이 만물을 지으시고 그 관리권을 인간에게 주셨다고 설명한다. 그리고 하느님과 자연을 분리하고 자연으로부터 인간을 구분한다. 이것은 자연과 인간이 마력의 지배로부터 해방되고 자연과학이 발전할 수 있는 출발점이 되었다.

둘째, 콕스는 이스라엘 민족의 출애굽사건을 정치의 비신성화로 이해했다. 세속 이전의 사회에서는 모두가 신성한 권리로 통치했던 반면, 세속사회에서는 어느 누구도 신성한 권리로 통치하지 못한다. 콕스는 정치의 비신성화의 성서적 근원이 출애굽 사건이라고 주장했다.

셋째, 콕스는 우상숭배 금지를 명한 시내산 언약을 가치의 상대화로 이해했다. 우상은 부족, 씨족, 민족의 상징과 가치로서, 이를 하늘에 투입시켜 거룩한 존재의 지위를 부여한 것이다. 우상을 만들지 말라는 언약은 하느님 이외의 아무것도 절대화하지 말라는 것이다. 따라서 시내산 언약은 모든 가치를 상대화시켰다. 이 인간 가치의 상대화가 곧 세속화의 과정이며 우상에 대한 성서적 반대의 핵심이 된다. 이것이 세속화의 마지막 산물이 되는 것이다.

이와 같이 콕스는 성서가 자연의 비마법화, 정치권력의 비신성화, 가치의 상대화를 통해 세속화가 전개될 수 있는 토대를 제공했다고 확신했다. 따라서 기독교인은 세속화를 반대할 것이 아니라 지지하고 육성해야 한다고 역설했다. 세속화는 성서적 신앙의 진정한 귀결이기 때문이다. 콕스는 현대를 기술-문화도시 시대인 동시에 격변하는 사회 변동의 시대로 이해하고 교회를 '응답하는 공동체', '세계에서 하느님의 활동을 분별하여 그 일에 동참하는 것을 본분으로 하는 백성'으로 규정했다. 그리고 교회는 끊임없이 사회변혁에 대응해야 하며, 오늘날 교회신학의 출발점은 반드시 사회변혁의 신학이어야 한다고 주장했다. "콕스는 세속 도시의 이념이 신약성서의 신국(神國)을 이해하는 동시에 혁명적인 사회변혁의 신학을 발전시킬 수 있는 토대가 된다고 확신했다." 신학의 역할은 하느님에 대한 종교적이거나 형이상학적 이해에 대한 모든 의존으로부터 인간을 해방시키는 것이다.

따라서 현대사회에서의 고령화와 전통적 가족붕괴가 일어나는 한국의 사회변동은 노인의 사회역할의 상실을 회복하는 기회가 될 수 있다. 신국(神國)을 이해하는 콕스의 지적과 같이 노인교육목회를 통하여, 교회가 응답하는 공동체로서의 역할을 감당하고 노인을 하느님의 활동을 분별하여 일하시는 하느님의 활동에 동참하는 백성으로 불러내야 할 것이다.

콕스는 교회를 세속 도시에 있어서 하느님의 전위대로 간주하고 그 기능과 과제로 세 가지를 지적했다. 선포(kerygma), 봉사(diakonia), 친교(koinonia)가 그것이다. 첫째, 교회는 하느님이 마귀의 세력을 정복하고 권력을 장악했다는 것을 선포하는 것이다. 문화적으로 귀신을 내쫓으며 인간 활동을 저해하는 신화적인 의미를 축출하는 것이 세속 도시에 위치한 교회가 해야 할 과제이다. 둘째, 교회는 도시의 상처를 치료하는 치유자가 되며 도시생활의 건강과 건전성을 위해 투쟁하는 종이 되는 것이다. 우리의 생활을 해치는 마귀의 잔당을 도시로부터 소탕하는 것이다. 셋째, 교회는 인간에게 소망을 줄 수 있는 새로운 도시의 상징이 되는 것이다. 케리그마에서 선포하는 디아코니아에서 지향한 것을 눈으로 볼 수 있게 제시해 주는 것이 교회의 또 다른 과제이다.

콕스는 신에 대한 전통적인 진술이 현대인에게 무의미하게 되었다고 판단하고 하느님에 대해서도 세속적인 방식으로 말해야 한다고 주장했다. 그것은 신이란 이름을 사회적, 정치적 그리고 신학적인 문제로 말하는 것을 의미한다. 사회적인 문제로 말하는 것은 모든 말들이 특수한 사회·문화적 배경에서 나왔기 때문이다. 언어는 사회와 문화의 변천에 따라 그 의미와 내용이 달라지며 없어지기도 한다. 정치적인 언어로 신을 말해야 되는 것은 정치가 현대인에게 큰 영향을 미치기 때문이다. 정치적인 언어는 비종교적 세속 언어를 의미한다. 신을 말하는 것이 신학의 과제이다. 세속적인 형식으로 신을 이해하는 것은 인간을 신의 동반자로, 역사의 의미와 질서 유지를 위한 책임자로 이해하는 것이다. 세속사회에서는 신과 인간은 수직이나 상하(上下)관계에 있는 것이 아니라 수평적인 관계에 있다. 그것은 상호협력적인 관계를 말한다. 콕스는 초월적인 신의 존재를 부정하고 신에 대한 이름이 나올 때까지, 당분간 하느님이란 말의 사용을 중지해야 한다고 했다.

고가르텐은 인간학에서 출발하여 세속화된 세계에 관한 신학을 발전시켰으며, 과학과 기술은 세상을 인간화시키고 신앙은 사람을 인간화시킨다고 하였다. 하비 콕스는 세속 도시에서 교회는 역동적으로 스스로를 신국(神國)의 전위로 파악해야 하고, 신학은 사회 변화의 신학이 되어야 하고, 신앙은 문화적인 귀신 축출의 능력을 개발하여야 한다고 하였다. 익명적 대도시에서 개인적인 신앙만이 자기 정체성에 대해 확신을 준다. 그리고 예언자적 선포를 통해 복음은 소비와 정치라는 악령들과 새로운 신들로부터 인간을 해방시킨다. 공동체를 통하여 상처받고 병든 사람을 치료한다. 현대의 종교 비판은 더 이상 종교의 본질에 대해 묻지 않고, 단지 종교의 실천적, 심리적, 정치적 기능들만 묻는다. 현대 세계는 희망으로서의 신앙을 요구하고 미래의 근거 설정으로서의 신학(종말론)을 요구한다. 그래서 신학은 실천적 이론이며, '정치신학'일

수밖에 없다.[82] 기독교의 기능이 사적이고 심리적인 기능에서만 가능해졌다.[83] 이것을 기독교적 사사화(Privatization)라고 하는데 세속사회에서 사회적 기능이 아닌 개인적이고 심리적인 기능을 수행할 뿐이다.[84]

교회 노인교육의 필요성은 노인개인의 삶의 자아실현과 사회적응 능력 외에 사회적 필요로서도 크게 받아들여지고 있다. 기독교적 희망 가운데서 죽음에 대비하는 노인을 위한 기독교교육이야말로 교회의 교육사역 중 결코 소홀히 할 수 없는 매우 중요한 부분을 차지한다고 할 수 있다. 교회는 노인사역을 위한 커다란 잠재력을 지니고 있으며, 다른 어떤 자발적인 단체보다도 가장 많은 노인들을 회원으로 확보하고 있다. 노인의 사회문제에 무관심할 수 없다는 사회적 책임과 교회의 구성원 모두에게 돌봄의 관심을 두어야 하는 목회적 기능, 그리고 인간구원을 위한 교회의 선교적 차원에서 마땅히 노인을 위한 교육적 관심을 가져야 한다.

교회는 사회적 메시아적 공동체로서 적극적으로 종의 자세를 취하면서 이 세상 안에서 인간과 세상을 향한 하느님의 의도를 보여주는 본보기의 역할을 잘 감당하여야 한다. 교회는 자신만을 위해 폐쇄된 집단이 아니라 타자를 위해 열린 공동체여야 한다.[85] 억눌린 자, 소외된 자, 고통 받는 자 등 사회적 약자를 돕는 것에서나 구체적 사회문제를 통해 해결함에 있어서 세속적 방법이 아니라 교회적인 접근방법을 교육을 통해 개발하여야 한다. 차별과 분열의 울타리를 더 넓게 옮기는 사람들의 공동체(A Community of fence movers)가 되어야 한다.[86]

---

82) 위르겐 몰트만 지음, Ibid., 26-30.

83) 이원규, "현대사회의 두 가지 종교기능론" 신학과 세계 7집, (서울: 감신대출판부, 1981), 340-344.

84) 이원규, 한국교회 무엇이 문제인가? (서울: 감신대출판부, 1998), 25.

85) 호세 발라도, 떼제 이야기, (왜관: 분도출판사, 1983), 14.

86) Donald E. Messer, A Conspiracy of Goodness: Contemporary Images of

교회노인학교 자원봉사 프로그램은 노인들의 문제를 전인적 입장에서 해결해 주는 것이어야 한다. 노인들에 대한 교회의 선교는 노인들의 신체적, 심리적, 사회적 문제들에 대한 것이어야 한다. 팔모어(Palmore, 1976)는 종교가 노인들의 개인적인 적응을 위해서 점점 더 중요해지고 있음을 지적한 바 있다. 그들은 행복, 유용하다는 느낌, 개인적 적응 등이 종교적인 활동과 태도에 있음을 발견하였다. 예를 들어 "기독교에서는 신앙생활이 내세에도 영향을 미치는 것으로 생각하고 있으며 구원뿐만 아니라 신국(神國)에서 상급이 있다는 사실을 확신하며 상급받기를 원하고 있다."

에릭슨은 노년의 때야말로 자신의 생을 완성하는 최종 배움의 단계로 봄으로써 사회통념에 처해서 의미 있는 통찰력을 준다. 그는 인간이 노령에 맞는 위기를 자아통합에 절망으로 보고 노인의 삶의 과제를 자아통합으로 보았다. 이 시기야말로 자신의 모든 삶을 돌아보고 자기 스스로 평가하며 지난 모든 삶을 긍정적으로 통합하는 때라는 것이다.

현대사회의 약한 자와 눌린 자들은, 특히 여성 그리고 흑인뿐만 아니라 노인층에게까지도 확대되어 간다. 교회는 이들에게 죽은 자로부터 살아나신 신학적인 패러다임을 소개해야 한다. 우리와 만나는 언어로서 노인교육을 통하여 하느님을 말할 때 저들을 해방하고 구원할 수가 있다.

3. 사회학적 분석

오늘날 빈곤의 세계화는 인간의 생활수준을 저하시키고 시민사회를 파괴하는 과정으로 가고 있다.[87] 자본주의는 단순히 경제체제만이 아니

Christian Mission, (Nashville: Abingdon Press, 1992), 127.
87) 미셀 초스도프스키, 빈곤의 세계화, 이대훈 역, (서울: 당대, 1998), 37.

라 심리학적, 문화적, 정치적 요소들을 포함하는 지배형태라는 많은 사람들의 견해에 동의할 수밖에 없다.[88] 경제적인 소외로 역할을 상실하고 있는 노인들에게도 빈곤은 큰 문제이다. 우리나라에 나타나고 있는 노인문제는 대체적으로 소득감소와 경제적 의존, 건강보호, 역할 상실과 여가활동 및 사회 심리적 고립과 소외문제라는 네 가지 형태로 분류할 수 있다.

첫째, 소득의 감소이다. 현세대 노인들의 약 60%는 농림어업에 종사하다 퇴직한 사람이고 나머지 40%가 행정직, 사무직, 판매직, 운수직, 단순노동직에 종사하다 퇴직한 사람들이다. 게다가 극히 일부를 제외하고는 노령연금의 혜택을 받지 못하고 있다. 1993년 현재 65세 이상의 노인인구의 14%가 생활보호대상자로 되어 있다는 것이 이를 입증하고 있다.

둘째, 건강보호문제이다. 나이가 많아질수록 질병과 손상을 당하는 빈도가 증가한다. 우리나라의 전 연령의 상병률이 40.4%인 데 비하여 60세 이상 노인의 상병률은 67.6%이고 65세 이상은 더 높은 69.3%로 나타났다. 특히 만성질환 상병률은 전 연령이 27.2%인 데 비하여 60세 이상은 65.6%이고 65세 이상은 66.3%로 나타나고 있어 노인의 만성질환의 상병률은 전 연령의 2-3배에 이르고 있다.[89] 특히 개인경제력이나 건강에서 문제가 있는 노인들의 불안은 가중되고 있다.[90]

셋째, 역할 상실과 여가활동문제이다. 퇴직은 자기의 가치와 자아상을 뒷받침해 주는 직업역할을 상실하게 되는 것이므로 노인에게 심리 및 사회적으로 상처를 주는 경우가 많으며, 뚜렷한 역할을 부여받을 수 있

---

88) 울리히 두흐로, 강원돈 역, 하느님의 정치경제와 민중운동, (서울: 한국 신학연구소, 1990), 42.

89) 이가옥, 노인의 생활실태와 노인복지의 정책과제, (서울: 한국보건사회연구원, 1994, 1), 6.

90) 기독교사회 복지회편, 기독교와 사회복지, (서울: 예안, 1995), 145.

는 활동이나 여가활동이 없으면 자아상실감은 더욱 커지게 된다. 게다가 급속한 현대화 과정에서 전통적인 가치관과 현대적인 가치관이 혼재하고 있어 현대사회의 노인에게 적합한 역할을 뒷받침할 만한 뚜렷한 가치관이 형성되지 못하였고, 이에 따라 사회의 일반인들과 노인자신들이 기대하는 적합한 역할 모델이 정립되지 못하고 있다.[91]

마지막으로 심리사회적 갈등문제이다. 현대화와 관련된 요인들과 함께 세대 간 교육수준의 차이와 이에 따른 세대 간의 가치관 차이는 부모 자녀 간의 대화를 줄이고 노인을 가족과 집안일의 결정에 있어서 제외시키는 방향으로 작용하고, 특히 고부간의 갈등을 더욱 심화시킬 수 있다. 이에 더하여 핵가족화로 인하여 지리적인 거리도 멀어져 부모와 자녀 간의 대화와 만남의 기회가 줄어들어 노인은 가족으로부터 소외되고 고립되는 경우를 많이 당하게 된다.[92] 사회학자 버거는 인간을 사회와 문화의 수인(囚人)으로 비유하면서 여러 가지 통제장치들에 의해 꼼짝없이 당하는 파리한 인간, 여러 가지 사회계층의 담벼락 속에 갇혀 있는 힘없는 인간을 그리고 있다.[93]

노년사회학은 노인문제의 발생 원인이 무엇인가에 관한 문제 중심적인 시각을 갖고 접근한다. 노인문제 역시 여타 사회문제들과 마찬가지로 사회의 구조적 특징으로부터 비롯되는 사회문제의 하나이다. 인구구조의 변화 산업화와 도시화, 핵가족화, 가치관의 변화 등이 그것이다.[94] 홍숙자는 코우질(Cowgil, 1986)의 글을 인용한 가운데서 의료기술의 발달, 경제적 기술의 발전, 대중의 교통의 확장 및 도시화라는 네 가지 요인이 현대화 과정의 주요 요인이 되고 이러한 현대화 요인들은 노인의

---

91) 장인협, 최성재, 노인복지학, (서울: 서울대학교 출판부, 1987), 244-248.

92) 최일섭, 최성재, 사회문제와 사회복지, (서울: 나남출판, 1999), 315.

93) Peter. L. Berger, 한완상 역, 사회학에의 초대, (서울: 현대사상, 1977), 251.

94) 한정란, "노인을 위한, 노인에 관한, 노인에 의한", 교육노년학, (서울: 학지사, 2003), 24-26.

지위를 저하시킨다고 주장한다.[95]

인간의 한결같은 가장 큰 소원은 오래 사는 것일 것이다. 이와 같은 소원은 20세기에 들어서면서 점차 실현되기 시작하여 선진 산업사회에서는 평균수명(남녀평균)이 80세에 육박하고 있으며, 이에 따라 노인인구의 수도 크게 증가하게 되었다. 우리나라도 세계적인 추세와 현대화의 빠른 물결을 타고 평균수명의 연장과 노인인구의 성장이 크게 진전되어 21세기에 들어선 2000년에는 평균수명(남녀평균)이 76세 정도에 이르게 되었고 60세 이상의 노인인구가 전체 인구의 11.1%, 65세 이상 인구는 7.3%에 이르렀다.

이러한 노인인구의 증가는 단순히 개인에게 있어서의 소원의 실현이나 축복으로 그치는 것이 아니라 가족과 사회적 차원에서 많은 의미를 내포하고 있고, 이에 대한 적절한 대책이 요청되고 있다. 노회현상과 이에 관련된 제반 문제를 이해하고 개인적, 가족적 및 사회적 입장에서 대책을 강구하는 데 있어서 노인인구의 증가추이, 노인인구의 구조적 변화, 노인인구의 수명연장과 이러한 현상이 미치는 영향을 검토해 보는 것은 필수적이고 중요한 과제라 할 수 있다.[96]

인구의 노령화 현상은 부양인구에 비하여 피 부양인구를 상대적으로 증가시키고 있다. 이러한 피부양인구의 상대적 증가와 경제활동의 상대적 감소는 필연적으로 경제활동의 확대를 요구하고 있다. 짧은 역사에서 거대인구를 수용하는 서울은 한국의 다른 도시에게도 많은 영향을 끼치고 있다고 본다. 거대도시로의 인구의 흡수와 이동이 그것이다. 원래 한국적인 상황에서 사람의 거주공간은 이동하는 것이 아니었다. 한 부락이나 마을에서 혈연이나 지연으로 수많은 세월을 부대끼며 함께 살아온 공동체 문화였다.

---

95) 홍숙자, Ibid., 48-49.
96) 최성재, 장인협, 노인복지학, (서울: 서울대학교출판부, 2004), 3.

한국은 도시를 형성하며 거대한 규모를 통한 새로운 산업문화와 충돌하고 있다. 다양한 문화의 경험들이 서로 충돌하는 공간이 오늘의 도시라고 말할 수 있다. 사회학자들은 한국사회의 특징을 통합구조(Integration)보다는 갈등구조(Conflict)로 보고 있다.[97] 전라도, 경상도, 충청도, 이북에서 온 피난인들, 그 외의 다양한 고향을 가진 사람들이 도시라는 공간에 밀착되면서 그들에게는 서로 이해되지 않는 문제들을 만나게 되었다. 같은 고향인들끼리는 아무렇지도 않은 것들이 다른 사람들과 섞이다보니 해석하기 어려운 일들이 삶의 현장에서 충돌하였다. 이런 문제들을 해석해 주고 조정할 수 있는 가치가 생기기도 전에, 도시에서는 지역감정이라는 것이 생기고 정치인들은 이것을 활용하는 기현상이 생기게 되었다.

근대화 과정을 거치면서 자본주의하의 한국사회는 공동체성이 붕괴되고 있다. 급격한 도시화는 사회 통제력과 사회연대감을 상실했는데 이것은 공동체성의 상실을 의미한다.[98] 사회학자 뒤르켕은 사회를 하나의 총괄적인 유기체로서 개인들의 존재 없이는 사회라는 존재는 성립될 수 없다고 본다.[99] 한국적인 상황에서의 도시는 아직도 다 자라지 못한 청소년기라고 말할 수 있다. 도시인들의 고향은 시골이면서 현재의 그들은 도시라는 공간에서 함께 살고 있다. 이러한 경험은 무척 짧은 세월을 경과했음으로 아직도 많은 부자유스러움이 있다. 특히 아파트 문화는 20여 년의 짧은 시간 안에 형성되었으므로 아직도 서로 협력한다든지 배려해야 하는 공동생활에는 익숙지 못하다. 한국사회의 공동체적 위기는 세속적 자유주의침투와 유교적 세계관의 붕괴에 다른

---

97) 송복, 한국사회의 갈등구조, 현대문학, (서울: 현대문학사, 1990), 97.

98) 이원규, 종교사회학: 이론과 실제, (서울: 한국 신학연구소, 1991), 201-204.

99) Emile Durkheim, The Elementary Forms of the Religious Life, trans. by Joseph Wald Swain, (New York: Free Press, 1965. Originally published in 1912), 47.

한국사회의 이중적 윤리의 갈등구조로 보기도 한다.[100]

노인문제의 원인으로는 기능주의 이론과 갈등주의, 상호주의, 교환주의 그리고 현대화이론에 의한 원인들을 살펴볼 수가 있다. 먼저 기능주의에 있어서 노인문제는 상당수의 노인들이 사회체계의 유지와 발전에 공헌하는 기능을 수행하지 못하거나, 또는 노인집단의 새로운 욕구에 사회가 적절한 기능을 발휘하여 대응하지 못하는 상태를 말한다. 노인들의 기능이 역기능적으로 되는 원인은 사회가 노인을 사회변동에 적응하도록 하는 사회화에 실패하거나 아니면 사회의 분배기능과 사회화 기능 등이 노인집단들의 새로운 욕구의 변화에 적절한 대응에 실패한 것이라고 할 수 있다.

이러한 시각에 의하면 노인문제의 원인이 개인보다는 사회의 일부 기능, 구조 또는 제도에 있다는 것이다. 갈등주의로는 사회는 희소자원인 부나 권력, 권위 등을 소유하려는 개인과 집단 간의 상호경쟁과 투쟁의 결과로 형성된 조직으로 볼 수 있다. 산업사회가 될수록 노인은 희소자원을 소유하거나 희소자원에 접근할 수 있는 기회를 상실하게 된다. 즉 노인들은 재산을 통제할 수 없게 되고 가족을 지배할 수 없게 되며, 사회에서 주요 지위를 차지할 수도 없게 된다. 이리하여 노인들은 희소자원과 관련하여 위협이나 괴롭힘을 당하게 될 때 사회문제가 된다는 것이다.

상호 작용주의는 사회를 어떤 일정집단이 어떤 시기의 상황이나 조건에 대하여 동의하는 공통적인 의미를 부여하여 만들고 임시적으로 유지하는 조직으로 본다. 노인과 노령이라는 상징에 대하여 부여하는 의미는 시대와 장소에 따라 다르다. 전통사회에서는 노인을 지혜롭고 권력과 권위를 갖추고 존경의 대상이 된다는 의미를 부여하였다면, 현대 산업사회에서는 늙고 병들고 가난하고 외롭고 의존적이며 쓸모없는

---

100) 최인식, 다원주의 시대의 교회와 신학, (서울: 한국 신학연구소, 1996), 69.

사람으로서 의미를 부여하는 경우가 많다. 이와 같이 가정과 사회에서 노인에 대하여 부정적인 의미를 부여하는 데서 문제가 발생한다는 것이다.

교환주의에 의한 노인문제의 원인으로는 개인 간, 집단 간 및 개인과 집단 간에 이루어지는 상호 작용을 당사자 간에 자원을 주고받는 관계로 보고, 사회는 이러한 교환관계가 어떤 일정한 형태로 유형화된 것으로 보는 것이 교환주의의 이론적 배경이다. 당사자 간에서 이루어지는 자원의 교환에서 당사자는 지불하는 비용보다 많은 보상을 받는다고 판단할 때 교환이 계속 이루어지는데, 노인은 교환관계를 형성하는데 열세의 위치로 전락시켜 문제가 발생한다는 것이다. 마틴 부버는 인간이 참된 만남의 관계를 이루지 못하는 것은, 인격으로서 너(You)가 아니라 물건으로서 그것(It)으로 만나기 때문이라고 보았다.[101]

현대화[102]란 보건 및 의료기술의 발전, 생산기술의 발전, 대중교육의 확대, 도시화를 핵심요인으로 하는 사회적 전반의 변화를 의미한다. 현대화이론에 의한 노인문제의 원인은 이러한 현대화의 요인들이 인과적으로 다른 요인들을 유발시켜 산업사회에서의 노인의 지위를 약화시키고 있기 때문에 현대화의 정도가 높을수록 노인의 지위는 낮아지게 된다는 것이다.

---

101) Martin Buber. 김천배 역, 나와 너, (서울: 대한기독교서회, 1990), 195.

102) 현대화이론(Cowgill & Holmes, 1972); 현대화이론에 의하면, 한 사회의 현대화 정도가 높으면 높을수록 노인의 지위는 더욱 낮아지게 된다. 이에 대해 Cowgill(1974: 127)은 현대화를 "한 사회 전체가 생물적인 동력, 제한된 기술, 비교적 미분화된 제도, 가부장적이고 전통적인 전망과 가치관에 바탕을 둔 비교적 전원적인 생활양식에서 무생물적 동력, 고도로 발달된 과학적 기술, 분화된 개인의 역할에 상응하는 고도로 분화된 제도, 효율성과 발전을 중시하고 거시적인 전망에 바탕을 둔 압도적으로 도시적인 생활양식에로의 변천"으로 파악한 다음, 현대화의 현상을 현저하게 잘 나타내는 핵심적 요소로써 건강기술의 발전, 생산기술의 발전, 도시화, 교육의 대중화를 제시하고 있다.

노인교육은 노인들로 하여금 새로운 사회변화에 적응할 수 있도록
돕고, 그들이 사회 속에서 효율적으로 기능하고 적응하기 위하여 요구
되는 지식이나 정보 혹은 기능을 습득할 수 있는 통로와 방법을 제공
해 주며, 사회나 젊은 세대들을 포함한 다른 사람들과 효율적으로 의사
소통하고 관계 맺을 수 있는 수단을 마련해 준다. 사회적 관점에서 볼
때 노인교육은 노인들의 자립을 촉진하고 사회적 서비스를 줄일 수 있
다는 점에서 경제적 효용가치가 있음이 밝혀졌다.

고령자들의 능력과 가치를 사회가 인정해 주고 사회에 계속 참여시
키는 방법의 하나는 자원봉사활동 참여이다. 고령자들의 자원봉사활동
참여는 고령자 자신들은 물론 사회 전체로도 여러 가지로 좋은 점들을
가져다준다. 고령자들에게는 자기 가치를 계속적으로 유지시켜 줄 수
있을 뿐만 아니라 소외감을 극복할 수 있다. 또 자기 성장과 자아실현
의 기회를 제공해 줄 수 있고, 여가선용의 좋은 방법이 될 수 있다. 사
회 전체로는 고령자들이 힘없고 능력 없고 도움만 요청하는 의존적 존
재가 아니라 활발하게 생산적인 활동을 하는 존재라는 인식을 심어줄
수 있다.

계속적인 취업활동은 경제적인 소득뿐만이 아니라 심신건강유지, 삶
의 의미와 정체성을 제공하기 때문에 노후대비에 중요한 방안이라고
본다. 이러한 점을 고려하여 노동부에서는 1991년 '고령자고용촉진법'을
제정하여 55세 이상의 고령자와 50세 이상의 준 고령자를 대상으로 취
업알선을 제공하고 있다. 2000년 현재 노동부에서 77개의 노인적합 직
종을 선정하여 이러한 직종에 대하여는 고령자 및 준 고령자의 우선
취업을 권장하고 있으나 실제적으로는 별다른 성과를 거두지 못하고
있다. 노인취업을 활성화하기 위해서는 고령자 고용촉진법에서 권장하
고 있는 고령자고용촉진법에서 권장하고 있는 고령자 고용비율을 3%
에서 적어도 6%로 상향조정하면서 권장사항을 의무조항으로 강화시킬

필요가 있다고 본다. 고령화로 인한 노동력의 감소를 극복함과 동시에 근로능력과 의사가 근로의사가 있는 노인노동력에게 근로기회를 제공하기 위해서는 고령취업을 촉진해야 한다. 따라서 이를 위해서는 교회가 노인취업의 활성화를 위해서 교회의 다양한 성도들의 재원을 적극 활용할 필요가 있다.

교회는 신국(神國)을 그 기준으로 삼아야 한다. 교회는 신국(神國)에 대한 선포로부터 생겨나며, 그 나라를 향해서 자신을 조직한다. 하느님에 의한 하느님의 백성의 역사적인 해방에의 참여야말로 교회를 단순한 권력 기구와 구별할 수 있게 해 주는 기준이며 또한 그 기준으로 남아 있어야 한다. 하느님이 인간 속에서 그리고 인간을 통하여 해방시키는 일을 하는 곳이면 어디든지, 하느님의 해방시키는 역사에의 참여, 해방의 과정에의 연루와 개입이 있고, 바로 거기에 신국(神國)에 관련된, 말 그대로의 전적인 의미에서의 "교회"가 생겨난다.103)

부버는 인간과 하느님의 "최고의 만남"으로부터 동일한 결과가 일어나는 것은 아니지만 이 만남의 세계가 요소들을 풀이하고 있다. 첫째는 "참된 상호적 행위의 전체적인 충만함은 관계성 안에 태어나고 그 안에 연결되어 있는 존재로서 인간들은 어떻게 그 관계성이 형성되는지 설명도 할 수 없거니와 그들의 삶을 조금도 가볍게 하지 못하고 오히려 의미를 가중시킬 뿐이다." 참된 만남은 오로지 상호적으로만 가능한 것이고 균형이 깨진 의존적 관계에서는 불가능하다. 주고받는 것은 양면성이 있다. 하느님이 얼마나 우리를 필요로 한다는 것을 알 때에만 비로소 우리는 하느님을 알게 된다.

하느님에 대한 경험의 비밀을 푸는 데 있어서 제시하는 부버의 두 번째 요소는 "표현 불가능한 의미의 확인이다. 무엇이든지 무의미한 것

---

103) 도로테 죌레, 서광선 역, 현대신학패러다임, (서울: 한국 신학연구소, 1998), 197.

은 아무것도 없다. 거기에는 삶의 무의미성으로 인한 질문이 있을 수가 없다."

셋째로 이 의미라고 하는 것은 '다시 사는 인생'에서의 이야기가 아니라 지금 이 인생의 이야기이고, '저 세상'의 이야기가 아니라 우리가 사는 이 세상의 이야기인 것이고, 우리의 이 삶 안에서 그리고 이 세상과의 관계 속에서 확인되기를 원한다. 행동하고 증명하고 사는 것, 이런 것들은 모두 유대교의 심오한 사상의 산물이다.104)

이 세상에서의 관계 속에서 한국교회가 감당해야 하는 이 세상에서의 이야기는 코이노니아로서 연대성, 동질성, 포괄성 속에서 전개되어야 한다.105) 이것이야말로 온전한 정의와 살롬의 정원사로서 세상과 사회를 향하여 열린 코이노니아 교회의 변혁적 사명이다.106) 우리와 만나는 하느님의 접근에 있어서의 신학적인 결과는 언어의 형식으로 하느님을 말할 수 있다. 이차적으로만 그것은 원칙이 될 수 있고 깨달음이나 교리가 될 수 있다. 만일 종교적 언어가 "나와 그것"의 관계로서 하느님을 말한다면 종교적 언어 자체를 파괴한다. 신약성서의 이야기 속에서 하느님은 나타나시고 사건으로 일어난다.107) 한국 교회의 노인목회의 현장은 노인의 역할을 통하여 세상 속에 열려있는 정원사로서의 역할을 감당하도록 해야 한다. 그러므로 노인교육목회의 현장은 코이노니아로서 연대성, 동질성, 포괄성을 만드는 하느님이 나타나는 사건으로 이야기하여야 할 것이다.

---

104) Ibid., 265-267.

105) 김용복, 코이노니아로서의 교회: 한국 기독교적 시각, (서울: 대한 기독교서회, 1993), 24-25.

106) 김용복, 하나님의 정치경제 - 경제적 정의의 새로운 개념을 위하여. 기독교 신앙과 경제문제, (서울: 한국 신학연구소, 1993), 61.

107) 도로테 죌레, 서광선 역, 현대신학패러다임, (서울: 한국 신학연구소, 1998), 268.

4. 교육 심리학적 분석

교육노년학에서는 노인에 대하여 학습자이자 교수자이며 귀중한 교육자원으로 보고 있다. 노인들은 자기 지시적이며, 풍부한 경험 소유하고 있다. 그들의 삶은 경험 중심적이고, 적용 위주이며 경험에 대한 고집이 세다. 그러므로 성인기 학습은 발달단계에 의존할 수밖에 없으며 문제 중심적이고 내적 보상에 의해 동기화가 강하다. 교육노년학은 1950년대에 등장하였다. 현대사회는 공동체 정신이 약해져 가고 인간소외는 심각해지고 있다. 현대문화의 사회 심리적 위기는 무한 진보, 개인의 주체성, 이성의 우월성을 특징으로 하는 서구적 신념을 무비판적으로 수용함으로 더욱 심화되었다.[108] 자아실현이라는 무비판적 수용은 현대인에게 이기적인 개인주의를 강화시켰다.[109]

사회변화의 가속화되고, 가치관의 변화됨에 따라 노인의 경쟁적, 사회적, 심리적 자립을 위해 교육 필요하게 되었다. 또한 노인들의 영향력 증대됨에 따라 학습사회가 출현하였고 평균수명이 연장됨에 따라 노인의 욕구도 변화하게 되었다. 이와 같이 노인에 대한 시각의 변화는 전 생애적 발달관점에서 보게 되었다.

교육노년학은 학습자인 동시에 교수자이자 귀중한 교육자원으로서의 노인과 노화에 대한 연구와 실천을 포함하는 분야이다. M. Knowles는 andragogy(흔히 성인교육학이라고 번역하여 사용한다)를 pedagogy와 구분하여 "성인들이 학습하도록 돕는 예술이자 과학"이라고 정의하였다. 자아개념이 의존적 성격에서부터 자기 지시적으로 바뀌어가고, 학습의 자원이 되는 경험을 축적해가며, 점차 자신의 사회적 역할의 발달을 위한 학습으로 관심이 향하게 되고, 시간전망이 지식의 지연된 적용에

---

108) 최재락, 위기와 교육적 치유, (서울: 대한 기독교서회, 1997), 323.
109) 임희섭, 사회변동과 가치관, (서울: 정음사, 1988), 259.

서 적용의 즉시성으로, 학습조망이 주제 중심에서 문제 중심으로 변화하게 된다고 지적하였다. (Cross. 1981: 222-223).

　Label은 교육학을 페다고지(Pedagogy), 안드라고지(Andragogy), 제로고지 Gerogogy의 세 가지 교육학(gogy)의 통합적인 원리에서 이루어지는 것으로 받아들였다. 교육노년학은 아동교육으로 대표되는 미성숙한 학습자에 대한 Pedagogy와 성숙한 학습자에 대한 Andragogy와 이들을 통합하는 Gerogogy 간의 비교를 통하여 이와 같은 Trigogy의 개념을 보다 분명히 알 수 있다.[110]

　노인집단만큼 개인들의 차이가 큰 연령집단도 없다. 타고난 개인 간의 유전적인 차이, 그들이 살아온 인생의 길이만큼의 환경의 차이와 생활습관의 차이, 경험과 교육의 차이, 가치관과 신념의 차이 등으로 인하여 노인들은 유아, 아동, 청소년처럼 하나의 연령집단으로 묶어 생각할

구성개념	Pedagogy	Andragogy	Gerogogy
자기개념	타자에 대한 의존성 (교사중심) (alter-directness)	자기주도성의 증대 (학습자 중심) (self-directness)	자기주도성 내지는 노화에 따른 종교적 타자 의존성의 증대
경험의 역할	학습의 자원	학습 - 직업(생활)에서 상호 환류 됨	전문적 경험의 축적, 교육적·문화적 계승 혹은 경험의 퇴화(치매)
학습과제	발달단계와 과학적 연구에 기초를 둔 학습과제 (교과중심)	사회, 직업, 생활에서 요구되는 과제(경험중심, 과제중심)	생활, 삶의 보람, 취미 등 고령화에 대응하는 과제 (생활, 교양중심)
교육과정	공교육으로 법제화된 교육과정(내용, 계획)	위의 과제에 기초를 둔 프로그램(과정, 설계)	위의 과제에 기초를 둔 프로그램(과정, 설계)
학습결과	학력형성, 직업에 대한 예기적 사회화 (연기된 응용)	즉각적 응용, 경력 재구성	인생의 평온, 내세적 이해에 응용
학습조직 및 방법	공적 교육기관 단위제 혹인 학년제의 누적방식	평생학습기관 재교육 방식	지역의 평생학습기관 평생학습방식
학습동기	학문적 성과, 장래의 기대	사회적 역할 기대	인생의 적응과 통합

110) 라벨의 세 가지 교육학의 구성개념은 위와 같다.

수도 없을 만큼 커다란 개인차를 지니게 된다. 따라서 노인교육을 이해하기에 앞서 노인에 대한 올바른 이해를 갖는 일이 필수적이며, 노인교육을 이해하는 데에는 노인들의 다양한 학습욕구와 다양한 선행학습 수준의 차이, 생활양식의 차이, 학습양식의 차이, 독해력의 차이, 운동능력의 차이, 기억력이나 사고능력의 차이, 다양한 성격의 차이 등에 대한 이해가 우선되어야 한다.

한국사회는 2000년 7월 1일을 시점으로 하여 고령화 사회에 진입하였다. 한국인의 평균수명은 2000년 74.9세로 기록되었던 것이 2020년에 이르러서는 78.8세로 추정되고 있다. 결국은 머지않아 (2019년) 고령사회에 진입할 것으로 예측된다. 한국사회의 고령화 속도는 전 세계에서도 그 유례를 찾아보기 힘들 정도로 매우 빠른 속도로 고령사회로 진입할 것을 알 수 있다. 고령화 사회로의 전환에 따른 노인인구의 질적인 변화 추세는 건강하고 경제력이 있으며 교육수준이 높은 노인들이 평생교육의 수단으로써 노인교육에 대한 수요를 창출할 것으로 기대된다.

구체적으로 살펴보면 첫째, 21세기 고령사회는 개인적으로는 노인기의 연장을 의미하므로 노년기를 효율적이고 유익하게 보낼 수 있도록 노인교육의 중요성이 더욱 확대될 것으로 전망된다. 둘째, 젊은층의 부양의식 감소로 인한 노인의 자립성 필요 및 노동력의 고령화에 따른 국가 인력 자본 차원에서 고령자 인력자원화의 필요성이 증가할 것이다. 셋째, 학령인구의 감소로 고령자가 전문대학 및 대학교의 새로운 교육자원으로 등장하고 있다. 넷째, 고령인구의 양적인 증가로 노인의 정치세력화로 인한 정치적 부담의 증가 및 노인 단체의 정치적 압력단체와 가능성이 증대할 것으로 예측된다.[111]

오늘날 노인문제가 경제적 빈곤에서부터 건강, 사회적 역할 상실 및 가정이나 사회에서 소외감과 같은 심리적 갈등으로 나타나고 있다. 이

---

111) 허정무, 노인교육이론과 실천방법론, (서울: 양서원, 2002), 97.

러한 노인문제는 가정이나 국가 정책적 차원에서 해결될 수도 있겠지만, 가치관의 변화로 사회와 가정에서 그 역할을 다하지 못하고 있다. 국가의 정책적인 측면에서도 노인들의 고차원적인 욕구충족에 한계가 있다. 오늘날 전국 교회에서도 노인교육을 하는 교회들이 많이 있으나 노인교육의 프로그램을 보면 지시형 교육이 많다. 그러므로 교육에 대한 효용성보다는 시간을 소일하는 정도다 고작이다.

파울로 프레이리는 인간을 관계적 존재로 보기 때문에 비인간화란 참 인간성과 존엄성을 모두 파괴하는 행위라고 하였다.[112] 그의 교육철학의 핵심적인 의식화론에서 책임 있는 인간으로서의 자아확인의 추구를 방해하는 어떠한 상황도 억압으로 규정한다.[113] 억눌린 자가 '새로운 인간'이 되려면 억압이 해방으로, 그리고 모순이 해결되어야만 가능하다는 것을 알지 못한다. 그들에게 있어 새로운 인간이란 곧 자기 자신이 억누르는 자가 되는 것이다. 그들의 새로운 인간관은 이기적인 것이다. 그들은 자신을 억누르는 자와 동일시하기 때문에 개인으로서의 자아의식과 억눌린 계급의 일원이라는 의식을 갖지 못한다. 억누르는 자의 이미지를 체득하고 그의 지침을 따른 억눌린 자들은 자유를 두려워한다. 자유가 그들에게 억누르는 자의 이미지를 몰아내고 자율과 책임으로 대체하도록 강요할 것이기 때문이다. 즉 노인교육에서도 지시형 교육을 통하여서는 노인들의 자아확인을 추구하는 새로운 인간의 회복을 기대할 수는 없는 것이다.

자유란 정복하여 획득하는 것이지 결코 선물로 주어지는 것은 아니다. 자유는 부단히 그리고 참을성 있게 추구하지 않으면 안 된다. 자유란 인간의 외부에 자리 잡은 이상이 아니고 신화가 되어 가는 이념도 아니다. 그것은 인간 완성에 요구되는 '필수불가결한' 조건이다. 억압 상

---

112) John L. Elias, Conscientization and Deschooling. 은준관, 김태원 공역, 의식화와 탈교육화. (서울: 대한기독교서회, 1984), 129-130.

113) Paulo Freire, Pedagogy of the Oppressed, (Continuum, 1993), 57.

황을 변혁시키려면 먼저 그 원인을 비판적으로 의식하지 않으면 안 된다. 그래야만 변혁활동을 통해 보다 완벽한 인간성을 추구할 수 있는 새로운 상황을 창조하는 일이 가능해진다. 그러나 상황을 변혁하려는 투쟁 속에서, 보다 인간답게 되려는 투쟁은 이미 시작되었다.[114] 따라서 노인교육목회의 방향은 지시형보다는 자발성, 경로의 원리, 다양성의 원리, 사제동행의 교육을 통하여 노인들이 자유롭게 교육내용을 선택하고 자기 교육력을 향상시킬 수 있는 방법을 추구해야 한다.

인간은 교육을 통하여 성숙한 사람이 되어간다. 지성, 감성, 영성을 가진 인간은 태아기로부터 노년기까지 전 생애를 통하여 성장, 발달하여 가는 존재이기 때문이다.[115]

억누르는 자들은 소유하려는 무제한의 욕망 속에서 원하는 것은 무엇이든 획득할 수 있는 대상들이라는 확신을 키운다. 그들의 확고한 물질주의적 존재 관념이 바로 거기에서 유래된다. 돈이 만물의 척도요, 이익이 최우선 목표가 된다. 억누르는 자들에게 있어 가치 있는 일이란, 덜 가진 혹은 전혀 안 가진 억눌린 자들의 희생 위에 더 많이 소유하는 것이다. 그들에게 '한다는 것'은 곧 '가진다는 것'이며 '가진 자들'의 계급이 되는 것이다.

억압 상황의 특혜자인 억누르는 자들은, '가짐'이 곧 '존재함'이라 할 때 그것이 모든 인간들에게 필요한 조건임을 깨닫지 못한다. 그들의 관용이 거짓인 까닭이 바로 여기에 있다. 인간성이 하나의 '물건'이고, 억누르는 자들은 상속받은 재산처럼, 어떤 독점된 권리처럼 그것을 소유한다. 억누르는 자의 의식에는 '타인들'의 인간화, 민중의 인간화가 완전한 인간성의 추구가 아니라 오직 파괴행위로 보인다. 억눌린 자들은, 애매한 태도를 지속하는 한, 저항하기를 꺼려하고 스스로에 대한 신념을

---

114) 파울로 프레이리, Pedagogy, 성찬성 역, 억눌린 자를 위한 교육, 33-38.
115) 한국교회 노인학교 연합회, 노인학교 운영지침서, (한국교회 노인학교연합회, 2000), 10.

전혀 갖지 못한다. 그들은 억누르는 자의 '안전성'과 권력에 대한 불가사의한 믿음을 지니고 있다. 지주의 권력이라는 마술적인 세력이 농촌지역에 특유한 영향력을 갖고 있다.

억눌린 자들이 자기 자신을 억누르는 자의 '물건들'로 의식하게 되는 것은 그릇된 자기관과 세계관 때문이다. 억누르는 자에게 있어서 '존재하는 것'은 곧 '소유하는 것'으로, 그것도 거의 언제나 아무것도 갖지 않은 자들의 희생하에서 그렇게 된다. 억눌린 자에게 있어서 그들의 존재론적 체험의 어떤 순간에는, '존재하는 것'은 억누르는 자와 비슷해지는 것이 아니고, 그 자의 '밑에 존재하는 것', 그에게 의지하는 것이 된다.116)

은행 예금식 교육개념에 따르는 지식은, 지식이 있다고 자처하는 자들이 스스로 아무것도 모른다고 생각하는 자들에게 내려 주는 일종의 선물이 된다. 다른 인간들이 완전히 무지하다는 생각, 그것은 억압 관념의 한 특성으로, 탐구과정으로서의 교육과 지식을 부정하는 것이다. 교사는 스스로를 학생들에게 필요한 상대로서 자처한다. 즉 학생들의 무지가 절대적이라고 생각함으로써 자신의 존재를 정당화하는 것이다. 학생들은 헤겔의 변증법 속에 나오는 노예처럼 소외된 채, 자기네 무지를 교사의 존재를 정당화하는 원인으로 받아들일 뿐 노예와는 달리 그들 자신들도 교사를 교육하고 있다는 사실을 깨닫지 못한다.117) 그러므로 이상적인 노인교육지도자는 학습자와 교사 사이에 분명히 인간관계를 이루어야 한다. 노인들에게 온정적이고, 사랑으로 대하며, 노인들의 자기 계획을 존중하고, 지도자는 학습자와 동등하게 참여함으로 변화와 새로운 경험을 함께 나누어야 한다.

노인은 단지 죽음만을 기다리는 세대는 아니다. 성서적인 관점에서 보면 노인들도 하느님께서 주신 고유한 삶을 살고 있는 귀한 존재이다.

---

116) 파울로 프레이리, Ibid., 56-66.
117) Ibid., 79.

따라서 출생에서부터 죽을 때까지 인간의 생애는 똑같이 다 중요하고 그 시기마다 의미가 있는 것이다. 그런 의미에서 교회에서의 노인교육의 필요성은 그 정당성을 인정받고 있다.

인간의 삶이 의미를 가질 수 있는 길은 의사소통을 통하는 길뿐이다. 교사의 생각은 학생의 생각의 진정성에 의해서만 비로소 인증되는 법이다. 교사는 학생들을 위해서 생각을 대신할 수 없고 자기 생각을 그들에게 강요할 수도 없다. 참된 사상, 현실과 관계되는 사상은 상아탑의 고독 속에서 형성되는 것이 아니고 오로지 의사소통 속에서만 이루어진다. 사상이 행위에 의해 세계에 나타날 때야 비로소 의미를 갖는 것이 사실이라면, 학생들이 교사들에게 종속되는 일은 있을 수 없는 일이다. 은행 예금식 교육은 인간들을 물체들로 잘못 이해하는 데서 비롯되기 때문에 결코, 프롬의 『인간의 마음』에 나오는 이른바, 생명체 애호를 촉진시키는 대신에 그 반대로 사체 애호를 산출해 낸다.[118]

노인에 대한 심리학의 관점에서는 노인문제의 주요 원인을 M. Blener가 제안한 다섯 가지 노인의 의존적 욕구 즉 사회의존성, 경제적 의존성, 신체의존성, 심리적-정서의존성, 정신적의존성 욕구를 통해서 설명한다.[119] 노화에 대한 생물학적 변화에는 여러 부분에서 견해가 일치되고 있으나 심리적인 변화에는 의견들이 상충하는 경우가 많다. 연령증가에 따라 나타나는 성인기 동안의 지적쇠퇴에 관해서도 많은 설명들이 있는데, 다수의 대립하는 이론들이 많다는 것은 의견일치가 쉽게 이루어지지 못함을 의미하는 것이다.[120]

---

118) Ibid., 86-87.

119) 한정란, Ibid., 27-29.

120) 성인심리학자 Birren(1973)은 지능측정도구에 문제점이 있다고 말하며, 성인기에 바람직한 능력은 성취나 성과보다는 적응력이기 때문에 전통적인 지능검사는 무리가 있다고 말한다. 혼과 카텔(Horn and Cattell, 1967)은 지능을 기초적 인식과정에 해당하는 유동적 지능과 획득된 지식이나 정밀한 추론기술에 해당하는 결정화된 지능으로 분류한다. 브롬리

일반적으로 지능은 중년기 동안 떨어지고, 기억력 감퇴는 노년기에 더 빈번히 일어난다고 믿고 있다. 결론적으로 노인의 기억력 감퇴에는 장기 기억과정 중 부호화 과정이나 재생과정, 그리고 기억 보조전략의 요소들이 영향을 미치고 있다. 아울러 실험실이 아닌 구체적인 생활환경 속에는 단기 기억 상의 전반적인 기억감퇴가 나이와 함께 진행되고 있음을 알 수 있다.

심리학자들은 성인기에 성격이 얼마나 안정적으로 유지되는가에 질문에 대해 두 가지 상반된 견해를 보이고 있다. 그 하나는 인성특성을 객관적으로 평가한 대규모의 종단연구에서, 성격의 장기적인 안정성을 증명한 것이다. 이 종단 연구에서 나온 전체적인 결론은 성격이 20-40세를 거치며 아주 안정적으로 고정되는 경향이 있다는 것이다.(Costa and McCrae, 1994)[121]

결론적으로, 일단 형성된 성인의 성격은 상당 정도 안정되고 지속적

(Bromley, 1966)나 보트위닉(Botwinick, 1977)은 지능의 분류별 변화를 언어기능은 연령변화의 영향을 비교적 적게 받는다. 비언어 부문은 나이가 들면서 능력감퇴가 현저하다. 카운슬러는 개인이 상황변화에 대응하는 방법은 사람의 인식방법에 따라 영향을 받는다고 한다. 버그는 노인의 I. Q. 점수가 사망 몇 년 전에 급속히 저조해진다고 보고하고 있다. 볼테스 등은 지적능력의 퇴보가 생물학적인 연령변화에 기인하지 않고 환경과의 상호 작용에 의해 그때그때 감소되거나 증가된다고 보고 있다.

121) Neugarten(1977) 역시 성인중기 성격특성에 대한 광범위한 연구에서 연령 증가와 상관없이 성격이 유지된다고 강조하고 있다. 뉴가르텐의 단기 횡단법 연구에서는 자기중심성, 의존성, 내향성, 독단성, 경직성, 자아개념 등이 연령증가에 따라 변화하는지를 연구해 본 결과 일관성 있는 아무런 패턴을 찾아낼 수 없었으며, 다만 내향성만이 인생 후기에 증가하는 양상을 보이고 있고, 시간에 대한 전망도 달라서 지금까지 살아온 날들보다는 앞으로 남아있는 살아갈 날들을 계산하게 된다고 한다. 칼 융은 인생의 후반부에 자기발견과 자기발달의 지속적인 과정인 개별화가 나타난다고 주장한다. 인생의 8단계 이론으로써 에릭슨은 40-45세 이상에 해당하는 장년기와 노년기에 자아탐닉 대 생성감 및 정밀 대 자아통합이 일어난다고 한다.

인 것으로 나타나는가 하면, 그럼에도 불구하고 인간은 환경적인 제 여건에 의해 합성되어 구별되고 변화에 대한 잠재성이 중요하게 작용한다고 볼 수 있다. 한편 성인기 성격의 안정성 여부에 대한 연구자들의 견해가 서로 상반되게 나타나는 이유 중 다른 하나는 연구자들이 같은 결과를 다른 관점으로 보기 때문일 수도 있다. 노인 성격은 전 생애적으로 비교적 일정하게 유지하지만 신체적으로 약화되고 은퇴로 빈곤해지기 쉬우며 사회, 심리적으로 고립과 소외를 경험한다.[122]

노인교육은 평생교육의 차원에서 한 걸음 더 나아가 교회 교육적 사역의 차원에서 교회의 지도자들이 관심을 갖고 자신뿐만 아니라 이웃과 후손들과 함께 나누며 교훈을 가르칠 수 있어야 한다. 즉 교육은 하느님과 인간, 인간과 이웃하는 인간, 그리고 인간과 자연세계에 대한 참된 이해와 아들 상호간의 관계를 재창조 및 개발하는 것이다.[123] 교육노년학[124]은 노인문제를 보다 근본적으로 해결하고 노인들의 삶의 질을 향상시키며 고령화 사회의 진전에 적극적으로 대응할 수 있는 힘을 제공해 준다.[125]

노인들이 현대사회에 잘 적응해 나갈 수 있는 노인교육의 활성화 방안으로는 가급적 다양한 프로그램을 제공하는 노력이 필요하다. 단순한 여가를 위한 놀이 문화중심이 아닌 수준별, 문화, 교양 등의 다양성이 제공되어 전인적인 교육이 이루어져야 한다. 예를 들면, 연령에 따른 신체의 생리적 변화와 이에 적응하는 방법, 정치, 경제, 사회, 문화에 대한 최신 동향, 젊은이들과의 세대 차이를 알고 이에 적응하는 방법, 정년퇴직 이후에 새로운 일을 찾아 적극적으로 일하고 생활하려는 태도 갖기,

---

122) 홍숙자, Ibid., 111-112.

123) 윤철상, Ibid.

124) Educational Gerontology 한정란 교수는 노인교육학이라는 용어대신 교육노년학이라고 부른다.

125) 한정란, Ibid., 31.

배우자, 동료들의 사망에 따른 생활방법의 조정과 소외감이나 허무감을 극복하는 방법, 동년배 노인들의 친교유지, 가정, 직장, 사회에서 일과 책임을 합당하게 물려주는 방법, 노년기에 알맞은 간단한 운동, 건강유지에 알맞은 섭생방법 등이 있다.

노인교육을 담당하는 지도자는 전문적인 지식과 능력을 겸비해야 한다. 노인학교 운영 종사자들이 전문요원이 되기 위하여서는 두 가지 측면에서 공동노력이 필요하다.

첫째, 현재의 노인교실 운영종사자들을 사회교육 전문요원으로 연수시키는 일이다.

둘째, 대학과 대학원에서 배출되는 유자격 전문요원들로 하여금 노인교육 분야에서 일할 수 있도록 여건을 마련해 주는 것이다.

이러한 노력이 선행될 때에 비로소 노인교육은 제자리에 올바로 설 수 있게 될 것이다. 그리고 대학에 노인과를 개설해서 노인복지사업에 종사하는 것이 최대의 보람으로 생각하는 전문인을 양성하여 노인교육의 합리화와 과학화가 이루어지도록 해야 할 것이다. 노인과 관련된 전문가들은 조직적이고 체계적인 이론을 바탕으로 노인 전체나 관계자 및 종사자들과 상호보완적인 협력 체제를 이루어 체계적이고 전문적인 노인교육을 받을 수 있도록 힘써야 할 것이다.[126]

교회 교육의 핵심적인 교육은 무엇인가? 비슷하면서 조금씩 다를 것이다. 기독교 교육학자들이 이것이어야 된다고 주장하는 것들이 있다. 그러나 그것도 비판적으로 봐야 한다. 실제로 우리가 그동안 하면서 여러 내용들을 가르쳤지만, 아울러서 말하자면 교회 교육은 무엇인가? 예수를 따른다는 명분으로 이루어지는 도덕교육이 교회 안에 많이 들어와 있다. 교회 교육을 심층 분석해 봐야 한다. 교회 교육에서 도덕교육

---

126) 문선영, 노인문제와 그 현주소, (서울: 중앙일보사, 1984), 62.

을 할 경우, 이렇게 사는 것이 바로 사는 것이다 하며, 예수와 동일시시키면서 도덕교육을 정당화한다. 이러한 도덕교육이 우리가 살아야 할 삶인가? 만일 이것이 예수의 삶에 기초한 것이 아니라면, 이 도덕교육은 도대체 어디서 오는 것인가? 도덕교육을 잘 가르쳤을 때 사람은 어떻게 되는가? 예수를 따라 사는 삶이 인사 잘하고, 착하고, 자리 양보 잘하는 삶 등으로 설정된 것이라면, 이렇게 가르쳐 졌을 때 그런 도덕교육이 예수로부터 온 것이 아니면, 어디서부터 왔는가 하는 것이다.

하나의 새 시대가 갖는 특징은 사상들, 개념들, 의문들, 가치관들 그리고 도전들이 각각의 대립 요소들과의 상호 작용 속에서, 완전을 향해 투쟁하는 복합체라는 것이다. 이들 사상들, 가치들, 개념들 및 희망들에 대한 표현은 인간들이 완전한 인간화를 방해하는 저해 요소들에 대한 표현과 마찬가지로 그 시대의 주제가 된다. 이 주제들 속에는 거기에 대립되거나 반정립적인 여타의 주제들이 함축되어 있다. 이들도 또한 실천되고 완성되어야 할 숙제들이다.

제2절 추 정

지금 이 시대는 교회의 영광을 위해 조화의 모형을 만들기 위해 노력함으로써 교회가 무엇을 하고 어떤 교회가 되도록 하는가 하는 도전 받고 있다. 미래교회를 예측하는 사람들은 이제 교회가 교회 자체의 성장보다는 사회에 대한 교회의 사명을 높여가는 방향으로 패러다임의 변화될 것이라고 전망한다.[127] 오늘날 현대기술의 등장은 인간의 평균 수명을 연장시켰고 이는 세대 간의 경쟁 및 정년퇴직제도를 초래하였

---

127) 한국기독교장로회 선교교육원 편, 1999년도 설교 자료집, 261.

다. 또한 도시화의 진전으로 도시로의 인구이동과 연령 및 사회경제적 지위에 따른 사회적 분리가 일어났고, 이러한 현대화의 과정 속에서 서구문화의 무분별한 도입은 가치관의 변화를 가져와 노인들의 지위는 자연히 하락하게 되어 사회활동의 축소와 함께 취업기회의 상실 등의 역할 상실을 경험하게 되는 심각한 사회문제의 하나인 노인문제를 야기하였다.

교회는 노인이 현대사회로부터 소외되지 아니하고 동참할 수 있도록 하며, 생존에 대한 존재가치를 높여 주고, 역할상실을 방지하기 위하여 새로운 지식의 습득과 변동사회에 대한 이해를 통하여 세대 간의 이질감을 해소하여 주어야 한다. 교회는 생체구조이다. 또한 교회의 참다운 본질인 코이노니아는 가장 강력한 생명현상의 본질이다.[128] 그러므로 노인에 대한 코이노니아를 통한 노인교육의 대안목회로서 교회의 사명을 다함으로써 세상의 변혁과 인간해방을 위한 노력을 하여야 할 것이다.

교육노년학은 새로운 지식습득으로 변화하는 사회의 적응력 향상을 위하여 노인들에게 적합한 역할을 찾아 수행하고, 다양한 노인문제에 대하여 자발적이고 능동적으로 대처하는 능력을 개발한다. 노인교육을 통하여 학습된 지식은 급변하는 사회를 올바르게 이해할 수 있으며 노인으로 하여금 사회의 일원으로서 동참·적응·대처·자립해 나갈 수 있도록 하며 현대사회에서의 역할 상실을 방지하고 세대 간의 이질감을 해소하게 하는 것이다.

교육노년학에서는 교육노년학의 범위와 모형을 다음과 같이 구성하여 노인에 대한 사회통합을 목적으로 하고 있다.

---

128) 조경철, "코이노니아의 성서적 이해". 기독교사상, (서울: 대한 기독교서회, 1993, 8), 33.

<표 4> 교육노년학의 범위

구 분	노인을 위한 교육	노인에 관한 교육	노인에 의한 교육
학습자	노 인	모든 연령의 학습자	모든 연령의 학습자
교수자	(노인을 포함하여) 모든 연령이 가능	(노인을 포함하여) 모든 연령이 가능	노 인
목 적	재교육, 사회적응, 여가활동, 직업준비 등	노인기 준비, 노인이해, 직업준비 등	세대 간 이해확장, 사회 참여, 사회봉사 등
주요 내용	노인의 특성, 노인에 필요한 건강, 여가, 직업 기술 등	노인의 특성, 노화과정에 적응하기 위한 지식과 기능, 고객으로서의 노인의 특성 등	노인의 경험과 지혜가 기여할 수 있는 역사적 사실, 전통지식과 기능, 각종 봉사활동 등

<그림 2> 교육노년학의 모형

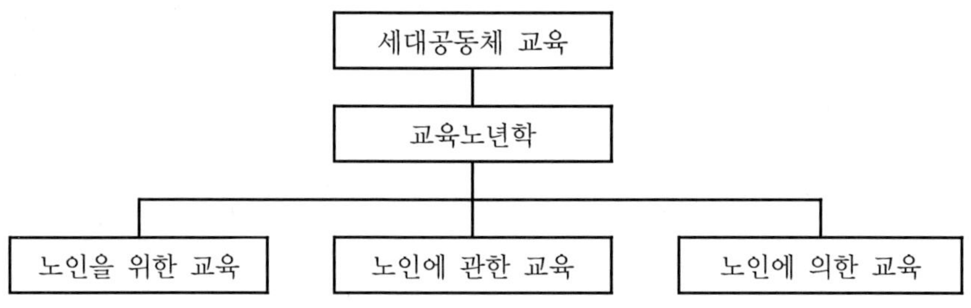

본 연구는 고령화 시대를 맞이하여 노인들의 삶의 자리를 회복하는데 목적을 두었다. 노인은 교회가 사회봉사적 차원에서는 물론 선교적 차원에서도 가장 쉽게 접근할 수 있는 대상이다. 노인은 시간이 자유롭고 또한 여가시간을 보낼 방법을 찾고 있는 경우가 많으므로 다른 연령집단보다도 쉽게 접근할 수 있는 사람들이다. 그러므로 노인들은 계속적인 접촉이 가능하므로 사회봉사적 효과와 선교적 효과가 크다고 볼 수 있다.

본 연구자가 연구하고자 하는 관심 분야의 연구계획은 다음과 같은 방법을 추구하고자 한다. 교회의 현재 활동 상황을 체크함으로써 교회가 참여할 수 있는 사회적 봉사나 활동을 위한 교육을 함으로써 교회가 제공할 수 있는 사회적 봉사나 활동의 범위는 어떤 것인지를 연구하고자 한다. 예를 들면, 건강한 노후생활을 위한 질병예방, 보건관리, 건강보호 등을 강조하는 건강증진 프로그램을 적극 추진하여 노인들에 의한 교육을 실천코자 한다. 통합적인 노후생활을 위한 모델을 찾아 커리큘럼을 만들어 보급코자 한다. 노인들이 할 수 있는 자원봉사의 분야 및 대상을 넓혀 감으로써 노인의 역할을 재정립함으로써 노인은 사회문제 해결사요, 여가를 이용한 봉사활동의 운동을 일으킨다면 노인들은 신명나는 신앙생활을 하게 될 것이고, 선교의 영역을 넓힐 수 있을 것이다.

본 연구자는 도시라는 거대한 공간 안에는 반드시 농촌이 숨 쉴 수 있는 공간이 필요하다고 본다. 왜냐하면 도시는 농촌을 통하여서만이 호흡할 수 있기 때문이다. 도시목회를 할 때 우리는 다양한 문화를 배경으로 하는 일원을 만날 수 있다. 그것은 참으로 좋은 목회 환경이 된다. 그런데 이러한 다양함을 잘 조화시킬 수 있는 것이야말로 목회자에게 과제로 남을 수 있다.

본 연구자의 지난 도서 지방의 경험은 도시목회에서도 잘 조화될 수 있을 것이라고 본다. 다양한 그룹을 갖고 있는 도시에서는 지난 시간의 시골이 그리울 수가 있다. 시골에서는 구성원들의 삶이 공동체 속에 묶어져 있음으로 오랜 세월을 투명하게 볼 수가 있다. 선, 후배 간의 위계질서가 뚜렷하고, 어른과 아이의 장유유서(長幼有序)가 분명하다. 따라서 그곳에는 질서가 있다. 그리고 어른의 경험을 전달해줄 수 있는 통로가 열려있다. 많은 대화와 만남이 생산되는 곳이 시골문화의 장점이다. 따라서 도시에서 각 구성원들에게 이러한 지난 기억을 상기시켜주고 그들 속에 있는 것을 끄집어 낼 수 있다면 생명력 있는 도시목회를 창출할 수가 있다고 본다.

　문제분석과 추정을 바탕으로 위의 말한 바와 같은 영역 안에서 실제 연구 질문조사를 제3자에서 성서신학, 사회학 그리고 교육심리학적 질문을 통해서 더 구체적인 논문 목적을 달성시키고자 한다.

제2장 노인의 사회역할의 상실에 대안적 교육 목회분석에 따른 질문

제1절 연구조사 질문

1. 성서적 질문

1) 성서가 말하는 노인들은 구체적으로 어떤 형태가 되어야 하는가?

"야곱 집이여 이스라엘 집의 남은 모든 자여 나를 들을 찌어다 배에서 남으로부터 내게 안겼고 태에서 남으로부터 내게 품기운 너희여 너희가 노년에 이르기까지 내가 그리하겠고 백발이 되기까지 내가 너희를 품을 것이라 내가 지었은즉 안을 것이요 품을 것이요 구하여 내리라."(사46:3-4)

성서가 말하는 노인들은 구체적으로 어떤 형태가 되어야 하는가? 성서에 나오는 노인에 대한 다양한 표현을 연구하는 일은 중요하다. 노인에 대한 연구를 통해서 하느님 앞에서 인간의 연약함을 발견할 수 있을 뿐만 아니라 또한 치료와 회복을 만나는 하느님의 은총을 만날 수가 있다.

우리 삶에서 가장 중요한 두 가지 시점, 생명이 잉태되어 태어나는 과정과 사람이 죽어가는 과정은 우리 사회에서 너무도 허술하게 다루어지고 있다. 생명의 탄생은 이 세상에서 삶이 시작됨을 뜻하고 죽음은 삶의 종결을 의미한다. 우리는 제대로 태어나지도 못하고 인간답게 살지도 못하고 인간답게 죽지도 못한다고 말해도 과언은 아닐 것이다.

이 변천하는 시대에 종교는 어떤 역할을 하고 있는가? 옛적에는 사람들 대다수가 이의 없이 하느님을 믿었다. 내세도 믿었다. 내세에 대한 생각은 인간의 괴로움과 고통을 감소시켜 주었다. 천당에서는 보상을 받는다. 이승에서 많은 괴로움을 받을수록 용기와 고마운 마음, 끈기와 품의를 가지고 견디기만 한다면 보상이 그만큼 크다. 사회가 죽음에 대한 부정을 증대시켜 오는 동안 종교는 사후의 생명, 즉 인간의 불사불멸을 믿는 신도들을 많이 잃었다. 그리하여 사후의 생명이라는 관점에서 죽음을 부정하는 태도는 현저히 줄었다. 죽음을 앞둔 환자에게는 비참한 대가가 아닐 수 없다.

죽음 이후의 세상에 대해 예수님보다 더 충격적인 주장을 한 사람은 없다. 사람들은 그분의 가르침에 놀라 말문이 막혔고, 심지어 격분하기까지 했다. 예수께서 가르치는 일을 공식적으로 시작하셨을 때 사람들이 그 말씀을 듣고 놀랐다(마7:28). 산상수훈에서 예수님께서는 이렇게 말씀하셨다. "인자를 인하여 사람들이 너희를 미워하며 버릴 때에는 너희에게 복이 있도다 그날에 기뻐하고 뛰놀라"(눅6:22-23) 예수께서는 계속해서 이렇게 말씀하셨다. "하늘에서 너희 상이 큼이라"(눅6:23)[129]

신약성서에서의 죽음 이해는 예수 그리스도의 죽음과 연결하지 않고서는 죽음을 올바로 이해할 수가 없다. 사실 지상의 예수께서 자신의 죽음에 대하여 어떠한 이해를 가지고 계셨는지, 또 어떠한 태도와 정신 상태에서 죽으셨는지를 역사적으로 분명히 밝혀낼 수는 없는 일이다. 그러나 예수께서 자신의 죽음을 어둡고 쓰라린 삶의 단절로서 체험하셨다는 것을 말할 수가 있다. 그는 구약성서에서 말하는 의인의 '선한 죽음'이나 플라톤이 소크라테스의 예를 들어 묘사하듯 그러한 조화된

---

129) Bruce H. Wilkinson & David Kopp A Life God Rewards, 마영례 역, 하나님이 상주시는 삶, (서울: 도서출판 디모데, 2004), 14-16.

영웅의 죽음을 하신 것이 아니다. 그는 죄인의 죽음을 당하신 것이다.[130] 쿨만은 그의 책[131]에서 완전한 평화와 침착성 가운데 죽어가는 소크라테스의 모습과, "심히 놀라며 슬퍼하시기 시작했고"(막 14:33), "내 영혼이 심히 고민하여 죽게 되었으니"(막 14:34) 하는 모습으로 죽음을 맞이하는 예수 그리스도의 모습을 대조해 놓았다.

임종은 단지 임종환자만을 해당되는 것이 아니다. 그것은 가족과, 친구들, 이웃, 공동근로자인 사람들 모두에게 영향을 끼친다. 떨어지는 돌에 의해 방해되는 조용한 연못과 달리, 임박한 죽음이 죽어가는 사람의 생명 안에 관계가 있는 모든 사람에게 파문으로 달리게 하지는 않는다. 각 자의 사람들은 그, 혹은 그녀의 이슈와 슬픔, 그리고 질문들을 포함하는 것들을 갖게 된다.[132] 그러므로 노인들에게 예수 그리스도를 통한 죽음을 이해케 함으로써 죽음을 통한 인간의 연약함과 하느님의 치유와 회복을 만나게 하여야 한다.

2) 교회가 노인들을 지배와 종속으로부터 사랑의 관계성으로 회복할 수 있는 방안은 무엇인가?

신국(神國)운동은 예수께서 이 땅에 선포하신 천국의 메시지이다. 예수는 신국(神國)은 너희 안에 있다고 가르쳤다. 성경은 또한 교회가 본질적으로 살아 있는 유기체라고 가르친다. 우리는 한 단체가 아니라 한 몸의 지체들이다. 따라서 교회를 표현할 때는 반드시 교회의 본질과 조

---

130) Gisbert Greshake, Towards a Theology of Dying in Concilium 94 (1974); 80-98, 정한교 역, "죽음의 신학", 신학전망 31, (1975.12.), 58.

131) Oscan Cullmann, Immortality of the Soul or Resurrection of the dead (1958), 영혼불멸과 죽은 자의 부활, 한국 신학대학출판부, (1965).

132) Maggie Callanan & Patricia Kelley. Final Gifts. (New York: Bantam Books, 1997), 2.

화를 이루는 표현이어야 하지 인간의 조직 개념을 엉터리로 도입한 것이 되어서는 안 된다.

신약성경이 말하는 교회의 유기적인 조직은 반드시 그리스도의 살아 있는 몸의 성격을 본받는 것이어야 한다. 여기서는 유기체의 머리에 주어지는 고유 권한들을 보존해야 하며, 지도력의 기능을 에베소서에 설명된 것과 같이 그리스도를 머리로 하여 몸의 기능을 촉진하는 기능으로 정의해야 한다. 노인에 대한 공경을 주제로 삼아 성경이 말하는 공경의 가르침을 통하여 노인의 삶을 회복하고 노인들을 공경의 대상이 되는 이유를 밝히고자 한다.

교회가 노인들을 지배와 종속으로부터 사랑의 관계성으로 회복할 수 있는 방안은 무엇인가? 노인들은 "땅 위의 모든 나라에"(신28:25) 흩어진 한 백성이다. 하느님의 백성은 먼 나라들에게 믿지 않는 사람들 사이에 끼어서 살지 않으면 안 된다. 그러나 그들이야말로 전 세계에 흩어져 있는 신국(神國)의 씨가 된다. 하느님께서 그의 택하신 백성들을 불러 모으실 때까지 하느님의 백성은 흩어진 대로 있을 것인데, 다만 예수 그리스도 안에서 연결되어 있을 따름이다. 창세기 1장 26절에서 30절이 암시하듯이, 인간은 신의 형상으로 창조되었고, 그러므로 인간은 지구와 지구에 사는 모든 존재들에 대해 신과 같은 통치권을 행사할 수 있다.[133] 이러한 유기체적 표현으로 교회는 노인들을 통하여 신국(神國)운동에 동참케 하고 신국(神國)의 통치권을 누리게 함으로써 지배와 종속으로부터 사랑의 관계성으로 회복케 할 수 있는 것이다.

---

133) 최근에 인간에게 있어 하느님의 이미지는 때때로 통치 행위와 동일시되고 있다. See James Barr, Man and Nature: The Ecological Controversy and the Old Testament, in Ecology and Religion in History, 60.

2. 신학적 질문

1) 노인의 몸은 어떤 신학적인 해답이 있는가?

노인의 몸에 대한 접근을 하려고 한다. 노인의 몸이 육신으로는 쇠약해지고 건강에 대한 위험요소가 많지만 노인의 몸이야말로 안식의 시기이며 영적인 성숙의 시기라는 것을 신학적으로 설명하여 자아통합의 시기로서의 노인의 몸에 대한 신학적 해답을 찾고자 한다. 노인은 몸은 쇠약해졌으나 그들의 쇠약함으로 인한 경험재원은 신학자원이 된다.

노인의 몸은 어떤 신학적인 해답이 있는가? 유려하게 단장하고 있는 동물들에 비해 인간은 발가벗고 상처받기 쉽고 불완전한 것처럼 보인다. 우리의 피부는 다른 어떤 동물의 피부보다도, 외모보다 서로 만지는 등 의중 전달을 위한 목적으로 설계되어 있다. 그리고 피부의 이러한 측면은 그리스도의 몸의 피부가 담당하는 기본 기능을 부각시켜 준다. 그리스도의 몸에서는 피부가 그리스도의 임재 자체가 된다. 이 세상에서 우리의 공동체를 규정해 주고 하느님의 몸을 감싸 주는 얇은 막이 바로 피부인 것이다.

부드럽고 따뜻하며 만질 수 있는 피부의 유추는 사랑 안에서 자신의 피조물과 대화하고 관계하기를 갈망하는 하느님의 메시지를 전해 준다. 그리스도는 세상으로 하여금 먼저 그리스도인 공동체의 아름다움을 보게 하고 그 따스함과 온정을 느끼게 하고 나서, 그 밑에 깔려 있는 내부 뼈대를 깨닫게 하라고 말씀하셨다.

세상이 그리스도의 몸을 접할 때, 그 감촉과 외모는 어떠하며 그 피부는 어떤 느낌인가? 사람들은 사랑과 희락과 화평과 오래 참음과 자비와 양선과 충성과 온유와 절제(갈5:22)를 보는가? 우리는 사람들의 기분을 알기 위해 얼굴표정을 살피면서, 사람들을 외모로 판단한다. 마찬가지로 하나의 몸으로서 우리는 관찰과 평가의 대상이 되고 있다. 한 교회의 분위기는 피부처럼 내면에 깔려 있는 본질을 드러내 보이기 마련이다.[134] 교회가 그리스도의 몸으로서 노인의 몸을 만나고, 노인의 죽음을 그리스도의 몸을 만나는 사건으로 경험하게 된다면 생명을 회복하는 선교현장이 된다.

예수의 죽음은 고통스럽게 죽으신 모습으로 끝나는 것이 아니라 부활을 말하기 위한 전초전이었다. 예수의 십자가상의 죽음은 인류의 죽음에 대한 엄청난 고통을 선포한 상징적 선포이다. 인류는 죽음에 대한 질문들을 끊임없이 해 왔지만 사람이 한번 죽은 것이 정한 이치라는 것 외에는 해답을 찾지 못하였다. 그렇지만 예수의 죽음 이후에는 부활이 있고, 예수가 준비하는 처소가 있다. 그것은 신국(神國)이다. 그러므로 예수의 죽음의 의미에는 희망이 있다.

예수 비유의 핵심은 신국(神國)이다. 문제는 신국(神國)이 어떤 나라인가이다. 교회에서는 천당, 천국이라는 단어로 사용한다. 천당은 죽은 다음의 개념을 가진다. 장소적으로는 저 세상의 이야기이다. 그래서 그 천당은 동사로 말할 때, 「간다」고 말한다. 그래서 이 경우에 그 세 가지를 합치면, 죽은 다음에 저 세상에 가는 것이다. 이 이야기에 주어가 빠져있다. 예수 믿는 내가 간다. 이것이 천당사상의 핵심이다.

예수가 가르치신 신국(神國)은 그런 천당이 아니다. 이 신국(神國)이라는 것은 내가 죽은 다음에 저 세상에 들어가는 곳이 아니라, 예수가 말할 때는, 「온다」는 것이며, 주어가 「신국(神國)」이 온다는 것이다. 이 세상으로 오는 것이다. 언제 오느냐 하면, 지금 오는 것이다. 이 시간과 공간과 동사가 다 바뀌게 된다. 이 기본 개념을 바꾸는 것이 중요하다. 신국(神國)이 지금 이 세상으로 오고 있는 것이다. The kingdom of God is coming이다.

---

134) Philip Yancey & Poul Brand, Ibid., 142-143.

문제는 신국(神國)의 정체가 무엇인가 하는 것이다. 신국(神國)이 이 세상에 오고 있다고 할 때, 신국(神國)이 그러면 어디에 있는 것인가? 제자들도 많이 헷갈렸다. 신국(神國)은 여기 있다. 저기 있다고 말라. 도둑같이 온다. 지금 여기라고 말했지만, 지금 여기 왔다고는 말하지 않는다. 여기 오고 있다고 말한다.

헤겔은 이미 있는 나라를 신국(神國)과 동일시했다. 그래서 어떤 나라는 신국(神國)이라고도 말할 수 있다는 것이다. 그래서 유토피아의 세계가 이루어진다면 그 나라는 신국(神國)이라고 할 수 있다. 적어도 어떤 나라는 그 나라에 해당된다. 지금 이루어진 나라들 중에 신국(神國)과 동일시 할 수 있는 나라가 있을 수 있을까? 조심해야 할 이야기이다.

몰트만이 신국(神國)은 「이미」와 「아직」의 구조로 보았다. 이것을 과정 신학 하는 사람이 설명할 때는, 신국(神國)이라는 것은 하느님의 뜻을 따라서 이 세상 안에서 사는 개인 또는 공동체 안에서 그때그때 이루어지는데, 한번 이루어진 신국(神國)은 그것이 이루어지는 그 순간, 상황이 바뀌기 때문에 그다음 상황에서 신국(神國)을 다시 새롭게 이루어야 하는 것이다. 예를 들어, 한 가부장적인 아버지가 개과천선해서, 하느님의 뜻에 복종해서 다스릴 때에 신국(神國)이 될 수 있다. 가정을 그렇게 치리할 수 있다. 그러나 그 순간 그 가정이 신국(神國)을 맛보지만, 그다음 순간에도 신국(神國)을 맛볼 수 있을지는 모른다.

그러면 신국(神國)이 점점 확장되어 가는 것인가? 과정신학자들은 확장되어 간다기보다는 그런 순간들이 존재한다고 보는 것이다. 신국(神國)이 시간과 공간을 통해서 확대되어 가는지, 축소되어 가는지는 말하기 어렵다. 예수도 거기에 대한 표현들이 우회적이었다. 겨자씨 비유, 누룩 서 말의 비유도 그러했다. 그렇다고 신국(神國)이 점점 확대되어 가는지는 장담할 수는 없다.

예수의 해결방법을 찾아서 해 주어야 한다. 예수라면 어떻게 했을까? 질문한 다음, 해결방법을 찾는 것이 치유과정이라고 생각한다. 시작이다. 태어나면서부터 이끌어 주는 사람이 있었다. 보이지 않지만 영적인 리더로서의 예수를 만나는 것이다. 상관성이 있다고 본다. 목회가 묻고 예수가 대답했던 과정이라고 한다면 예수의 삶이 실현되는 현장이다. '어떻게 사는 것이 하느님 앞에 옳은 삶입니까?' 목회자가 생각하고 설교하고 답하고, 교인들이 감동을 하고 또 다른 대안을 제시하고 이런 과정이 목회를 통해 이루어진다면 그것이 대안이다. 교회 처음 오는 사람이 예수에 대한 진지한 질문이 무엇일까? 어떤 면에서는 저질적인 질문이 있을 수 있다. 답을 주는 과정에서 목회가 건전할 수 있고, 불건전할 수도 있다. 교인들의 질문 자체에 역사적 예수가 있다면 재현되는 과정이다.

예수의 주변에는 언제나 헐벗고 굶주린 민중이 있었다. 예수는 병들고 굶주리며 압제당하는 민중을 단지 종교적으로나 정신적으로 위안하려고 하지 않았으며, 민중이 처한 고통의 현실을 받아들이고 이 고통과 씨름했다. 그래서 먹을 것을 주고, 병을 고쳐주고, 해방의 복음을 선포하였으며,[135] 온전한 섬김을 통해서 압제받는 민중의 고통을 신국(神國)과 직결시켰다. 노인들의 사회역할 상실의 현장도 민중의 고통의 현장이므로 예수를 만날 수 있는 신국(神國)과 직결된다.

따라서 산다는 것은 무엇을 의미하는가? 학자들의 설명을 보면, 존 캅의 경우, 종교 간의 대화라는 책에서, 'way of life'라고 했다. 삶의 길. 예수의 삶의 길이라고 할 때 그 길은 문자적인 행동의 반복을 말하는 것이 아니고, 예수의 행동을 관통하면서 흐르고 있는 삶의 철학을 말한다. 어떤 학자는, 'form of life'라고 했다. 어떤 사람은 'pattern'이라

---

135) 안병무, "마가복음에서 본 역사의 주체", 민중과 한국 신학, (NCC 신학연구위원회 편), (서울: 한국 신학연구소, 1982), 181.

고 쓰기도 한다. 그 'pattern'을 자기 식의 언어와 행동방식으로 'represent' 하는 것이다. 예수의 그런 삶의 길을 우리의 행동 양식으로 재현하는 것을 의미한다. 이 경우, 내가 하고 있는 것이 내 삶의 방식이 예수의 길을 따르고 있는 것인가를 판단할 수 있는 기준이 있는가?

이 부분은 좀 모호하다. 경우에 따라서는 문자적 따름이 예수를 따름이 아니라는 말이, 자기의 삶의 방식이 예수의 길로 사는 것으로 정당화하는 방법으로 사용되는 경우도 있다. 그것을 판단해낼 수 있는 기준이 있는가? 없다. 직관적인 판단에 맡길 수밖에 없다. '그렇다 아니다'를 갈라놓을 기준이 없다. 이것이 악용될 때, 내가 목회하고 있는 방법이나, 삶의 방법이 예수의 길이라고 믿을 때 자기 정당화로 될 수도 있다. 여기에 딜레마가 있다.

결국 노인목회에서 예수의 길을 제대로 가고 있느냐 아니냐는 하느님만이 아신다고 말할 수 있고, 목회자 자신의 양심이 평가할 문제이다. 크로산[136]이 똑같은 질문을 받았을 때에도, 객관적인 기준이 없고, 네가 할 수 있는 것이 무엇인가? 네 삶의 자리에서 할 수 있는 것을 생각하고 하라고 강조한다. 예수의 신국(神國)은 알면 좋은 것이지만, 알고 나면 피하고 싶은 것이다. 그러나 예수는 이 신국(神國)에 목숨을 걸었다. 언제 오느냐, 어떻게 오는 가에 대해서는 말할 수 없다. 비전을 가질 뿐이다.

신국(神國)에 대해서 이뤄지는 설명 중, 보그가 지혜로 설명한다. 우리가 살고 있는 지금 이 세상을 세상의 나라라고 하고, 예수가 가르치신 것을 신국(神國)이라고 대비를 시킨다면, 세상의 나라는 인습적인 지혜가 지배하는 나라이고, 신국(神國)은 대안적인 지혜를 가르치고 있다. 인습적인 지혜란? 노인의 한 개인에 속한 문제이건, 한 공동체에 속

---

136) 시카고 드폴 대학교의 성서학부 명예교수, 미 종교학회 역사적 예수 연구 분과 위원장.

한 문제이건, 그 개인과 공동체의 삶을 결정하는 지혜의 뿌리, 출처, 원동력이 세상의 나라에서는 세속적인 지혜이다. 재물, 권력, 명예의 문제이다. 요즘은 더 많을 수도 있다. 그러나 이 세 가지에 근거를 두고 살아온 노인 혹은 공동체가 인습적인 지혜에 기초해온 삶의 방식이다. 이것이 우리가 살아온 세상이다. 이에 대한 대안 공동체로서의 신국(神國)이 노인교육목회라는 대안적인 지혜로 제시된 것은 하느님의 뜻이다. 이것은 중요한 문제이다.

2) 노인교육에 대한 신학을 정립할 수 방안은 무엇인가?

노령화는 교회에도 많은 변화를 가져올 것으로 예상되고, 노령화가 중요한 신학적 주제임에도 아직도 교회 노인교육에 대한 신학정립은 안되어 있다. 노인교육에 대한 신학을 정립할 수 방안은 무엇인가? 노인들을 위한 목회는 교회 모든 연령층의 전 구성원을 위한 통합적인 교육목회로서 빼놓을 수 없는 부분이다. 노인들은 그 수에 있어서나 그들이 가지고 있는 경험 면에서도 매우 중요한 집단이다. 지금 우리나라의 노인들은 경제적으로 자식들이 부양하거나 자신의 연금이 있는 소수의 노인들 외에는 매우 가난하지만, 멀지 않은 미래의 노인들은 그들이 이루어 놓은 경제적인 부를 그들 자신의 노년기를 위하여 쓸 준비를 하므로 경제적으로도 구매력을 가진 세력이 될 것이다.

현대 세계는 하나의 실험이다. 인간의 목적에 따라 인간의 방법으로 만들어진 인류 최초의 구상이다. 과학기술문명이 전 인류의 운명이 되어 가고 있다. 100년 전에 거의 농촌에서 살았던 사람들이 이제 인간이 만든 대도시에 대부분 살고 있다. 자연에 순응하지 않고 자신의 구상으로 현실을 꾸려간다. 인간의 운명을 결정하는 것은 자연의 힘이 아니라 인간의 의지이다. 이제 인간을 공포로 몰아넣는 것은 자연의 재앙이 아니라 인류의 범죄이다. 세계교회의 신학과 운동에서 "코이노니아로서의 교회"의 표상이 강하게 제기되면서 서로 간에 많은 합의가 이루어지고 있는 것은 매우 고무적인 일이다.[137] 코이노니아를 현대교회의 선교과제인 정의, 평화, 창조질서 보전이라는 교회 내적인 의미보다 세계를 위한 선교적인 차원에서 논의되고 있음을 의미한다.[138]

칼 라너와 한스 큉은 그리스도 중심 포괄주의를 주장하면서 타종교에 열린 대화를 강조한다.[139] 또한 세계기독교 안의 에큐메니칼을 통하여 세계종교가 다양한 목소리로 대화하면서 진리와 평화를 추구해 가야한다는 것이다.[140] 모든 종교들은 종교가 목적이 아니라 사랑, 정의, 영광이 넘치는 우주적 생명공동체를 이루어 그 안에서 영원한 생명을 누리도록 하는 데 있다.[141] 현대 세계는 진보에 더 철저하게 매진하기 위해 전통과의 근본적인 단절을 자기 나름대로 시도하고 있다. 무신론이 현대인의 자유를 보증해 준다. 교회는 더 철저히 묵시론적 종말론으로 자기 담을 쌓고 있다. 교회와 신자들의 묵시론적 보수주의와 자유를 갈망하는 진보에 대한 낙관적인 신앙이 공존하는 상황에 '매개 신학'은 평화적 과제가 아니라 갈등의 소지가 다분한 과제이다. 그러므로 코이노니아로서의 교회는 노인교육에 대한 신학정립에 필요한 도구이다.

노인교육에서 천당신앙을 다시 검토해 보자. 적극적인 점은 노인들은 죽음의 불안으로부터 해방되기를 바란다는 것이다. 또한 예수가 하느님이라는 것을 건드리지 않아야 한다고 말한다. 죽음 앞에서 인간은 불안

---

137) 박근원, "코이노니아 교회 형성의 실천적 과제" 한국 기독교학회 편. 교회와 코이노니아, (서울: 대한기독교서회, 1993), 269.

138) 김용복, "코이노니아로서의 교회: 한국기독교적 시각", 교회와 코이노니아, (서울: 대한기독교서회, 1993), 20.

139) 변선환, 현대문명과 기독교, (서울: 한국 신학연구소, 1999), 240.

140) R. Panikkar, Toward an Ecumenical Ecumenism. Journal of Ecumenical Studies 1982 Fall no.4, 781-786.

141) 김경재, 해석학과 종교 신학, (서울: 한국 신학연구소, 1994), 309.

하기 때문이다. 일반 신도들에게 영향이 있다. 예수가 한 일을 인간은 불가능하다는 명제가 일반신도들은 자유롭게 죄짓게 한다. 이기적인 사람은 타인들뿐 아니라 자신조차도 사랑할 능력이 없다.[142] 코후트는 교회공동체는 무엇보다도 관계들로 구성된 관계의 모체로서 하나님의 사랑과 성도들의 사랑을 토대로 하는 관계의 모체라고 했다.[143] 제임스 파울러는 신앙이란 다른 사람들의 관계를 파악하는 방식으로 보았다.[144] 기독교인 되는 것과 바르게 사는 것이 별개이다. '하느님이 인간을 사랑한다. 예수님은 죄가 없으시고 예수 믿으면 구원받고 천당을 간다.' 이것이 기독교가 말하는 구원의 설득자료이다. 어떻게 사는 것을 왜 말하지 않는가? 기본 신학적 틀 위에서 예수 믿는 사람으로 걸맞은 삶을 살아야 한다고 말할 수 있을까? 신학적인 전제에 문제가 있지 않느냐? 니케아 기독론이다. 그 틀이 사도신경을 거쳐서 오늘날 한국에 사영리 형태로 신앙양태를 결정하는 요인으로 작용하고 있다.

그러므로 교회는 노인들에게 개인의 구원과 축복만을 약속해 주는 것보다는 온전한 공동체로서의 본질을 회복하고 문을 열어 노인들이 세상과 대화하며 정의, 평화, 창조질서보전을 위한 선교과제[145]를 잘 감당하도록 하는 것이 매우 중요한 일이다. 루이스 J. 세릴은 관계와 상호 작용의 중요성을 말하면서 "공동체란 그 개인적 멤버들의 존재화에 영향을 미치는 관계의 몸이다."라고 말한다.[146] 교회는 사랑받는 공동

---

142) Erich. Fromm, The Art of Loving, (New York: Harper and Brother, 1957), 60.

143) Heinz. Kohut, The Analysis of the Self, (New York: International Universities Press, Inc), 77.

144) James W. Fowler, Stages of Faith, The Psychology of Human Development and the Quest for Meaning, (New York: Harper Collins Publishers, 1981), 4.

145) 박원기. 신학윤리와 사회과학, (서울: 대한기독교서회, 1997), 201-202.

146) 루이스 J. 세릴. 김재은, 장기옥 공역, 만남의 기독교교육, (서울: 대한 기

체(Beloved Community)[147]로서 존재할 수 있는 가능성과 존재로 남기 위해서 우리가 신학적인 성찰을 해야 한다. 예수 믿고 구원받기 위해서 교회에 나온다. 얼마나 되며, 예수라고 하는 그분이 어떻게 살았기에 유대인들은 메시아라고 부르고 기독인들은 하느님의 아들이라고 부르는데 예수가 누구신가 알고 싶다.

오늘날 교회에서 되물어야 한다. 같이 인식하는 사람들이 공동체를 형성하면 좋은 열매를 맺을 수 있다. 바이블 스타디가 된다. 중심에 예수가 돌아오게 하고, 예수가 말씀하신 '나를 본 자는 하느님을 본 것이다.'의 하느님의 의미를 발견해야 한다. 예수 삶 전체가 하느님이다. 제3세계의 바닥공동체와 같은 출현[148]은 삶을 통하여 예수를 보여주는 사례이다. 케리그마와 역사적 예수가 사실은 하나이다. 이분법을 뛰어 넘는 것이다. 믿는 것이 사는 것이다. 믿는 것과 사는 것이 분리되지 않는 것이다. 예수의 삶을 노인들에게 이해케 함으로써 믿는 것과 사는 것이 하나라는 것을 증명하는 것이 노인교육목회의 신학의 패러다임이 되어야 한다.

예수의 삶과 행동을 낳았던 예수의 삶의 길, 패턴, 패러다임, 길이라고 표현한다면, 예수는 그렇게 말했다. 만약 오늘날 그 삶의 길을 지금 간다면 예수는 또 다른 말로 삶을 표현하고 행동하였을 것이다. 문자적으로 행동하는 것이 반드시 예수의 삶을 사는 것이 아니다. 상황이 다르다. 이 상황에서 같은 길을 가면서 이 시대의 길에서 예수의 길을 찾자. 다른 행동, 다른 이해가 있을 수 있다. 어쩌면 예수보다 더 어려운 삶이 될 수 있다. 그것을 찾는 과정을 우리는 노인교육목회라고 부른다.

독교출판사, 1981), 71.

147) Josiah. Royce, The Problem of Christianity, (Chicago: University of Chicago Press, 1968), Vol. I, 172.

148) 루이스 S 머지, 박문재 역, 하나님의 백성 - 새 시대의 교회론, (서울: 대한기독교서회, 1995), 43.

내가 아는 교인들은 왜 교회를 나오는가? 왜 기독교를 믿는가에 대해 구두로 조사를 해보았다.[149]

1. 잡(job) 때문에/영주권관계/스트레스를 푸는 것/
2. 정보를 구할 수 있다. 스트레스/유학생들은 밥을 먹기 때문에
3. 교제권을 넓히려는
4. 예수를 알기 위해서 교회에 나와야 한국인을 만날 수 있다. 한인이 적을수록
5. 의리 때문에 도움을 받다보니까
6. 이민 온다 하면 정보가 교회에 돌고, 연고가 없어도 공항에 목사가 차를 갖고 나간다. 교인 모셔오기, 30여 년 전 있다. 워싱톤 지역.
7. 신앙생활 편히 할 수 있다. 큰 교회. 대체적으로 선호한다. 책임으로부터 빠져 나올 수 있다. 이름 없이 교회 다니기.
8. 작은 교회에서도 육체적인 것을 회피함. 나와 주는 것만도 감사해라. 네 구멍가게인데 들러주는 것만도 고맙지.
9. 전문화되는 수준의 프로그램임. 교회의 자부심.
10. 작은 교회를 선호한다. 실세가 된다. 장로 되고 싶은 사람들. 밖에서도 나를 나타내는 직함이 되므로.
11. 역사적 예수, 사회 참여 강조하는 목사보다 근본주의적이고 삶과 이탈된 교회를 찾는다.

비기독교인들이 교회를 보는 시각을 물어 보았다.

교인들끼리는 권사님 장로님 하면서 교회 놀이하면서 신앙이 좋은지 모르지만, 사회에서는 삶의 결핍이 있으면 그런 신앙은 싫다. 전도, 교회봉사 열심히 하는 것들을 교회중심으로 하는 사회생활 아니고 전인격적인 삶을 보고 싶다.

실제로 교인들의 교회생활은 목회자에게 도움이 되는 교인생활, 목회

____

149) 전영훈 목사 외 17명 면담, LA 제자교회, 2004년 7월 17일.

자를 잘 섬기고 기독교적인 삶에 중심을 이루고 있다. 교회 교인들도 교회에서 벗어나는 체험을 구한다. 그런 것들을 통해서 삶에 에너지를 얻고자 하는 것이다. 일부 교인들은 이민생활 하면서 약아졌고 십일조를 내지 않는다. 따라서 교회재정이 어려워짐에도 눈 깜빡하지 않는다. 목사하면 파트타임을 한다. 사모들도 일을 한다. 목회자로서 삶을 고용하기 때문이다.

예수와 함께 하는 목회방안은 어떻게 해야 할까? 케리그마 설교도 한시적은 의미 있는 목회이다. 목회자가 그 사람만 놓고 설교를 하는 것이 아니고 한번은 케리그마, 한번은 삶을 전하는 것, 말은 새로운 사람을 이야기했지만 실질적으로는 목회방향은 그 방향이 된다. 교인들은 새로 들어온다. 같은 이야기가 채 바퀴 돈다. 이제부터 나는 이 길을 간다. 전면적으로 그렇게 바꾸었다. 무슨 일이 일어날까? 처음부터 색깔을 정할 수밖에 없다. 중도에 바꾸는 것은 현실적으로 불가능하다. 내가 주는 것은 세상이 주는 평화와 다르다. 예수에 의해서 교정 받도록 목회자가 해야 한다. 하느님의 사람을 세우는 목회를 해야 한다. 제자훈련 사역이 좋은 방법이 될 수 있다. 제자훈련에도 말씀 공부와 삶의 멘토링을 함께 하면 처음의 성장은 늦어지지만 나중에는 크다.

큰사랑교회는 노인목회의 비전을 갖고 있다. 교인의 수 중에도 노인들의 수가 양적으로도 비중이 있다. 따라서 재정적으로도 자립이 되지 않고 있다. 그렇지만 예수 중심의 목회를 하는 데는 장애요인이 크지 않은 이점이 있다. 오히려 노인들의 삶의 자리인 역할상실과 소외된 자에 대한 예수의 치유와 보살핌의 신학이 그들에게 접목이 되기 때문이다.

길버트 빌지키언(Gilbert Bilezikian)은 "인간을 향한 하나님의 꿈이 있다면 그것은 공동체이다."고 말했다.[150] 교회공동체는 그리스도의 몸

---

150) 길버트 빌지키언, Community. 공동체, (서울: 두란노, 1998), 7.

이다. 그리스도의 몸 안에는 특별히 세상을 변화하는 필요들을 수신하는 일을 하도록 지정되어 있는 지체들이 있다. 하느님께서는 자신이 친히 사람처럼 피부를 통해 피로와 고통 그리고 궁극적으로 죽음을 맛보셨던 세상에 유형적 존재를 수립하기로 결정하셨다. 만져서 알 수 있는 사랑의 모델 중에 하느님의 아들 예수 그리스도를 능가하는 분은 없으시다. 그리고 우리는 세상에서 그분의 민감한 피부가 되도록 부름을 받은 것이다.[151] 왜 예수를 제한하는가? 신학적 정체성을 근본적으로 다시 적립하자. 불가능하게 만드는 요인들이 훨씬 많다. 달라져야 한다. 변화를 도모하면 엄청난 바위 앞에 서 있는 것을 느낀다. 너무나도 회의적이 된다. 주춧돌을 분명히 다시 놓아야 한다면 기초를 다시 세워야 한다. 몸으로 이미 앞서간 사람들이 있다. 믿는 것과 사는 것이 하나가 되어야 한다.

교회의 참된 모습은 그리스도의 빛 안에서 온 성도들이 함께 예배하고 사귀고 증거하며 고백하고 세상을 섬기며 함께 배우는 포괄적인 신앙의 공동체인 것이다.[152] 그러므로 노인목회를 위한 교회공동체를 설립하는 일은 예수사랑의 모델을 세우는 교회의 참된 모습이다.

3. 사회학적 질문

1) 은퇴자들에게 여가의 의미와 자원봉사 또는 재취업을 통한 잠재력과 가능성을 찾는 방법은 무엇일까?

---

151) Philip Yancey & Poul Brand. Ibid., (서울: 생명의 말씀사, 2002), 154.
152) 김현진, 공동체적 교회 회복을 위한 공동체 신학, (서울: 예영 커뮤니케이션, 1999), 329.

사회의 다른 부분에서와 마찬가지로 교회도 아직까지는 청장년 중심이다. 김은이가 개 교회 목사들과 노인들을 대상으로 한 실태조사에서 한국교회에서 노인교육이 미진한 이유를 노인교육에 대한 인식부족을 들었다.153) 은퇴시기로 인하여 고독과 소외감을 느끼기 쉬운 노인들의 겪고 있는 문제를 분석하는 것은 중요하다. 은퇴자들에게 여가의 의미와 자원봉사 또는 재취업을 통한 잠재력과 가능성을 찾는 방법은 무엇일까? 예수는 마태복음 25장에서 가장 작은 자 하나에게 한 것이 나에게 한 것이라 분명히 말하고 있다. 세속사회에서처럼 교회성장과 물량적 부흥에 관심을 쏟다보니, 소외된 계층에는 관심을 쏟을 여력이 없을 것이다. 그러나 노인교육은 소외된 계층인 노인들의 경험과 자원을 개발하여 노인들로 하여금 참기독교인답게 다른 소자들에게 행하도록 하는 교육이다.

기독교인으로 산다는 것은 예수가 우리에게 가르쳐 준대로 사는 것을 의미하기 때문이다. 노인교육에 대한 신학정립은 지금의 노인들뿐만 아니라 미래에 빠짐없이 노인이 될 현재의 청장년에게도 꼭 필요한 것이다. 노인들의 복음을 실천생활 하는 삶은 노인들에게는 물론 젊은 사람들에게도 교육적이다.154) 사회 과학자들은 사람들이 가지고 있는 신앙이 가끔은 세계에 대한 그들의 전체적인 관점에 뚜렷한 영향을 미친다고 말한다.155)

2) 노인교육에서 반드시 다루어야 할 사회문제는 무엇인가?

---

153) 김은이, 한국기독교 노인교육의 실태조사와 교육 모델에 관한 연구, (서울신대석사논문, 1994), 96.

154) 김성은, 노령층의 사회 재통합을 위한 교회 노인교육, (서울신학대학교 논문, 2002), 321-322.

155) Max Weber는 그의 저서 The Sociology of Religion에서 이렇게 말했다.

노인교육에서 필요한 것은 노인들이 현대사회를 올바르게 이해하기 위한 새로운 지식의 습득이나 질병의 극복과 건강관리에 관련되는 지식의 습득이 될 것이다. 그리고 원만한 인간관계를 위한 학습프로그램이 필요하다. 동년배 노인들과 교류를 넓히는 방법은 물론, 젊은이들이 지니는 가치관을 긍정적으로 받아들이고 상호간에 원만한 관계를 유지하기 위한 방법 등을 교육해야 한다. 생계유지를 위한 경제생활과 관계되는 학습활동이 필요하다. 노동 또는 독립생계의 중요성을 인식시키며 노인에게 적합한 일거리 또는 경제생활에 관한 정보 등을 전달해 줄 수 있는 교육이 요구되며, 사회봉사활동과 청소년 선도 사업에 앞장서도록 하는 교육프로그램도 필요하다.156) 또한 노인교육에 종사하는 전문요원을 양성하는 것이다.

노인교육에서 반드시 다루어야 할 사회문제는 무엇인가? 예수가 걸어갔던 삶의 길이 예수가 되게 했다면 그 길이 바람직한 길이라면 종교적인 욕구에 부응하지 못하면 어떻게 할 것인가? 역사적 예수에 기초한 삶이란 윤리적으로 사는 괜찮은 삶과 같지가 않다. 상식 수준에서 훨씬 뛰어넘는다. 예수라면 어떻게 했을까? 라는 질문을 갖자. 성서에 부자청년이 예수께 질문을 한다. "어떻게 해야 영생을 얻을 수 있습니까?", "가진 재산을 가난한 자에게 나눠주고 다시 오라"(막10장 17-22절). 에렌스트롬(Ehrenstrom)과 뮬더(Muelder)는 "제도로서의 교회"와 "코이노니아로서의 교회" 사이에는 긴장이 존재하며, 이런 제도적인 요인들이 기독교적인 친교를 매우 어렵게 만든다고 보았다.157) 제도로서의 교회는 역사적 예수의 삶이 형태가 아니라 기존의 제도와 전통에 매여서 교회의 본질과 사명을 추구해 온 것이다. 예수 안에서의 삶이란

---

156) 박재간, 노인학교의 학습프로그램, 노인생활, (대한노인회, 5-6월호, 1985), 56-57.

157) Nils Ehrenstrom and Walter G. Muelder ed., Institutionalism and Church Unity, (New York: Association Press, 1963), 65.

상식선에서 보다 넘어 설 수 있지만 우리가 가진 것을 뒤집을 수도 있다. 노인들의 가난과 소외는 못가진자로서의 예수의 관심의 대상이며, 부자에게 요구한 영생을 얻을 수 있는 출발점이 될 수가 있다.

포도원 농부 비유에서도 상식과 예수의 길이 충돌을 일으킨다. 예수가 가려고 했던 신국(神國)의 길은 똑같은 품삯이었다. 히스페닉, 블랙하고 비즈니스를 다시 보자. 영적인 해석을 한다. 예수의 비유는 일일노동자를 이야기한 것으로 볼 수 있다. 누가 먼저 뽑혔는가, 오후까지 못 뽑힌 사람은 체력, 장애, 악의가 없어 보이고, 점심때까지 못 뽑힌 사람은 왜 안 갔을까? 왜 못가고 있는가? 왜 혹시나 하는가? 특별한 사유가 있는가? 그들은 고용에 따른 자격이 구비되지 못한 자들이었다. 그러나 오후에 일당을 동일하게 받게 되었다. 상식 수준에 있는 사람이 이의를 제기한다. 너하고 약속한 것은? 내가 이 사람에게 잘한 것이 너와 무슨 관계가 있느냐? 이것이 신국(神國)의 길이다. 노인들의 자리도 일일노동자로 비유하면 오후에 고용된 사람들이다. 그들에게도 포도원 주인은 일당을 허락하는 것이다. 이것은 우리가 가는 상식 수준의 길을 엎는 길이다. 그러나 때론 엎을 수도 있다. 그게 우리를 부담스럽게 한다. 그래서 예수의 공동체를 원시 공산주의라고 부른다. 음비티(John S. Mbiti)는 공동체라는 말 자체에 이미 하느님의 형상을 입은 사람들이 공존하고 있다는 사실을 암시하며 바로 이 사실 때문에 인간은 기꺼이 서로 관계를 맺게 된다고 말했다.[158] 리처드 니버는 포괄적이고 우주적인 공동체를 말하면서 그리스도인들의 사랑은 우주적이어야 한다고 했다.[159] 이것이 예수의 길일 경우 당신은 어떻게 할 것인가. 이것이 예수의 신국(神國)운동의 리얼리티이다.

---

158) John S. Mbiti., ed., African and Asian Contributions to Contemporary Theology: Report, (Geneva: Bossey, 1976), 79.

159) H. Richard Niebuhr, Radical Monotheism and Western Culture, (New York Harper and Brothers, 1960), 30.

인간이 지금까지 하느님이 아닌 다른 가치, 재물, 명예를 지푸라기처럼 버리고 하느님의 뜻을 따라 살기로 바꾸면 신국(神國)이 이루어지는 것이다. 실현적 가능론이다. 예수가 우리를 위해 죽고 부활하였다는 것이 힌트를 제공한다. 삶의 가치를 죽이면 그리스도가 나를 위해 죽은 것처럼 없애버리면 그리스도가 내 안에 다시 살고 이것의 전형이 신국(神國)에 있었다.

신국(神國)과는 무관하게 거리가 멀리 있는 세속적 요구를 가지고 교회를 찾아 올 수 있을 때 두 가지 방식으로 이루어진다. 어떤 근본적인 자세에 따라 다르다. 잘못된 요구를 수정해 주는 목회자는 어떤지? 트렌스 폼(trance form)해서 다른 방식으로 지도해야 삶이 바뀌고 역사적 예수가 실현되도록 해 줄 수가 있다. 그렇게 하려면 목회적인 이해적인 이해관계를 스스로 교정하지 않으면 불가능하다. 그런 의미에서 목회자는 선생님이어야 한다.

겨자나무의 비유에서도 충돌이 있다. 겨자씨는 우리나라의 민들레, 관목수와 비슷하다. 나무형태가 새가 깃들이기 쉽다. 그 겨자나무가 울창해지면 다음문제는 농지가 작살이 난다. 신국(神國)은 골치 아픈 나라이다. 누군가 신국(神國)을 품고 그렇게 실제로 살아가는 사람이 등장하면 골치 아프다. 통제가 안 된다. 한 사람이 사로잡히면 그 꿈을 먹게 되면 골치 아프다. 물론 작은 데서 시작하지만 이 세상이 견디지 못한다. 너희가 이 비전을 철저하게 품으면 세상을 품을 수 있다. 내가 세상을 이겼노라. 노령화 사회에서 노인의 문제는 겨자나무와 같다. 노인교육목회는 겨자나무가 울창해지는 환경을 만드는 신국(神國)운동이다.

창작, 미화되었다 하더라도 예수의 행동양식을 보면 분노했던 대상, 무조건 옹호했던 그룹이 있었다. 그것이 신국(神國)운동과 관련할 때 어떤 사람은 여기에 들어오지만 오히려 이 나라가 들어서는 것을 막으려는 사람들이 있다. 이런 그 당시의 사회적 상황만 가지고 유비로만 얘기한다면, 신국(神國)은 그와 같다. 감격 속에서 가슴이 뭉클해지면서 눈물이 날 정도로 반갑게 맞아들이면서 하루속히 중심에 사려고 하는 사람들이 있는가 하면 그렇지 못한 저항세력이 있는 것이다. 마5장의 8복에서는 복 받을 사람만 얘기한다. 그러나 눅6장은 복을 입을 사람(4)과 화를 입을 사람(4)이 나누어진다. 신국(神國)운동은 복이 있을 사람에는 우호적이지만 화를 입을 사람에게는 비판적이었다.

예수의 태도는 설득력이 있다. 종교계-마23장 26-31절 바리새파, 사두개파에 대해 회칠한 무덤이라고 하며 매우 비판적이다. 신국(神國)에 자기는 들어가지 않으면서 들어가는 사람들을 막는 사람들이다. 위선자다. 성전에 금을 두고 맹세는 하지만 하느님을 두고 하지 않는다고 말했다. 성전에 갔을 때 예수가 한 말은 저들이 성전을 강도의 소굴로 만들었다고 했다. 예수가 제사장들을 보는 시각은 힘 안들이고 돈을 버는 사람들이었다. 제사장 계열들은 도시의 부를 장악하고 상층부에 속하였다. 로열 훼밀리, 제사장 등이 고위층이었다. 사람들의 십일조를 자기들의 배를 채웠다.

눅13장에서 보면 예수가 예루살렘 가던 도중에 베다니에서 멈추는 장면이 있다. 어떤 바리새인들이 헤롯가가 당신을 죽이려고 한다고 했을 때, '가서 그 여우에게 오늘과 내일 귀신을 쫓아내며 병을 낫게 하다가 제 삼일에는 완전하여 지리라 하라'고 말씀하시는 장면이 있다. 예수가 상당한 정치의식이 있었다. 재계=부자는 신국(神國)을 동시에 섬길 수 없다. 예수가 가난해서 그런 것은 아니다. 부의 구조적인 문제를 공격한 것이다. 부자에게 돈을 부정하게 벌었느냐를 묻지 않고 부자인 것이 걸림돌이 된다고 말했다.

예수에게 우호적인 사람들은 어린아이, 여성, 외국인, 만성불치병자, 가난한 사람, 세관원, 매춘부 등이다. 신국(神國)의 잔치에 초대된 종교지도자들이 힘이 있지만 초대된 사람은 사유가 있어서 못 오고 정작 신국(神國)에 초대될 것으로 전혀 예측되지 않은 사람들은 잔치에 초대되어 식사를 대접했다. 힘이 있는 사람들이 아니라 소외된 사람들이 중심이 된다. 노인들은 현대화에서의 소외된 사람들이다. 이런 소외된 사람이 황제대신 통치하면 어떻게 될까? 독재자의 뜻을 갖고 통치하지 않고 하느님의 뜻을 갖고 통치하면 정당하게 인권을 인정받고 살 수 있다. '이 사람들이 그런 세상에서 주인이 될 것이다'라고 했다. J. Moltmann에 의하면 신학은 미래의 신학, 희망의 신학이어야 한다고 말함으로써 행동주의적 전환을 강조하였다.[160] 소외된 사람들이, 신국(神國)에 초대된 사람들이 함께 신국(神國)을 만들어 가는 사람들이다. 교회는 단지 가난한 사람들을 위한(for) 교회라기보다는 그들의(of), 그들과 함께(with)하는 공동체이어야 한다.[161]

순더 마이어는 코이노니아의 삶과 교회의 본질을 잔치(콘비벤츠: Konvivenz)에서 발견하였는데, 민중은 잔치를 통해서 다른 세계를 건설한다. 이 잔치는 일상생활을 초월하지만 인간을 인간답게 만든다. 이 콘비벤츠는 공동체적이고 해방된 인류의 잔치이다.[162] 콘비벤츠를 배설하시는 예수의 삶의 양식은 열린 식탁과 무상의 치유, 그리고 죽음이다.

(1) 열린 식탁 - 먹는 자리는 뜻을 같이하는 사람들이어야 할 수 있다. 모임의 성격과 관련된다. 예수공동체는 신국(神國)의 비전을 사람을 제한하지 않는다. 예수운동은 개인적 인격을 토대로 한 윤리적, 종교적 운동이 아니라 민중의 고통에 대응하는 공동체적 운동으로서, 이 운동은 생명회복운동이며 굶주린 민중과 밥을 나누어 먹는 밥상 공동체 운

---

160) J. Moltmann, 오늘의 신학 무엇인가? (서울: 한국 신학연구소, 1989), 116.

161) Leonardo Boff, Church: Charism and Power, 유종순 역, 교회의 권력과 은총, (서울: 성요셉 출판사, 1986), 30.

162) Theo Sundermeier, Koinonia als Leben und Zeugnis 신학사상 83호. (서울: 한국 신학연구소, 1993), 26.

동이다.[163] 이런 공동체적 개방성은 삶을 새롭게 역동적으로 만들며 해방하는 능력을 발휘한다.[164]

큰사랑교회는 한 달에 한번씩 노인들이 밥상을 차리는 사역을 시도해 보았다. 처음에는 연세가 있으니까 젊은이들이 대접하는 것이 도리라고 생각을 하였으나 예수께서도 제자들에게 식탁을 차리시는 모습을 보여주심으로 실천을 하게 되었다. 섬김을 실천하는 노인의 모습이야말로 함께 나누는 공동체에서의 주인공의 모습이다. 노인들은 함께 반찬을 준비하고 식단을 의논케 됨으로써 더욱 풍성한 열린 식탁이 되었고, 노인들에게도 건강한 기쁨을 체험할 수 있었다.

(2) 무상의 치유 - (치유와 치료를 구분) 치료하지 않았다. 설혹 치료하지 못했더라도 치유는 이루어진 것이다. (예수의 치유에 대한 오해) 인간으로서 정당한 대우를 받지 못하고 공동체에서 소외된 사람의 아픔을 치유한 것이다. 예수와 만나서 그 병이 치료되지 않았다 해도 예수로부터 치유 받은 것이다. 치유에 나서는데 치료하려고 나서지 말라. 예수께서 보다 중요하게 생각하셨던 우선 하는 문제들은 오픈테이블, 무상의 치유들로 나타났다. 근본으로 들어가면 하느님의 뜻이 땅에서도 이루어지기를 원하신다. 오늘의 세계는 수많은 문제에 직면해 있다. 정치적 억압, 경제적 불평등과 착취, 온갖 사회적 병리현상과 문화적인 소외, 생태계의 문제가 있다. 또 국가 간, 민족 간, 인종 간, 종교 간에 전쟁과 반목이 있으며, 한 사회 안에도 계층 간, 집단 간, 세대 간에 갈등과 긴장이 있다.[165] 이런 수많은 문제에 대하여 교회는 올바른 믿음과 행동으로 응답해야 한다. 다양한 교회의 실천은 전체 회중이 참여하는

---

163) 박재순, 예수운동과 밥상공동체, (서울: 도서출판 천지, 1988), 237.

164) 김경재, 그리스도교 신앙과 영성, (서울: 한국기독교장로회 선교교육원, 1997), 79.

165) 이원규, 한국교회 무엇이 문제인가, (서울: 감신대출판부, 1998), 265.

하느님의 백성 공동체의 표현양식으로 회복되어야 한다는 것이다.[166]

큰사랑교회에서는 노인들의 무료건강검진사역과 자원봉사 간호사의 건강 체크를 통하여 노인들의 육체의 보살핌을 돕고 있다. 또한 노인담당 도우미를 통하여서 매일매일 전화방문을 통하여 노인들의 소외감을 치유하고 있다.

(3) 예수의 죽음 - 예수의 죽음에 대한 교회의 가르침은 천편일률적이다. 사영리적이다. 우리를 죄로부터 구원하기 위해서이다. 어떤 학자는 예수는 죽어 마땅할 일을 했다는 것이다. 체포당할 당시의 예수의 행동은 사형을 선고할 만한 법적 근거를 갖췄다는 것이다. 예수는 불순세력이다. 예수의 신국(神國)이라는 것은 현존하는 기존 세상을 비판하거나 부정하고 들어간다. 기존의 세상이 잘못 가고 있다는 것이다. 반체제 인사이다. 예수의 신국(神國) 사상은 그 자체가 반체제이다. 그것이 독재체제하에서는 사형이다. 많이 봐줘야 국외추방이다. 영원히 그 나라에 들어오지 못하도록 국민권을 박탈한다. 그런데 예수의 체제가 기득권을 가지면서 변방으로 밀려난 사람들을 중심으로 하는 예수 공동체를 만들었다.

이 공동체가 지금처럼 조직적이지는 않아도, 기득권자들의 입장에서 볼 때는 반체제 인사들을 모아가면서 그들 편에 서고 있는 예수를 보게 된다. 그것만 해도 위험한 것이다. 반공법으로 걸리게 된다. 소외된 사람들의 관심이 사회주의, 공산주의로 얽혀 들어가기 십상이었다. 예수가 기득권 세력에다가 대놓고 비판하는 것이다. 좋은 꺼리를 건네준 셈이다.

예루살렘 성전에서 비판함으로써 예루살렘 체제와 그에 기생하고 있는 권력들, 동시대의 거대한 지배체제 집단에 대한 정면도전이 예수를

---

166) 은준관, 실천적 교회론, (서울: 대한 기독교서회, 1999), 11-13.

죽음으로 불렀다. 지배체제집단들이 볼 때 예수는 죽을만한 일을 했다. 반체제적이었고, 내란 음모죄에 해당된다. 내란 음모란 우리나라로 말하자면 사형을 피할 도리가 없다. 「자칭 유대인의 왕」. 동시대에 가장 잔인한 방법으로 처형당했다. 보통 교회에서 「예수는 죄가 없으신데 죽었다」고 말하는 것은 니케아 신조에 의해서 말하는 것이다. 지배체제가 볼 때 예수는 십자가형을 받을 만큼의 죄가 있다.

우리는 예수의 죄를 어떻게 볼 것인가? 예수는 과연 죄가 있는가? 없는가? 예수가 죽자, 어떤 일이 일어났는가? 체포 당시에 예수의 제자들이 한 순간에 도망을 갔다는 것이다. 너무 급히 가서 덮어 썼던 홑이불을 벗어버리고 맨몸으로 도망을 갔다. 예수가 죽으면 제자들도 죽는 것이다. 그러나 도망을 갔다. 빌라도 입장에서 보면 신국(神國)의 운동을 죽이는 것인데, 제자들을 죽이지 못하고 도망을 가버렸으니까 그 운동은 끝난 것으로 보고 사형을 집행한다. 누구도 예수의 이름으로 가르치는 사람도 없고, 그와 비슷한 삶을 사는 사람도 없다. 조용하다. 그렇게 조용한 기간이 한동안 간 것이다.

만일 여기서 끝난다면 기독교가 형성되지 못했을 것이다. 그런데 「사흘 만에」라고 한다. 그것은 부활하기까지의 기간이기도 하지만, 죽었던 제자들이 다시 살아나는 기간이기도 하다. 죽음의 위협 앞에서 숨었던 제자들이 다시 죽음을 무릅 쓰고 예수의 가르침을 다시 가르치고 예수의 삶을 살고, 예수처럼 십자가를 질 기회가 되면 그 십자가를 함께 질 마음의 기회를 갖출 수 있는 기간이다. 그 기간의 길이가 얼마였든지, 제자들이 예수의 죽음의 충격 속에서 다시 일어나는 기간이다. re(again)surrect(stand)이다. 다시 일어나는 것이다. 꺼진 줄 알았던 불씨가 다시 불꽃을 피우면서 일어나는 것이다. 이것이 resurrect이다. 이것이 부활의 역사이다. 숨었던 제자들이 다시 얼굴을 나타내고 예수의 이름으로 예수가 했던 신국(神國)을 가르치고 병자들을 일으키는 것이다. 이것이 얼마나 위험한가? 이것이 사도행전이야기이다.

베드로도 잡혀갔다. 「다시는 예수의 이름으로 가르치지 말라」 제자들의 삶 속에서 예수가 다시 살아나는 것이다. 이것이 부활이다. 박종철 부활사건과도 같다. 「사람들은 내 아들을 잃었다고 위로한다. 내 아들은 여기도 있고, 저기도 있다. 이 사람 안에도 있고, 저 사람 안에도 있다」 이것이 부활이다. 이 말이 좀더 의미를 가지려면 박종철이 갔던 길을 누군가가 살아갈 때 박종철이가 살아나는 것이다. 그래서 예수의 부활과 제자의 부활은 동시적인 사건이다. 예수가 부활했다는 말과, 제자들이 부활했다는 말은 같은 말이다. 이것은 같은 사건이고, 같은 이야기이다. 이것은 제자들의 가르침과 삶 속에서 발견할 수 있다. 제자들의 가르침과 삶 가운데서 다시 사신 예수를 만나는 것이다.

고전 15장에 나오는 고린도 사람들은 플라톤 주의자(영육이원론)이었다. 육체의 감옥에서 벗어나서 영의 세계로 들어가는 것으로 믿었다. 그런 사람들에게 사도 바울이 사람의 몸의 종류에 대해서 말한다. 지상에서 살던 예수의 몸과 부활한 몸 사이에 연속성이 있는가 하는 것이다. 고린도 교인들은 이원론자들이니까 이 몸이 육체의 감옥에서 벗어나서 영의 세계로 들어가는 것을 구원이라고 여긴 사람에게, 몸의 부활이 구원이라고 가르쳤을 리가 없다. 부활한 예수의 몸은 지상의 몸이 아니다. 두 몸 사이에는 연속성이 없다는 것이다. 여러 가지 몸의 종류가 있는데, 별의 몸, 영의 몸 등등을 말하지만 연속성이 없다.

그러나 씨앗이 심은 씨앗과 수확해서 거둔 씨앗을 말한다. 두 씨앗하고는 연속성이 있는 것이다. 볍씨를 심어서 벼를 수확한다. 이 몸은 연속성이 있는 것이다. 예수가 부활했다는 것은 예수의 삶의 방식이 제자들의 삶의 방식으로 부활했다. 몸의 부활뿐만 아니라 예수의 삶의 방식이 제자들의 살과 피를 통해서 부활했기 때문에 예수를 육체로 보라는 것이다. 예수의 가르침과 삶이 죽음의 충격 이후에 잠잠했다가 제자들의 삶을 통해서 다시 육체적으로 예수의 삶이 다시 나타나기 시작하는 역사를 말한다. 그것이 예수 부활의 역사이다.

이 예수를 어떻게 볼 것인가? 지금까지 교회에서는 우리를 구원하기 위해서 우리 대신 십자가에 달려 돌아가신 분으로 보았다. 예수는 구원자이다. 그러나 역사적 예수에서는 뭐라고 호칭해야 하겠는가? 스승의 개념이다. 그런데 이 스승이라는 말이 군사부일체의 체제로 볼 때 가부장적으로 보일 수 있다. 넘어서는 안 될 한계를 주기도 한다. 「선생」이 좋다. 이때 生은 태어남도 되지만, 산다는 의미도 된다. 선생은 「fore liver」이다. 「선생으로서의 예수」가 하나의 가능성을 가진다.

예수는 하느님의 뜻을 따라 살고 그 뜻을 도모하려는 삶이지 삶이 각 상황에 따라 이렇게 살아라. 는 세팅된 것은 아니다. 윤리 문제 놓고 잘잘못을 하는 율법적인 접근이 없고 오픈 되었다. 신국(神國)이 정형화된 것이 아니다. 생각해서 교인들에게 제시하는 것이 목회이다. 예수는 신국(神國)에 대해서 비유로 말씀하셨다. 율법도 참고서 될 수 있다. 교과서는 아니다. 예수의 신국(神國)잔치야말로 그리스도교 영성의 완전한 실천이다. 삼위일체적이고, 그리스도론적이고, 동시에 미래지향적, 해방적, 변혁적이다.167) 큰사랑교회에서는 죽음대비교육을 통하여 「사흘 만에」의 부활의 가르침을 시도함으로써 예수의 죽음을 다시 이해하게 했다. 따라서 노인들은 죽음의 두려움으로부터 예수의 삶이 다시 나타나는 예수 부활의 역사를 체험하기 시작하였다.

---

167) 지인성, "그리스도교 영성의 통전적 이해", 한국교회와 신학 실천, (서울: 대한기독교서회, 1999), 426.

4. 교육. 심리학적 질문

1) 어떻게 교회나 어떤 그룹이 한 공동체가 될 수 있는가?

현대 교회에서는 대부분의 가르침이 형식적 상황에서 이루어진다. 인류학자 포르테스(Fortes)는 광의의 교육이란 "문화유산이 이 세대에서 다음 세대로 전달되는 과정"이며 따라서 교육의 기본 과제는 "개인들을 사회적 규범에 맞게 만드는 것"이라고 했다. 분명히 이것은 기독교 가르침의 기본 임무이다. 행동 과학 용어로 한다면 기독교 교육 역시 새로운 문화유산--세상에 있는 신국(神國) 시민의 유산--을 전달하려고 하고 있다. 이 생활을 위해서 우리 역시 "개인들을 새로운 사회규범에 맞도록 만들" 필요가 있다.

평생교육은 1965년에 랑그랑(Lengrand, P.)에 의해 제창된 이후 세계 각국으로부터 깊은 관심과 지지를 받고 있다.[168] 1968년 시카고 대학 총장이던 Hutchins가 학습사회(The Learning Society)란 책에서 사회가 모든 성인에게 언제 어디서나 자아실현을 위한 교육을 제공하는 사회로 가치가 전환되는 사회를 학습사회라고 부른 이후[169] UNESCO (United Nations Educational, Scientific and Cultural Organization)가 널리 주장하여 널리 쓰이게 될 평생학습이란 말과 함께 평생학습사회 (Life Long Learning Society)란 개념이 널리 쓰이고 있다. 평생교육의 이념을 통하여 노인에게도 사명이 있으며, 정신적인 결정의 시기로서 세대 간의 교량적인 역할을 제시하고자 한다.

---

168) Lengrand, P. (1969), Perspectives in Lifelong Education, UNESCO Clonicle 15, No.7/8.

169) Hutchins, The Learning Society, (New York: Fredrik A. Praeger, 1968), 134-135.

어떻게 교회나 어떤 그룹이 한 공동체가 될 수 있는가? 노인들은 시든 꽃들이 아니라 나름대로 생명을 향유하는 소중한 인격체들이다. 노인들이 스스로를 존중히 여기면서 자라나는 세대를 위해 그들의 경험과 지혜를 통해 기여할 수 있는 기회들이 주어져야 할 것이다. 이런 의미에서 노인들의 복지를 위한 정책들과 함께 인간화 교육이 시급한 것이다.

노인은 심리적으로 다음과 같은 경향과 욕구가 점점 더 커지게 된다.[170]

첫째, 노인은 이 세상에서 영원히 살아진다는 것과 영원히 잊혀진다는 것에 대한 두려운 심리와 함께, 죽은 후에도 자신의 흔적을 남기고자 하는 강한 욕구가 있다. 자녀, 손자, 재산, 추억 등 남아 있을 사람들에게 자신의 분신 같은 것을 주고 싶은 심리가 있고 죽기 전에 자신의 책임을 다하고 싶은 욕구가 커진다. 즉 삶과 죽음의 의미를 분명히 하기를 원한다.

둘째, 노인은 인생을 더 많이 살아 터득한 지식과 경험을 나누고 싶은 심리가 강해지며 어떤 면에서 주도적 역할을 하고 싶어 하는 욕구가 있다. 남은 생애가 쓸모 있게 남아있기를 원하는 것이다.

셋째, 사랑하고 친숙했던 인물이나 사물에 대한 애착하는 심리적 욕구가 있다.

넷째, 노인은 현재를 중시하는 심리가 크게 나타나게 되는데 시간이 가는 데 따라 또 노화가 깊어질수록 미래의 소망보다는 현재의 만족을 더 선호하게 된다.

다섯째, 노인은 인생 전반에 대해 자신의 관점으로 평가하려는 강한 욕구와 함께 오랜 세월 속에서 온갖 고난을 극복했다는 성취감에서 오는 평정을 갖고자 하는 경향이 커진다.

여섯째, 어린이와 같이 모든 일과 사건에 대해 호기심을 보이고 무엇이든지 알고 싶어 하고 참여하고 싶어 하는 욕구가 강하게 일어난다.

---

170) R. N. Butler, M. I. Lewis, T. Sunderland, 4th(ed) Aging and Mental Health; Positive Psychical and Biomedical Approach, (New York: Maxwell Macmillan International Publishing Group, 1991), 79-82.

그 밖에 노인들은 신앙공동체의 일원으로서 타인과 친밀한 교제를 원하고 신앙성숙을 통한 자기 통합을 위한 강한 욕구가 있다.

Robert J. Havighust 역시 노인에게는 구체적으로 일상생활에서 곤란을 극복하고 정상적인 기능을 유지하기 위한 교육을 받고자 하는 대처능력의 욕구(Coping Needs), 활동이나 단체 활동에 참여하는 것 자체를 기본 동기로 갖는 표현적 욕구(Expressive Needs), 자신뿐만 아니라 남을 위해 헌신하고자 하는 공헌적 욕구(Contributive Needs), 사회 전체의 변화와 흐름에 대해 적극적으로 영향을 주고자 하는 영향력 욕구(Influence Needs), 눈앞에 다가온 죽음을 실감하면서 인생의 의미를 더욱 깊게 깨닫고 파악하려는 초월적 욕구(Transcendence Needs)가 있다고 말한다.[171]

기독교인이란? 뭐하는 사람들이냐? 이것도 사영리에서 쉽게 설명된다면, 예수 믿고 구원받을 사람들이다. 그러나 다시 생각해 보자. 기독교인이란? 부활의 역사의 맥을 좇아서 처음 제자들이 예수를 경험하였을 때의 그 경험으로 사는 사람이다. 여기서는 예수 믿는다는 말로는 설명될 수 없다. 기독교란 최종적으로 어떻게 재정비할 것인가? 역사적 예수로 돌아갈 때, 그런 기독교에 기초를 둘 때, 어떤 기독교를 생각할 수 있겠는가? 예수로부터 비롯된 신국(神國)운동을 계승하고 동참한 사람들의 공동체이다. 믿느냐가 아니라 그 운동을 계승하는 것이다. 이렇게 되면 기독교가 많이 달라질 것이다. 그러면 설교도 달라져야 할 것이다. 예배의 개념도 달라져야 할 것이다. 기독교 교육도 달라져야 한다. 사회선교도 달라져야 한다. 개인전도도 달라져야 한다.

기독교노인교육에 있어서 이러한 방법적인 면에서의 적절한 접근을 하면서 궁극적으로 우리가 중요하게 목표를 삼아야 하는 것은 기독교

---

171) Robert J. Havighurst, Developmental Tasks and Education, (New York: David Mackey Company Inc, 1972), 85-93.

노인교육이 노인들의 전인적인 필요를 채워주는 포괄적인 사역이어야 한다는 것이다. Zeigler는 노인이라는 용어를 사용함에 있어서 연령이나 약점이라는 관점이 아니라 그들을 위한 프로그램의 개발에서 고려해야 할 그들을 어떤 특정한 연령집단의 범주에 넣어서 생각하는 것보다 여러 가지 구체적인 필요를 가지고 있는 인간으로서 대하는 것이 필요한 것이다. 따라서 노인교육의 제반 프로그램들은 한 교회의 본질적인 목적과 목표 수행의 범위 안에서 이루어지되 반드시 노인들의 전인적인 필요를 충족시켜 주는 것이어야 한다. 즉 노인들이 신체적, 심리적 및 사회적인 측면에서 기본적인 생존과 또한 안락한 생활을 해 나가는 데 있어야 할 도구적인(instrumental) 필요들을 채워주는 사역이 있어야 하고, 나아가서는 그들이 보람 있고 의미 있는 삶을 살기 위해 있어야 할 표현적인(expressive) 필요들을 채워주는 사역도 있어야 한다.[172]

2) 목회자가 노인자원봉사 교육을 실시하려면 은퇴자를 활용하는 방안은 무엇인가?

영적 지도자는 삶과 가르침을 통하여 다른 사람들에게 영향을 준다는 말은 모든 영적 지도자들이 반드시 일주일에 60분씩 사람들 앞에 서서 성경 이야기를 해야 한다는 뜻이 아니다. 성경이 "가르침"이라고 말하는 것을 실천하는 데는 다른 방법들도 있다.

디도서 2장에서 말하는 영적 지도자가 하는 "가르치는 사역은 다음과 같은 의미를 포함하고 있다. 첫째 지도자의 가르치는 사역은 성경의 교리에 맞는 생활을 형성하는 데 초점을 두고 있으며 단순히 교리 자체를 반복, 연습 또는 숙지하는 것에만 중점을 두지 않는다. 둘째 지도자의 가르치는 사역에는 몸의 지체의 삶 전체에 지도자가 함께 하는

---

172) 이석철, Ibid., 39.

것이 포함된다. 가르침의 목록은 영적 지도자들이 신자들이 일상 경험과 긴밀하게 접촉해야 함을 시사해 주고 있다. 셋째 가르친다는 말은 굉장히 광범위한 것이다. "가르침"은 교훈, 격려, 권면, 촉구, 훈계, 안내, 설득 등의 방법을 통하여 현실의 본질에 대한 성경의 통찰이 신자들의 삶에 영향을 미치도록 하는 것을 의미한다.

은퇴자들은 교회가 주목해야 할 자원이다. 그들은 가르침에 대상일 뿐만 아니라 가르침의 실천대상이기도 하다. 은퇴자들은 노인자원봉사 교육대상으로서뿐만 아니라, 자원봉사 전문요원으로서도 훌륭한 교회 자원이 될 수 있다. 영적 지도자는 하느님의 백성들 가운데서 그들과의 관계 가운데 하느님의 말씀을 성육신하며, 그런 관계의 맥락 속에서 몸의 지체들이 하느님의 계시와 일치하는 삶을 살도록 도우려는 데 관심을 두고, 말로 인도하고 격려173)하여야 한다.

문제분석과 추정은 위의 말한바와 같은 영역 안에서 목적을 달성시키며, 그 목적은 다음 장에서 명세하며 이제는 제3부에서 목표명세와 전략 개발을 제시하는 동시에 목표달성을 위한 시행전략을 다음에서 논하고자 한다.

---

173) Richards, Lawrence O. and Hoeldtke, Clyde. 1980. A theology of church leadership, 황을호 역, (서울: 생명의 말씀사, 1994), 159-165.

제3부 노인역할상실 회복을 위한 목회전략

제1장 노인문제 해결을 위한사회사업 개입모델

제1절 목표명세

1. 목표 1: 의식(노인자원봉사수혜자에서 자원봉사주체로)

1) 변화목표

하느님께서 모세에게 나는 스스로 있는 자라고 말씀하셨다. 스스로 있는 자라는 의미는 나는 무엇이든지 될 수 있다는 의미이고, 너에게 무엇이든지 해줄 수 있다는 의미이다.[174] 교회 사역의 핵심은 사람세우기이다.

하나님의 사람들을 세우는 보람과 의미가 목회의 동력이 된다. 그러므로 교회는 사람을 세우는 일련의 과정이 있어야 하며 그 과정을 인식하고 먼저 훈련을 해야 한다.[175] 노인에 대한 자원도 마찬가지이다. 우리 모두는 변화하는 존재이고, 노인도 마찬가지이다.

큰사랑교회에서는 노인에 대하여 자원봉사활동 프로그램을 작성함으로써 노인이 교회가 되는 현장을 보이고자 한다. 교회의 노인목회를 통하여 인간의 변화하는 장소를 제공하고 노인의 자원봉사활동프로그램을 개발하는 것은 이런 변화목표를 이루는 데에 큰 도움이 된다.

---

174) 본 연구자는 모세에게 나타나신 하느님의 이름에 대한 통찰력을 샌프란시스코 신학교의 문희석 교수님에게 배웠다.
175) 김성진, Church Planting 개척교회의 이론과 실제, (서울: MSC, 2004), 88.

노인에 의한 자원봉사는 노인을 자원복지의 수혜대상으로부터 제공자로 그 위치를 전환시키며, 이는 고령화 사회의 노인에 대한 기대와 요구이다.

2) 행정목표

(1) 노인들의 다양한 은사를 개발하고 교회로서의 역할을 감당할 수 있도록 한다.
(2) 성경공부를 통하여서 교회의 본질과 사역을 인식케 한다.
(3) 노인에 관한 세미나를 실시하여 교인들의 노인에 대한 인식을 새롭게 하고 교인들로 하여금 노인을 공경하고 노인을 교회에 진정한 일원으로 참여케 한다.

2. 목표 2: 실천(노인과 대화 나눔을 통한 예수사랑실천운동)

1) 변화목표

노인과의 교제와 나눔을 통하여서 노인이해의 경험을 갖는다. 형성되지 않은 사랑의 공동체에 참여한다는 것은 다른 사람들의 고난을 나눌 수 있는 것을 의미하고, 참된 사랑의 실천을 가지고 누가 나의 이웃인가 하는 질문에 기꺼이 대답해야만 한다는 것을 의미한다. 그러나 아마도 고통과 증오와 적개심의 역사 밖에서 우리는 빈센트 하딩이 "높이 날아오르는 마지막 희망"이라고 말한 것을 이해할 수 있다.

2) 행정목표

(1) 노인결석자, 병약자 방문 및 전화 걸어주기를 한다.
(2) 교회의 본질과 기능, 성도들의 사명에 대한 설교를 한다.
(3) 노인의 사명을 깨우치기 위하여 현대사회에서의 노인의 역할에 대한 세미나를 개최한다.
(4) 노인에 대한 질병예방교육을 적십자사를 통하여 실시한다.
(5) 지역노인을 초청하여 사랑의 식탁 함께 나누기를 한다.

3. 목표 3: 구조변화

1) 변화목표

교회공동체는 노인에게 대하여 노인이 대상이 아닌 주체로 인식하여야 한다. 노인교육에는 세 가지가 있다. 즉 노인의 교육, 노인에 대한 교육, 노인을 위한 교육이 그것이다. 우리는 모두가 노인이 된다. 그러므로 노인에 대한 관심을 갖고 노인에게서 나타나는 언어, 종교, 풍속, 가치관, 삶의 양식, 문제 해결방법 등을 통해 나타나는 지배적인 가치관을 알아야 한다. 신의 모든 피조물들은, 그들의 지속적인 존재의 가치와 그들에게 적절한 활동과 성취의 가치 모두가 존중되는 대우를 받아 마땅하다. 노인문화란 우리 사회가 갖고 있는 노인에 대한 인식과 가치관을 말한다. 노인에 의한 자원봉사단을 조직하여 바람직한 노인문화정립을 하는 것이 필요하다.

2) 행정목표

(1) 큰사랑실버라이프(노인대학)를 개설하고 노인자원봉사프로그램을 만들어 자원을 공급한다.

(2) 노인선교회를 조직하여 취업에 대한 정보수집과 노인자원봉사의 분야 조사 및 기능훈련을 통한 사회 참여 기회를 만든다.

(3) 노인들에게 MBTI(Myers-Briggs Type Indicator)[176]을 실시하여 해당 은사별로 노인자원 봉사 팀을 조직한다.

---

176) MBTI(Myers-Briggs Type Indicator)검사기록: 네 가지 선호지표를 조합하여 만들어진 열여섯 가지 성격유형 도표는 MBTI를 효과적으로 이해하고 응용하는 기초가 된다. Myers와 Briggs가 고안한 이 도표는 생각이 많은 내향성은 도표의 위쪽 두 줄에, 적극적이고 활동적인 외향성은 도표의 아래쪽 두 줄에, 감각형은 도표의 왼쪽 두 줄에, 직관형은 도표의 오른쪽 두 줄에 배치하였고, 분석적이고 논리적인 사고형은 도표의 왼편과 오른편에 배치하고, 관계지향적인 감정형은 도표의 중앙에 배치시켰습니다. 정리정돈을 잘하는 판단형은 도표의 아래위로 배치하고, 개방적이며 때로는 즉흥적인 인식 형은 도표의 가운데로 모아놓았다. 이 유형도표는 사람들 간의 상호 작용을 쉽게 이해할 수 있도록 해줌으로 서로가 서로를 더 잘 알 수 있는 세상을 만드는 데 도움을 주고 있다. 열여섯 가지 유형의 성격은 다음과 같다. 세상의 소금형, 임금 뒤편의 권력형, 예언자형, 과학자형, 백과사전형, 성인군자형, 잔다르크형, 아이디어뱅크형, 수완 좋은 활동가형, 사교적인 유형, 스파크형, 발명가형, 사업가형, 친선도모형, 연변능숙형, 지도자형이다.

제2절 전략개발

1. 노인교육 필요성, 종류, 방법들

1) 노인교육 필요성

노인교육의 정의에 대하여는 노울스(Knowles, 1978)는 "성인교육은 자율적이고 독립적이며 책임감을 지닌 성인남녀가 참여하는 조직적, 의도적, 지속적인 형태의 학습행위이다"라고 정의했으며, 유네스코(UNESCO)는 "성인교육은 개인의 행동과 태도에 변화를 주는 모든 교육활동"이라고 정의하였다. 또한 피터슨(peterson, 1990)은 "노인을 위한 그리고 노인과 노화에 관한 교육적 노력의 실천과 연구"라고 했고, 자비스(Jarvis, 1990)는 "노인들을 위한 교육, 노인과 노화에 관한 교육, 그리고 노인과 관련된 직업을 가진 이들을 위한 교육의 세 분야를 포함하는, 노인들을 위하나 그리고 노인들과 노화에 관한 교육적 노력의 연구와 실천"라고 하였다.

한정란은 "노인을 위한 교육, 노인과 노화에 관한 교육, 노인에 의한 교육을 모두 포함하는 동시에, 이미 노인이 된 사람들 뿐 아니라 언젠가는 노인이 될 사람들까지를 포함하며, 학습자로서의 노인뿐 아니라 학습의 자료와 교수자로서의 노인까지를 포함하는 노인과 노화에 관련된 이론적·실천적 교육 노력"으로 정의하였다.

현대사회에서의 노인의 지위와 영향은 크게 변화되었다. 현대사회가 도시화, 산업화된 이후 계속적으로 전산화, 정보화, 우주화, 세계화되면서 노인들은 시대에 뒤떨어진 쓸모없는 존재층이 되어 버렸고 노인의 위치가 불안정하게 되었다.[177] 무엇보다도 산업구조의 변화로 인해 가정의 경제권이 생산성이 우수한 젊은층으로 옮겨갔고 경제적 자립능력이 없는 노인은 부양을 받아야만 하는 의존적 존재로 전락하게 되었다.

노인들과 동거하기를 원하지 않는 경향도 점점 증가하고 있고, 노인들끼리 살려는 가구의 비율이 해마다 증가하고 있어서, 노인의 고독과 빈곤은 큰 사회적 문제가 되어 가고 있는 것이다. 조기퇴직 현상, 잉여 노동현상, 노인우선 배제 현상 등은 노인문제의 심각성은 더 해가고 있다.

사회적인 지위와 역할을 대부분 상실한 노인에 대한 일반적인 사회적 평가는, 존재가치가 저하되고 고집이 세고 거부반응이 강한 특성을 가지고 있다는 것이다. 이러한 이유에서 노인은 사회적 참여나 이익을 취하고자 하는 기회를 더욱 잃게 된다. 인간은 사회적 동물이기 때문에 사회 속에서 자신의 위치와 역할을 찾고 타인과의 관계 속에서 자신의 가치와 의미 있는 존재임을 확인하려고 한다.

이러한 현실은 교회 안에서도 크게 다르지 않다. 교회 성도층이 점차 노령화되어 가고 있음에도 불구하고 노인이 주체적으로 참여할 수 있는 자리는 점점 줄어들고 있다. 교회는 노인과 관련된 문제들을 다각적인 측변에서 연구해야 할 필요가 있으며 특히 여전히 학습대상에서 제외되고 있는 노인을 위한 기독교 교육적 해결방안을 시급히 마련해야 한다. 그 이유는 첫째, 노인문제의 원인이 매우 복합적이며 둘째, 노인도 경우에 따라서는 미래 사회에서 필요한 존재가 될 수 있기 때문이다. 또한 셋째, 노인의 정서적 자립을 위한 의식화와 노인의 잠재력 개발과 같은 교육적 접근이 노인문제 해결에 근본적인 도움이 될 수 있기 때문이다.

노인들에게 교육적 프로그램을 제공할 때에도 노인들의 전반적인 특성을 고려해야 하는데, 이 점에 대하여 허정무는 다음과 같은 점들을 제시하였다.

---

177) 손인수, 한국교육사상사 Ⅲ, (서울: 문음사, 1989), 610-615.

① 학습재료는 가능한 한 의미가치가 높고 노인에게 익숙한 것을 채택할 것.

② 학습재료는 추상적인 내용이 아니라 구체적인 사항을 선정할 것.

③ 학습은 시간제한 없이 학습재료 제시 시간과 응답에 필요한 시간을 스스로 조절하도록 할 것.

④ 성공의 경험을 제공해 주기 위하여 긍정적인 강화와 격려를 관대하게 많이 제공할 것.

⑤ 짧은 기간 안에 성취감을 맛볼 수 있도록 장기목표보다 단기적 학습목표를 단계적으로 여러 개 세울 것.

⑥ 피로감을 느끼지 않도록 학습, 훈련기간을 짧게 잡고, 휴식시간을 빈번하게 가질 것.

⑦ 신체적 기능(신체운동 등)을 학습시킬 때 교사는 구두설명에 그치지 말고 노인으로 하여금 직접 실습토록 할 것.

⑧ 기타 비인지적 요인을 동시에 고려할 것.(학습동기, 고령자에 대한 사회적 고정관념 불식, 자존심 손상에 대한 불안감의 극복)

⑨ 학습자인 노인의 신체적 조건(시각, 청각 장애 등)에 적절하게 대응할 것.(실내조명의 밝기, 교재활자의 크기, 시청각 기구의 이용, 강의할 때 목소리 높이기 등)

⑩ 신체적 건강은 물론 정신 건강도 높은 수준으로 유지하도록 노력할 것.(허정무, 188.)

교육이념의 일환으로 '노인교육'이라는 과제가 제시된 것은 1919년 영국의 휫셔 보고서(Fisher Report)가 발표되면서부터 시작되었다. 즉 이 보고서는 인간이 한평생 공부를 계속해야 함을 강조하였고, 그 당위성을 이론화, 체계화하려는 노력을 보여주었다. 평생교육(life-long education)이란 한평생 동안 계속 행해지는 형식적 또는 비형식적인 교육활동의 총체를 의미한다.

평생교육은 평생교육의 제창자 Paul Lengran에 의해 유네스코를 중심으로 순환교육 또는 지속교육이라는 개념으로 등장하게 되었는데 1972년 유네스코 제17차 총회에서 채택된 보고서를 시초로 삼고 있다. 유네스코는 '요람부터 무덤까지', 즉 일생을 통해 교육의 과정을 전체적으로 통합할 필요성을 강조하게 되었고 이에 교육과정을 만들어 활동할 수 있게 하는 원리로서 평생교육을 제기하고 이를 채택하여 유네스코 기본 교육사업으로 규정했다.

랑그랑은 평생교육을 급변하는 현대사회구조 변화와 인구증가에 따르는 시대적 요청으로 받아들여야 하고 생활유지 발전을 위한 직업적 요청으로 설명하고 있다. 노인교육이야말로 평생교육의 일환으로 이루어져야 할 것이다.

노인과 관련하여 평생교육은 현재 생활을 위한 명제를 전제로 하고 있고, 인간성장을 다루는 모든 교육을 재통합하는 교육이어야 한다. 또한 연령과 장소와 제도의 제한을 받지 않고 개인의 삶의 질을 향상시켜 사회발전에 기여하게 됨을 목적으로 하여야 할 것이다. 평생교육의 체계가 실현되는 사회에 있어서는 지금까지는 없었던 광범위한 학습기회를 제공할 수 있고 다양한 학습욕구를 충족할 수 있다.[178]

평생교육은 노인에게 있어서 삶의 재창조라는 뜻에서 보다 큰 의미와 가치가 있다. 또한 무기력함, 소외감, 무료함, 고독함, 실망감, 무감각 등 부정적 정서에 시달릴 수밖에 없는 노인들로 하여금 새로운 창조적 삶에로의 도약을 시도해 볼 수 있는 계기와 능력을 마련해 주는 교육이 될 수 있는 것이다.

한국의 경우 1982년 5월 8일 제1회 노인의 날 기념식에서 처음으로 공포된 대한민국노인헌장은 노인문제 대안의 중요한 기초가 되었고 평

---

178) 김도수, 평생교육, (서울: 양서원, 1994), 47-50.

생 사회교육 차원에서 노인들에게는 적극적 교육기회를 제공하게 되는 하나의 기틀을 마련하였다. 평생교육 차원에서 노인은 그 가치와 인권이 보장되어야 한다.

보건복지부(2000)의 자료에 나타난 전국의 노인 복지시설 현황과 노인교육기관 및 프로그램 실태조사 분석연구(1999)에 나타난 전국의 노인교육기관 설치현황을 비교 제시하면 〈표 5〉와 같다.

〈표 5〉 노인교육기관의 설치현황

구분	노인교실	대한노인회소속	천주교	교회	①+②+③중복 수	노인복지회관	사회복지회관	①+②중복 수	소계
전국	468(262)	277(186)	93(14)	227(23)	842	109(34)	318(39)	352	1194

이러한 상황 속에서 고령화 사회 준비에 대한 필요성의 고조로 인해 교육인적자원부는 노인교육에 더욱 관심을 보이게 되었고, 그 결과 1999년 12월에 21세기 고령화 시대에 부응하는 행복한 노년준비와 고령인력자원화를 위하여 체계적이고 종합적인 노인교육 활성화 기본계획을 수립하게 되었다. 교육인적자원부에서 제시하는 21C 고령화 시대에 부응하는 중앙정부중점시책 〈표 6〉과 각 기관의 노인교육 내용을 보면 다음과 같다.

〈표 6〉 '행복한 노년준비와 고령자인력자원화 계획'

구분	중 점 시 책
중앙	-초중등, 전문대 및 대학 등 각급학교를 활용한 고령화 사회를 대비한 평생교육기회 확대 방안. 노인교육 전문가 및 지도자 양성을 통한 노인교육의 전문화 도모. -노인 단기대학(Elder Hostel)운영을 위한 시범운영 기획과 이를 위한 기초연구사업. -노인교육교재 및 프로그램 개발, 노인교육 지침서 개발을 통한 향후 종합계획 수립. -국가 및 지방자치단체의 노인교육 행, 재정적 지원을 위한 계획 수립. -고령인력자원화 방안으로서 퇴직 전 노후준비교육과 퇴직 후 교육을 통한 고령인력자원화 준비, 노후준비교육을 통한 퇴직교원의 지역사회 인적자원화.

대학별 평생교육원의 교육과정 중 노인관련과정이 개설되는 학교와 교과내용을 소개하면 〈표 7〉과 같다.

〈표 7〉 대학에서의 노인교육 운영현황

대 학	교 과 내 용	연령제한	수업료(만 원)
건국대학교	실버넷 운동	55세 이상	무료
경희대학교	노인복지전문지도자 과정	–	48
고려대학교	노인복지전문가 과정	–	55
계명대학교	노인교육담당자 및 전문가 양성과정	–	무료
대구대학교	사회지도자과정(노인대학)	60세 이상	–
명지대학교	노인복지(노인복지전문가 양성과정)	–	–
상지대학교	사회복지와 자원봉사. 노후준비과정	없음	7.5
서울여자대학교	노인교육담당자 및 전문가 양성과정	–	무료
성신여자대학교	노인복지 전문지도자 과정	없음	40
아주대학교	노인건강관리전문가	–	–
울산대학교	실버스쿨	–	–
이화여자대학교	노인교육지도자 전문 과정	–	45
인하대학교	노인교육담당자 및 전문가 양성과정(1/2기) 에버그린 아카데미(실버교육과정)	없음 55세 이상	무료 20
전북대학교	노인교육 지도사 노인은 즐거워 노인교육담당자 및 전문가 양성과정(1/2기)	– 60세 이상 –	14 5 무료
제주대학교	노인교육 담당자 및 전문가 양성과정(1/2기)	–	무료
창원대학교	노인교육	60세 이상	무료
청주대학교	노인교육 담당자 및 전문가 양성과정(1/2기) 노인교육지도자전문교육. 은퇴자 자원봉사		무료
한림대학교	노인교육 담당자 및 전문가 양성과정(1/2기)	–	–
한국체육대학교	평생건강교실	–	–
한성대학교	노인복지 지도자	–	무료
김천대학교	평생교양대학과정 실버인터넷	50세 이상 50세 이상	무료
창원전문대학교	노인교육	–	무료
안동과학대학교	평생교육과정 실버넷 운동	– 55세 이상	무료
제주관광대학교	실버넷 운동	55세 이상	무료
천안외국어대학교 (천안대학교)	노인교육 담당자 및 전문가 양성과정(2기) 노인대학. 노인교육 강사 양성과정 노인교육 정보화 프로그램	없음 55세 이상 – –	무료

(자료: 노인교육기관 및 교육 프로그램 연계구축 및 활용방안 연구(2000)자료 보완.)

이 밖에 전국 대학을 중심으로 정보화 소외계층인 55세 이상의 소외
계층에게 무료 인터넷교육을 실시하는 실버넷 운동이 실버넷 운동본부
의 지원에 의해 전국 50여 개 대학에서 2000년 7월부터 실시되고 있다.
실시기관을 소개하면 〈표 8〉과 같다.

〈표 8〉 실버넷 운동 실시대학

지 역	학 교 명
서울(10)	경희대, 한양대, 국민대, 건국대, 광운대, 숙명여대, 이화여대, 숭실대, 명지전문대학, 성공회대
부산, 경남(9)	진주산업대, 부산외대, 창신대, 성심외국어대, 부산정보대, 동의공업대, 춘해대, 대구산업정보대
대구, 경북(9)	경일대, 영진대, 안동과학대, 문경대, 대구미래대, 김천대, 계명문화대, 구미대, 대구산업정보대
인천, 경기(11)	인하대, 인하공업전문대, 가천길대, 성결대, 성균관대, 강남대, 경원전문대, 부천대, 동원대, 경민대, 청강문화산업대
광주, 전남(11)	목포대, 호남대, 광주대, 광주여대, 동신대, 여수대, 동신대, 여수대, 조선대, 순천대, 전남대, 동아진제대, 담양대
대전, 충남(10)	목원대, 한남대, 배제대, KAIST, 충남대, 우송대, 건양대, 공주교대, 선문대, 청운대
강원(3)	영동전문대, 한림정보산업대, 송호대
충북(7)	충북대, 청주대, 충주대, 충청대, 대원과학대, 극동정보대, 도립충북과학대
전북(5)	원광대, 정보과학교육원, 전북대, 서해대, 정인대, 벽성대
제주(3)	제주대, 제주관광대, 제주산업정보대
계	78개 교

기독교교육이란 사람들로 하여금 신국(神國) 비전에 참여케 하여 기
독교신앙을 갖게 하고 기독교가치 체계에 준한 삶을 살아가도록 돕는
지속적, 의도적 노력의 과정[179]이다. 신국(神國) 비전에 가장 적극적으

---

179) Thomas H. Groome, Christian Religious Education: Sharing our story

로 참여해야 할 그룹이 노인임을 감안할 때, 노인들이 이 세상에서의 나머지 인생의 여정 속에서 신국(神國)에 대한 확신과 예수 그리스도와 영원히 함께 한다는 소망과 보람된 삶에 대한 사랑을 더욱 북돋아 주는 교육이야말로 교회 노인들에게 필수적인 과업이라고 할 수 있다.

교회노인교육목회에 대하여 오성춘 교수는 "노인문제와 노인목회의 가능성에 대해 교회가 노인들을 위해 할 수 있는 일들 가운데, 노인들의 불안감, 자신 없음, 소외, 죽음의 공포, 젊은 날을 돌아보면서 하는 후회와 죄책감 등 노인의 영적 필요에 합당한 계획을 수립하는 일"이라고 제시했다. 특히 노인들은 죽음의 문제를 많이 고민하며 생각하고 있다. 왜냐하면, 늙는다는 것은 곧 죽음을 예고하는 것이기 때문이다.[180]

노인의 생리적, 심리적, 사회적, 종교적 특성을 통하여 노인교육의 필요성을 살펴보면 다음과 같다.[181]

첫째, 현대사회 변화에 따라 노인들이 과거에 습득, 축적해 온 지식과 기술이 희석화되어 감에 따라 새로운 사회변화에 적응하기 위한 재적응 교육 및 현대화 교육이 요구된다.

둘째, 과거에 비하여 평균수명이 연장되고 노인들의 건강상태가 보다 향상되었음에도 불구하고 강제정년에 의하여 노인들은 일정연령에 이르면 여전히 사회 현장으로부터 밀려나야 한다. 건강하고 일을 계속 할 능력을 가진 노인들에게 재취업 및 재배치의 기회를 제고하기 위한 노력이 요구되는데 이에 필요한 교육이 필요하다.

셋째, 건강 및 영양상태의 개선, 의료와 과학기술의 발달에 따른 노령기의 확대연장에 대비하여 보다 창조적으로 노령기를 영위할 수 있도록 도울 수 있는 노령기 대비교육 및 노령기의 여가활용 교육이 요구된다.

---

and vision, (San Francisco: Harper & Row Pub, 1980), 25-26.

180) Paul Tournier, Apprendre a Vieillier(1971), 한준석 역, 노년의 의미, (서울: 종로서적, 1980), 232-235.

181) 김동일, 노령화의 의미, (서울: 대한노인회, 1982), 50.

넷째, 노령인구의 상대적인 증가와 사회변화 주기의 단축으로 세대 간의 문제가 심각해지고 있어 세대 간의 이해를 확대하고 세대 간의 접촉 기회를 제공함으로써 세대차를 극복 혹은 완화할 수 있는 교육적 노력이 요구된다.

다섯째, 노인의 종교적 욕구충족을 위한 특별한 계획 수립이 요구된다. 노인들이 인생후반에 맞게 되는 불안감, 소외, 죽음의 공포 등에서 벗어날 수 있도록 노인의 영적 필요에 따라 합당한 교육적 계획을 수립해야 한다.

2) 노인교육 종류

(1) 사회통합교육

노인 교육이 한 개인의 자아통합을 이루기 위한 교육뿐만 아니라 현재 삶 속에서 주체성을 갖게 하고 삶의 질의 변화와 그들의 보유한 지식과 경험을 사회에 유익하도록 쓰임받기 위한 사회통합교육이 절실히 요구된다. 사회재통합에 성공한 사례들은 곳곳에서 발견될 수 있다.[182] 교회 안팎에서 노인들은 자기 자신의 문제뿐만 아니라 이웃사람들의 문제들을 해결하기 위해 신앙으로 위로 해 주고 기도로 용기를 부어 넣어 주는 예를 많이 볼 수 있다. 구체적으로 노인의 지식과 경험을 활용하기 위한 프로그램을 개발하고 이에 적극 참여케 함으로써 노인들의 삶을 성숙하게 이끌 수 있도록 해야 할 것이다.

(2) 인간관계교육

노인들의 인간관계를 위한 교육프로그램들은 동년배 친교, 가정에서 인기 있는 노인, 대접과 노인, 노인부부관계, 효와 노인의 역할, 훈련캠프, 노인 가정관리, 젊은 세대에 대한 이해, 며느리의 사회 참여 이해,

---

182) J. P. Guilford, The Nature of Human Intelligence, (New York: Mcgraw Hill, 1967), 316-319.

삼대초청의 밤, 양손자 손녀 맺기, 어린이 어버이 주일 프로그램 동년배 간 또 세대 간의 이해를 증진시키고 건전한 인간관계를 유지발전 시키기 위한 다양한 프로그램들을 계획하고 실시할 수 있다.

(3) 건강교육

노인이 가정에서 교회에서 사회에서 그 지위와 역할을 담당하면서 풍성한 보람된 삶을 살아가기 위해서는 정신적, 신체적 건강은 필수적이라 할 수 있다. 노년기에 스트레스는 때로는 결정적인 질병(심장병)으로 이어지면서 죽을 수도 있다. 스트레스를 억누르기만 하거나 참기만 하면 건강을 더욱 해칠 수 있다. 자학하거나 위협을 느끼게 되는 노인 갈등에 대해 교육 상담자에게는 공감적 이해가 필요하고 긍정적 존중이 요구되며 열심히 경청하는 것이 매우 중요하다.[183]

노인의 이야기에 편한 상대가 되어 주는 일, 그래서 화를 풀어 드리는 일, 노인들의 가슴앓이를 경청하는 일 등은 상처를 가볍게 하고 치료도 가능케 한다. 모든 스트레스, 아픔을 같이 느끼면서 그들의 이야기를 듣고 신국(神國)에 대한 소망을 확신시켜 주며 용기를 북돋아 주는 교육프로그램의 개발, 실시가 절실히 요구된다. 직접 만나는 것, 전화를 거는 것, 편지를 보내는 것 등은 꼭 해야 할 일이다. 건강교육을 위해서 다음의 계획 등을 세우는 것이 필요하다.

첫째, 중소 교회는 정기적인 노인건강교육과 전문가 및 노인상담 양성에 힘써야 한다.

둘째, 대형교회는 종합 휴양 센터와 노인상담 지원 센터를 만들어 중소교회와 연합, 또는 지원할 수 있다.

셋째, 중소, 대형교회는 여가선용을 위한 교육프로그램을 구체적으로

---

183) 장종학, 노년 갈등에 대한 지원 상담 이해, (서울: 장로회신학대학교 기독교교육원, 1994. 8.), 96.

계획, 실시하여야 한다.

(4) 취업을 위한 교육

교회가 생산 활동에 참여할 수 있는 능력 있는 노인들을 교육해 냄으로써 재정적인 수입도 올리고 성취감과 보람도 갖게 될 때, 하느님 앞에 감사하고, 이웃에게 감사하는 삶으로 나아가게 할 수 있을 것이다. 정부와 기업은 노인에 대한 일자리를 창출할 수 있는 환경을 조성하여야 한다. 그렇게 함으로써 노인들도 이 사회, 국가, 더 나아가 세계에 쓸모 있는 사람으로서 사회 통합을 이루게 될 것이다.

3) 기독교 노인교육의 방법

(1) 감명을 주는 방법

노인교육에 있어서 일반적으로 적절한 방법으로는 감명과 인상을 줄 수 있는 강의방법을 우선적으로 채택할 수 있다. 노인학습자들에게 감명을 줄 수 있는 방법은 듣고, 보고, 느끼고, 만져 봄으로써 학습자를 참여시켜서 목적을 위한 내용에 깊은 인상을 남기도록 하는 방법이다.[184] 효과적인 강의가 되기 위해서 무엇보다도 강의하는 사람이 고도의 기술을 터득해야 한다. 교사만의 일방적인 교수가 되지 않기 위해 학습자에게 참여의 기회를 부여하는 강의가 되어야 한다.

노인학습자에게 감명을 주는 방법으로 예배만한 것도 없을 것이다. 예배는 하느님과 인간 사이에 하나의 대화이며 깨달음으로 이끄는 크리스천 삶에서 핵심이 되는 부분이다.[185] 기독교 공동체의 관심은 코이

---

184) G. A. Peterson 편, 이정효 역, 성인기독교교육, (서울: 도서출판 마라나다), 110-112.

노니아이다. 코이노니아는 그 속에 하느님이 현존성이 들어있는 공동체로서 인간 공동체를 초월하는 공동체이다. 이것은 예배나 여러 가지 표현방식으로 상징화된다.[186] 예배는 학습방법이라기보다 학습 그 자체라고 말할 수 있다. 예배를 통해서 하느님과 만나는 체험을 하게 되고 하느님께 감사하는 삶으로 인도하는 계기가 된다. 회개하고 결단하는 예배는 말씀, 상징, 행동의 결합을 이루며 음악 등 풍부한 예술적 감성도 만들어 낼 수 있어 기독교 교육적으로 매우 중요하고 의미 있는 하나의 학습방법이 되는 것이다. 노인학습자에게 있어서 예배가 교육적 의미를 살려내기 위해서는 다음과 같은 원리가 지켜져야 할 것이다.[187]

첫째, 예배는 하나의 형식적 프로그램이 아니라 하느님을 섬기는 일이다.
둘째, 예배는 하느님을 경외함이 있어야 한다.
셋째, 예배는 모든 참여자가 함께 드려지는 것이 되어야 하며 순서를 맡은 사람만의 예배가 아니다.
넷째, 예배가 현존 행위 속에서 구체화될 수 있도록 평소에 예배를 통한 하느님과의 만남에 대해 명확하게 설명해 줌으로써 학습자가 스스로 마음을 열고 진지한 예배를 드릴 수 있도록 순서마다 충분한 준비가 있어야 한다.

노인들은 시간과 여가가 많으므로 예배를 통하여 마음으로 듣는 하나님의 말씀을 만나게 한다면 노인들의 마음의 터를 통하여 신국(神國)을 건설할 수 있다.

(2) 표현을 통한 방법

기독교노인교육에 있어서 표현을 통한 방법은 학습자로 하여금 말이

---

185) G. A. Peterson 편, 이정효 역, Ibid., 113-123.
186) 루이스 J. 셰릴. 김재은. 장기옥 공역, 만남의 기독교교육, (서울: 대한기독교출판사, 1981), 70-77.
187) 정웅섭, 기독교교육개설, (서울: 대한기독교교육협회,1982), 350-351.

나 행동을 통해 학습에 맞는 느낌, 이해, 반응을 표현하도록 하는 방법이다.[188] 표현방법은 노인의 기본적 욕구인 흔적을 남긴다거나 호기심을 가진 부분에 관심을 갖고 알리고 싶어 하는 욕구에도 적합한 방법이라 할 수 있다. 이야기 법(storytelling), 토의법, 소그룹 워크 숍, 연극법 등도 좋은 표현방법이 될 수 있다.

이야기 법은 어린이에게 유용한 방법인데 노인들에게도 효과적인 방법이 될 수 있다. 한 목소리의 대화형식으로 변형시킨 방법인데 유능한 교사에 의한 이야기뿐만 아니라 노인학습자 자신이 이야기를 통해 자신을 표현할 수 있도록 하는 것도 좋은 방법이 될 것이다. 이야기법이 효과적으로 사용되기 위해서는 연사의 재능도 문제가 되지만 학습자의 흥미와 관심에 맞추어야 하며 이야기 주제가 교육목적과 일치되어야 하며 말로만 아닌 전인격적으로 표현해야 한다.[189]

이야기는 세계관을 형성하는 벽돌과 같은 것이며, 불확실하고 혼란스러운 삶을 극복하는 데 매우 유익하다.[190] 미국인 신학자 스탠리 하우어와스(Stanley Hauerwas)는 「성품을 바탕으로 한 공동체」(A Community of Character)[191]에서 교회가 이야기 중심의 공동체로 그 정체성을 재발견해야 한다고 역설하고 있다. 이야기는 핵심가치를 나눌 수 있는 기회를 제공하는 것이다.

특히 교회에서의 간증은 시간이 지남에 따라 생기를 잃어버린 조직의 용어에 생명을 불어넣어 준다. 살아 있는 경험이 잘 다듬어진 논리적인

---

188) G. A. Peterson(1991) 편, 125-139.

189) Wayne R. Rood, The teaching christianity, (Nashville: Abingdon Press, 1968), 91.

190) Michael Frost, Eyes Wide Open Seeing God in the Ordinary, (Australia: Albatross Books, 1999), 105.

191) Stanley Hauerwas, A Community of Character: Toward a Constructive Christian Social Ethic, (Notre Dame: University of Notre Dame Press, 1981)을 참고하라.

이론에 감정과, 때로는 열정을 입혀 준다.[192] 이야기들은 사람들에게 지대한 영향을 미칠 뿐만 아니라 영향력을 일으키는 도구인 것이다.

(3) 참여를 통한 방법

이 방법은 공동으로 노인의 신체적 특성, 특정한 상황을 고려하여 적당히 선택된 학습활동에 공동으로 능동적으로 참여하여 상호 교류하는 학습효과를 얻고자 하는 방법이다. 이 방법이 최선이 되기 위해서 학습을 계획하는 일과 목표를 설정하는 것 등 모든 학습의 절차와 시종을 학습참여자가 함께 진행하는 것이 특징이다. 이 방법의 효과를 더욱 높이기 위해서 그룹 활동의 크기, 분위기, 시간, 필요시설 및 지표에 대한 문제가 구체적으로 연구 검토되어야 한다.[193] 이 방법은 노인학습자가 실제로 학습에 참여하기 때문에 살아 있는 교육을 할 수 있다는 장점이 있는 반면에 목적과는 무관하게 활동자체에만 치중하게 되는 단점이 있다.

현장담사 및 견학, 관람, 방문 등은 노인들에게 있어서도 중요한 방법이다. 고대문화재와 고적들을 탐사한다거나 박물관, 미술관, 박람회, 동식물원, 기념관 등을 견학하여 과거와 현재와 미래를 거처 전통이 주는 의미를 터득하게 되며, 노인에게 합당한 영화, 연극, 음악, 체육 등의 영역을 체험하고 각종 전시회장을 관람하여 정서적으로 메말라 있는 노인들에게 자극의 계기가 되게 한다. 고아원, 양로원, 병원 등을 방문하여 어려움을 함께 나누는 체험을 갖도록 하는 것도 깨닫고, 느끼고, 행하는 전인적 교육방법이 될 수 있다.

---

192) Ed Young & Andy Stanley, Can We Do that? 2002, 김희수 역, 창조적 목회 프로젝트 24, (서울: 국제제자훈련원, 2004), 162.
193) G. A. Peterson 편, Ibid., 117-126.

2. 노인자원봉사교육 필요성, 이익들, 프로그램

1) 노인자원봉사교육 필요성

자원봉사란 봉사자가 지역사회와 이웃에 대한 책임과 공동체 의식을 가지고 자발적으로 아무런 물질적 보상을 기대하지 않고, 자신이 갖고 있는 시간, 재능, 기술, 물질 등을 제공하여 자아를 실현하고 복지사회를 건설하는 시민참여활동을 말한다. 노인자원도 자원봉사로 활용될 때 청지기로서 사명을 감당하는 것이다. 인간은 존재론적 능력이라기보다는 청지기 능력에 있어서 이 특별한 자리를 차지하고 있다.[194]

현대사회의 기술적 진보에 의한 필요 노동력 감소와 제조업의 재배치, 대기업의 구조조정 등으로 인해 다수의 중년 및 전기노인의 생산능력 활용률이 크게 감소하고 있다. 이에 반해 상대적이지만 경제적으로 안정된 노인인구의 증가와 교육 및 건강수준 향상 등으로 인해 은퇴 후에도 노동이 가능한 노인인구의 숫자는 늘어나고 있다. 특히 현재의 장년층이 노년기를 맞게 되는 가까운 미래에는 지금의 노인층보다 평균수명이 길어지는 것은 물론 교육수준도 급격히 높아질 것으로 예상되며, 이로 인해 자원봉사 참여 희망자 증가는 물론 다양한 자원봉사활동 경험 규모의 증대로 이어질 전망이다.

인류는 하나라고 믿었던 간디는 모든 사람에 대한 봉사라는 맥락에서 봉사를 규정했다. 간디는 다음과 같이 쓰고 있다. "개인적 봉사는 보편적인 봉사로 융합될 때에 비로소 가치 있는 봉사가 된다." 간디에 따르면 모든 봉사 행위는 진실과 폭력을 거쳐야 하고, 어떤 그룹에 대한 봉사든 인류 전체에 도움이 되어야 한다는 것이다.[195]

---

194) Paul Santmire는 The Travail of Nature, 42에서 이와 같이 대조하고 있다.

195) Keshavan Nair, A Higher Standard of Leadership, 김진옥 역, 섬김과 나

간디가 주장하는 봉사는 도덕적 지상명령에 근거하고 있다. 즉 다른 사람에게 봉사하는 것은 그렇게 하는 것이 올바르기 때문이라는 것이다. 이처럼 가치관에 근거한 봉사를 수행하면 그 보답으로 개인적인 보람과 만족감을 얻을 수 있다. 리더십을 한 단계 높은 규범으로 이끌어 줄 중단 없는 봉사정신을 갖기 위해서는 가치관에 근거한 접근법이 필요하다.[196] 실제로 중산층 50대 남자를 대상으로 실시된 최근의 한 조사에서 자신이 은퇴했을 때 자원봉사에 참여할 의사가 있는가를 묻는 질문에 대해 총 응답자 451명 중 73.6%가 이를 원하는 것으로 조사된 바 있다. 따라서 보다 장기화된 노년기를 보람 있고 행복하게 보낼 수 있도록 노인 및 조기은퇴인구에 대한 새롭고 적극적인 역할 부여가 시급한 과제로 떠오르고 있다.

여기에서 노인 자원봉사활동의 필요성이 대두되는데, 자원봉사활동은 지역사회와 이웃을 돕는 다양한 이타적 행위를 통해서 사회 내의 부족한 서비스의 틈새를 메우는 것이다. 특히 노인 자원봉사활동은 은퇴한 노인들이 느끼기 쉬운 무력감과 고독감을 해소하고 생활의 활력과 보람을 유지하면서 새로운 사회관계 형성과 재사회화의 기회를 제공하여 노인의 자아실현을 돕는 가장 바람직한 사회 참여활동 중 하나라고 할 수 있다.

인간은 존재론적 능력이라기보다는 청지기 능력에 있어서 이 특별한 자리를 차지하고 있다. 지금까지 우리나라 자원봉사자들은 청소년층이 많았고, 심신이 허약하고 생활능력이 없는 노인들은 이들 자원봉사자들의 도움을 받아 왔다. 앞으로 심신장애나 허약한 노인들은 계속봉사자들의 정성어린 마음과 따뜻한 손길이 필요할 것이다. 노인에 의한 자원봉사는 노인을 자원봉사의 수혜대상으로부터 제공자로 그 위치를 전환

눔의 경영자 간디, (서울: 씨앗을 뿌리는 사람, 2001), 90.
196) Ibid., 89.

시키며, 이는 고령화 사회의 노인에 대한 기대와 요구이다.

이러한 노인 자원봉사활동의 의의를 뒷받침하는 여러 연구들이 있는데, 대개 타인을 돕는 데 참여한 노인들이 그렇지 않은 노인들보다 더 큰 심리적 행복감을 느낀다고 제시하고 있다. 또 Luciani의 연구에서도 '자원봉사를 하는 노인들이 자원봉사를 하지 않는 노인들보다 생활만족도와 행복의 정도가 높다'고 나타났으며, Bernard의 연구에서도 '노인들이 자원봉사를 하면 잃는 것보다 얻는 것이 많으며 특히 노인의 정신적·육체적 건강을 돕고 뜻하지 않은 경험의 기쁨도 얻게 된다'고 하였다. 국내 연구들에서도 노인의 자원봉사 참여가 여가시간 활용, 친교, 소속감을 높여 고독감을 해소시켜 주고, 생활만족도도 높여 주는 것으로 보고 되고 있다.

한편 지금까지 노인들은 대개 누군가의 도움을 받는 집단이지 누군가를 돕는 주체로서 인식되지 못했었다. 이러한 사회적 편견은 노인이 사회·경제적으로 무력하고 신체적으로도 타인의 도움을 필요로 한다는 부정적 인식에 기인하는 것이다. 그러나 근래에 와서 이러한 편견들을 깨는 많은 증거들이 있다. 노인들에게도 자신뿐만 아니라 남을 위해 헌신하고자 하는 욕구가 있다. 그러한 헌신과 봉사를 통하여 자아개념을 충족시키고 스스로 만족을 구할 수 있다. 지역사회활동에의 참여, 의료보건 및 사회복지기관, 종교단체에 대한 자원봉사활동에 참여함으로써 노인의 자존심을 유지하고 개인적 지위를 향상시킨다.

즉 노인들은 사회적으로 유익한 봉사를 하고자 하고 지역사회의 일원으로 인정받기를 원하며 많은 여가 시간이 만족스러운 방법으로 충족되길 원하되 정신적인 만족을 원하고 있으므로 노인들의 동료집단과 사회모임 참여나 활동이 전반적인 노인의 생활만족도를 향상시켰으며, 자신의 은퇴나 배우자의 죽음에 대한 상실감을 심리적으로 보상해 준다고 한다.

특히 자원봉사활동이나 사회모임, 종교모임에 참여하며 여가를 보내는 노인일수록 생활만족도가 높다고 하였다. 이는 사회봉사활동이 노인으로 하여금 자신이 아직도 사회에 필요한 존재라는 것을 느끼게 해 주고, 긍정적인 자아상을 유지하는 데 크게 영향을 미치며, 자부심 만족감 그리고 자신감을 갖게 해 주기 때문이다. 그러므로 노인의 사회봉사활동 참여는 노년기의 생활을 더욱 풍요하게 하며 생의 만족감을 높이는 데 크게 기여한다.

2) 노인자원봉사의 이익들

노령기에 주어진 여가시간의 일부 또는 전부를 자원봉사활동에 참여하여 보내는 것이 자기 자신과 사회에 어떠한 이익과 의의를 가져다주는가를 살펴보면 다음과 같다.

(1) 개인에게 주는 이익

첫째, 퇴직으로 상실되었던 사회적 지위와 역할을 보충해 준다는 것이다.

둘째, 자원봉사활동에의 참여는 사회의 일선에서 물러나 자칫하면 상실되기 쉬운 자신의 사회적 가치성을 회복하거나 유지할 수 있게 해 주어서 아직도 자신이 사회에 유용하고 주요한 존재가 되고 있다는 가치를 갖게 된다.

셋째, 자원봉사에의 참여는 노년기에 있어서의 자아상을 긍정적으로 유지시켜 주고 자존심을 유지, 향상시켜 줄 수 있다.

넷째, 자원봉사활동에의 참여는 소외감을 극복하는 데 유익하다.

다섯째, 자원봉사활동에의 참여는 자기 성장과 자아실현을 돕고 창의성과 책임성을 발휘할 수 있는 기회를 제공해 준다.

(2) 사회에 주는 이익

첫째, 자원봉사활동에의 참여는 노화 또는 노인에 대한 인상을 긍정적으로 바꾸어 놓는다.

둘째, 자원봉사활동에의 참여는 노인이 아닌 다른 사람들이 노인을 보는 인상을 새롭게 하는 데 도움이 되는 것은 물론 노인이 스스로 노인을 보는 인상도 긍정적으로 만든다.

셋째, 자원봉사활동에의 참여는 무엇보다도 사회에 봉사하고 사회를 발전시키는 데 공헌하게 된다.

〈표 9〉 자원봉사의 이익

이익의 형태	조 사 결 과
건강 상의이익 -육체적 건강 -기능적 건강 -사망률	자원봉사자의 건강이 비자원봉사자보다 더 좋다. 자원봉사활동을 하는 기간 동안 물리적기능이 좋아지거나 유지되었다. 자원봉사자의 사망률이 더 낮다.
심리적 이익 -생활만족도 -자아존중감	자원봉사자의 생활만족도가 더 높다. 자원봉사자의 자아존중감이 더 높다.
사회적 이익 -친교 -사회적 자원	자원봉사를 통해 친교가 증가하고 새 친구를 사귀게 되므로 덜 외롭다. 자원봉사자들은 사회적 기술과 새로운 역할, 더 좋은 사회적 자원들을 얻게 된다.

(Fischer & Schaffer (1993)의 Older Volunteers를 재구성하였음.)

(3) 위계질서와 장유유서를 통한 세대 간 통합전략이 된다.

리더로서 우리는 봉사에 헌신하는 조직을 건설해야 한다. 봉사에 대하여 계몽하고, 다른 사람들이 봉사할 수 있게 훈련시킬 핵심그룹을 형성하고, 실제로 봉사를 행할 수 있는 체제를 만들고, 실행사례를 평가해야 한다. 이런 작업은 그 어느 것도 새로운 것이 아니다. 많은 기업과 자원봉사 단체들이 이 같은 일을 수행하고 있다.[197] 봉사에 헌신하는 조직으로서 고령자들을 핵심그룹으로 활용하는 것은 사회를 건강하게 지키기 위한 훌륭한 전략이 된다.

지금까지 고령자는 지역사회발전에 있어서 중심적 역할을 하기보다는 「존경받음과 동시에 건전하고 편안한 생활을 보장받는」 대상으로만 받아들여지는 경향이 있었다. 그러나 사회에 도움이 되고자 하고, 자신의 삶에 긍지를 가지고 살아가기를 바라는 건강한 연장자는 많이 있을 것이다. 풍부한 인생 경험과 지혜를 가진 연장자이기 때문에 이러한 바람을 실현시킬 가능성을 가지고 있는 것이다. 자원봉사활동을 추진함에 있어서도 연장자의 사회적 역할을 한 번 더 검토하여 보다 폭넓은 시각에서 활동범위를 넓혀갈 필요가 있다. 이렇듯 자원봉사활동 개념을 넓게 이해한다면 연장자의 풍부한 사회적 경험을 살린 활동의 장(場) 또한 무한하게 생각할 수 있을 것이다. 그리고 나아가 연장자 자신들의 힘과 노력으로 자신들의 문화를 창조해 가는 데에 연장자 자원봉사활동의 의미가 있지 않을까 생각한다.

강원용 목사는 현대는 "아기를 낳지 않는 세태, 점점 변해가는 고령화 사회, 노인을 점점 부담스러워 하는 세태가 됐습니다. 연속성을 살리면서 비연속성을 세우는 전통을 세워야 합니다. 이제 노년층을 사회에 너지로 사용합시다. 노인이라는 자원을 역사발전을 위해 제대로 활용해야 합니다"[198]라고 말했다. 막스 베버는 사회통합의 기능을 집단의 결속과 공동체성을 마련해 준다는 의미에서 사제적기능이라고 보았고, 사

---

197) Ibid., 80.

198) 국민일보, 조용기, 강원용 목사 신년대담, 2005년 1월 3일자 5면에서 발췌.

회변혁의 기능을 예언자적 기능이라고 보았다.[199] 교회가 연장자로서의 노인들을 통하여 사회통합의 기능으로서, 사회 속에서 갈등과 긴장을 극복하고 다양성 속에 일치를 이루어 사회질서에 공헌하는 것이 중요한 과제이다.[200]

「연장자」는 풍부한 연륜을 가진 연장시민으로서 통합을 이루는 놀라운 세대 에너지가 될 수 있다. 주부층, 청년층이 행하는 활동 가운데서 연장자라도 가능한 활동을 찾아 주는 것이 아니라, 정말 새로운 시각에서 연장자이기 때문에 가능하고 연장자의 특성을 살린 활동 영역을 찾는 것이야말로 중요하다고 할 수 있을 것이다.

－연장자 자원봉사활동의 네 가지 기본적 관점

연장자의 자원봉사활동을 개개인의 풍요로운 삶을 위한 인생설계(life design) 가운데서 찾아보려 한다면 새로운 방향을 확인할 수 있다. 즉, 대상자와 담당자를 따로 생각하는 것이 아니라, 같은 연장자라는 측면에서 이해할 수 있다. 그리고 새로운 네 가지의 관점에서 자원봉사활동을 재인식하는 것이 앞으로의 활동을 생각할 때 매우 중요하다.

---

199) Max Weber, The Sociology of Religion. trans. E. Fischoff, (Boston: Beacon Press, 1963), 20.
200) 이원규, Ibid., 18-43.

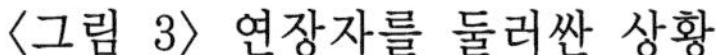

〈그림 3〉 연장자를 둘러싼 상황

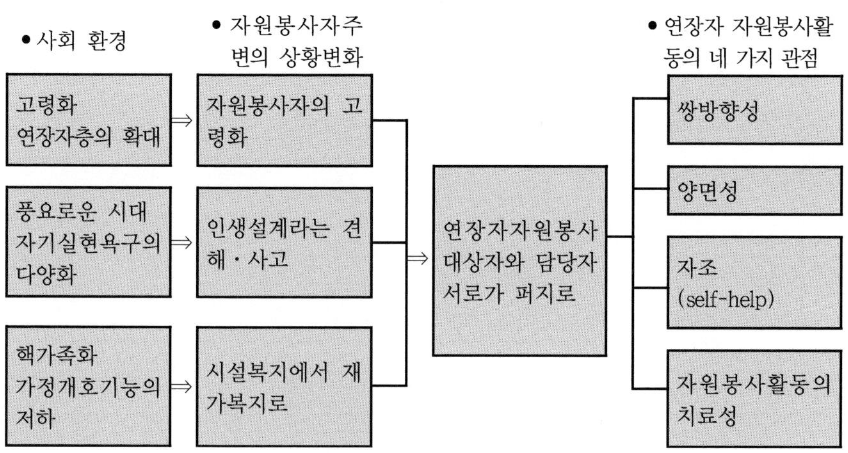

－연장자는 제2인생의 현역이다.

연장자는 일이나 회사, 육아로부터 해방된 연배이다. 바꾸어 말하면 인생의 후반이 되어 새삼스레 자신이 어떠한 존재로 있는가 하는 정체성을 묻게 되는 연배이다. 이는 연장자가 현역으로 일했던 시대의 정체성 즉, 과거 기업에서의 지위나 기업에 부속된 남성의 아내, 또는 누군가의 어머니라는 역할이 더 이상 수행되지 않게 되었기 때문이다. 따라서 연장자는 직위에서 자유로워져 비로소 자기 자신에게 당면한 시간을 살아가고 있는 것이다.

그러한 연장자가 마음 둘 곳을 자원봉사활동에서 찾고 있는 것이다. 물론 연장자 가운데는 완고하거나 사람 사귀는 것이 서툰 사람도 있다. 그것은 고치려고 해도 좀처럼 고쳐지지 않는다. 조정자에게 있어서 중요한 것은 그러한 연장자를 자연스럽게 받아들이는 자세를 갖는 것이다. 연장자가 살고 있는 상황 등에 대해서도 관심을 가지고 살펴서 잘 이해하고 난 후에 접하는 것이 중요하다.

<그림 4> 연장자의 생태도

소 망

- 건강하고 활달하게 살고 싶다.
- 자신의 말을 들어줬으면 한다.
- 이성과 교제하고 싶다
- 경제적인 여유를 원한다.
- 마음이 쓸쓸하다(일상 속에서 마음 둘 곳이 필요하다)

남녀공통의 장점

- 어떤 솜씨나 기술이 있다.
- 인맥이 있다.
- 연륜을 쌓은 사람으로서의 지혜가 있다.

남성에게 많은 문제점	남녀공통의 배려가 필요한 점	여성에게 많은 문제점
• 여성과의 대인관계가 서툴다. • 완고하다. • 한 번 마음먹으면 남의 말을 잘 듣지 않는다. • 회사에서의 직위에 항상 구애 받는다. • 직위관계 외의 대인관계가 서툴다.	• 시력이나 청력이 떨어지고 있다. • 체력이나 기억력이 떨어지고 있다. • 행동반경이 좁다. • 생각하는 것을 귀찮아한다. • 전혀 경제적으로 문제가 없는 사람부터 여유가 없는 사람에 이르기까지 경제력이 다양하다.	• 말이 본 줄거리를 벗어나는 경향이 있고 멈추지 않는다. • 사람의 말을 마음에 둔다.

3) 노인자원봉사교육 프로그램

노인이 할 수 있는 자원봉사 프로그램은 노인분야에 우호방문, 음식 배달, 사랑의 반찬나누기, 쇼핑 돕기, 사교모임, 공중목욕탕동반, 병원동반, 행정서류대서, 편지 써주기, 물리치료 보조, 가사 일 돕기, 간병, 수발, 불우노인 돕기 캠패인 및 활동 참여 등이 있다. 장애인에게 외출보조, 그룹 활동 지원, 물리치료보조, 장애인 돕기 지원, 행사 참여 및 지원이 있다. 미혼모 및 불우여성에게는 말벗, 상담, 윤리 도덕, 기술교육 등이 있다. 지역사회봉사로는 환경쓰레기 줍기(기독교인들은 하느님이 창조주로서 세계에 대해 보여주는 돌봄을 강조할 수 있다. 즉 그들은 신의 주권을 축복을 주는 주권으로 강조할 수 있다.),[201] 소비자 물품 현장조사, 노인교통정리, 부정선거감시[202] 등이 있다. 노인퇴직자 자원봉사프로그램으로 방범, 청소년개인지도, 집수리, 음식은행, 세무법률상담, 전화 걸어주기, 위문방문활동, 방과 후 아이들과 놀아주고 보호지도하기 등이 있다. 양조부모프로그램[203], 노인말벗 프로그램 등이 있다.[204] 그 밖에 임종환자를 위한 위문 및 호스피스 상담 등의 전문인 프로그램도 있다.

---

201) Claus Westermann, Creation(London: SPCK, 1971), 51-53, John Passmore, Man's Responsibility for Nature, (London: Duckworth, 1974), 9.

202) 허정무, 노인교육이론과 실천방법론, (서울: 양서원, 2002), 476.

203) 55세 이상 고령자가 특별한 욕구를 가진 아동, 청소년과 양조부모역할을 해 주는 프로그램이다.

204) 55세 이상 저소득층 노인자원봉사자들이 어려움을 지닌 노인들을 방문하여 도움과 우정을 베푸는 프로그램이다. 자원봉사자들에게는 세금 지불, 식료품쇼핑, 병원예약 등 서비스를 제공해 준다.

제2장 구조변화를 위한 목회전략과 개발

제1절 실천기법들

1. 노인교육

기독교 노인교육은 구체적으로 기독교적 삶의 성숙을 목적으로 한다. 신앙이 성장되었다는 것은 그의 삶 속에서 새로운 피조물로서의 자유와 풍요로움이 이루어지는 삶이며, 평안과 여유 있는 삶으로 모든 사람들에게 모범이 되며, 귀감이 되는 삶이며, 선교에로의 활성화가 이루어지는 삶을 가리킨다.

교회에서 노인을 위한 교육을 한다는 것은 그의 남은 생애가 타자를 위한 삶으로 이어져서 보다 의미 있고 성숙한 삶이 되어야 할 것이다. 선교의 주체로서 노인평신도들도 하느님의 백성으로서 더 이상 성직자의 이념적 종속물이 아니다. 따라서 기독교 노인교육의 목적도 그리스도와의 인격적 관계 속에서 영적 생활을 지속할 수 있기 위한 자의식에 관한 것, 기독교 공동체를 위한 공동체에 관한 것, 더 나아가 회중으로 하여금 그들의 삶의 현실 속에서 책임적 존재로 삶을 살 수 있도록 하는 역사의식에 관한 것으로 확대되어야 한다.

기독교적 삶의 성숙은 곧 활발한 선교적 삶으로 나타나야 하는데, 이는 무책임하고 쓸데없는 사람으로서의 노인이 아니라 세계와 사회, 이웃, 생태계를 위해 남은 바 자신의 모든 것을 희생 봉사함으로써 밝은 세상과 사회를 위해 남은 바 자신의 모든 것을 희생 봉사함으로써 밝은 세상과 사회를 위한 일을 찾고 또 창출해 내는 삶이며 이웃에게 그리스도의 사랑을 심어주는 아주 특별하고 멋있는 노인이 되는 것을 의미한다. 세상을 향해 마음을 열고 사람들에게 따뜻한 관심을 갖고 관용을 베푸는 너그러운 삶이다. 성공적인 노인이 된다는 것은 그의 활동과 역할에 대해 다른 사람으로부터 긍정적 평가를 받고 자아에 대한 긍정적 개념을 갖게 되어 자아통합을 이루는 데에 있다.

노인의 창조적 삶이란 자신의 상태와 기회를 새롭게 인식하고 능동적인 삶을 살아갈 수 있도록 자세를 갖추며 건전한 삶의 경험을 보다 확대시킬 수 있는 삶인 것이다. 이를 위해서 노인들을 위한 교육은 구체적으로 역사의식을 가지고 여러 사람과의 사귐을 통해 보다 원숙하고 폭넓은 인간관계를 유지하도록 하는 교육이어야 한다. 또한 자신과의 관계에서 이러한 문제 해결을 위해 적극적으로 대처할 방안을 모색해 내는 교육이어야 할 것이다.

노인교육을 통하여 모든 생명체의 일치와 거대한 창조의 공동체로서 인식한다면 포스트모던적인 대안이 될 것이다.[205] 기독교 노인교육은 삶 자체가 즐겁고, 생기 있고 보람 있고 참신하고 희망적인 삶, 그리고 몸이 온전히 깨끗하고 강건한 삶을 사는 데 목적이 있다. 이런 삶을 영위하기 위해서 큰사랑교회에서 실천하고자 하는 교육의 분야를 살펴보자.

1) 문제 해결을 위한 교육

1981년 제정된 노인복지법 제2조 1항에 의하면 "노인은 후손의 양육과 국가 및 사회의 발전에 기여하여 온 자로 존경을 받으며 건전하고 안정된 생활을 보장받는다."라고 그 기본 이념을 밝히고 있다. 또한 2항

---

205) J. Moltmann, 그리스도가 계신 곳에 생명이 있습니다. (서울: 대한기독교 서회, 1997), 180.

에 의하면 노인은 그 능력에 따라 적당한 일에 종사하고 사회적 활동에 참여할 기회를 보장받는다. 여러 번의 개정을 통해 노인들의 문제해결을 위한 전문 법령과 시행령을 마련하고 있다.[206]

이제는 노인들 스스로 이 문제를 철저히 관찰하고 분석하여 이에 적응해야 할 것이다. 핵가족, 개인주의 팽배에서 오는 고독과 소외에 따르는 문제, 가족 간의 불화의 문제도 심각하다. 노인들의 심심함, 지루함, 주체할 수 없는 여가시간을 선용할 문제, 사회발전에 재 참여할 수 없는 안타까운 문제, 강도나 절도로부터 안전문제, 혼자 사는 노인들의 안정문제 - 교육 차원에서의 문제, 세대 차이와 사회변화에 대한 이해 부족문제, 은퇴 후의 생활에 대한 정보습득, 건강지식, 재정, 취미 생활, 소외감, 허무감을 극복할 수 있는 삶의 추구의 문제 등 여러 가지가 있다.[207]

큰사랑교회 교회 성도 중 독거노인들의 삶에서 일어나는 문제점을 노인들 스스로 어떻게 해결하였는가를 사례를 통하여 살펴보자.

명 ○○ 권사님은 혼자 사시는 분이신데 73세이시다. 이분은 우울증과 스트레스가 있으며, 항상 숨이 차고 불안하여 가슴이 뛴다고 호소하신다. 그래서 바로 이웃에 김 ○○ 권사님(73세)을 통하여 문제가 생겼을 때 함께 돕도록 했다. 김 권사님은 웬만한 가사 일은 남자 못지않게 다 하실 수 있는 분이시다. 문제가 있으면 수시로 전화하고, 또한 김 ○○ 권사님도 수시로 돌아보게 했다. 하루는 밤 2시에 주방의 수도가 터져서 거실에 물이 차서 넘치는 사고가 생겼다. 명 권사님은 불안증세가 생겨서 혼자서 처리할 수가 없어서 즉시로 김 ○○ 권사님에게 연락을 취했고, 김 권사님은 밤 2시임에도 즉시로 달려가 방 안에 흥건히 고여 있는 물을 처리하고 수도관에서 물이 새는 것을 임시로 처리해 주었다. 지금도 명○○ 권사님은 그때 두 분이 스스로 문제를 해결한 것을 보람으로 알고 계시다.

---

206) 이정효, "한국기독교 노인교육의 과제", 기독교노인교육의 과제와 전망, 기독교교육논총, (서울: 한국기독교교육학회, 2003), 58-59.
207) Ibid., 59.

또한 이분들은 병원 가는 일, 시장 가는 일, 교회 오는 일 등 생활 속에 있을 수 있는 대부분의 일들을 함께 함으로 문제 해결을 위한 봉사를 하고 있으며, 그들의 거주지가 사랑방이 되어 고독과 소외의 문제를 해소하고 계시다.

이와 같이 노인들이 한 팀을 이루어 스스로 문제를 해결할 수 있도록 교회에서는 환경을 지원하고 있다. 구체적으로 큰사랑실버라이프 기구 안에 노인행정을 담당한 사무실을 설치하여, 실버 행정 팀 2인을 두어 옴부즈맨으로서의 상담과 문제 해결을 위한 지원을 통한 노인의료보험 혜택 확장, 세금 혜택 공제, 경로사상 고취교육, 노령연금, 노인교육 과정설치 등을 지원하려고 한다. 자원봉사 팀으로는 간호사인 담당자가 건강 상담 일지를 비치하여 노인들의 건강을 체크하고 있으며, 또한 함께 있어주기와 여가선용을 위한 봉사자를 두어 노인들이 도움이 필요할 때에 전화로 즉시 상황을 보고 하여 문제 해결을 지원하도록 하였다.

또한 기독교교육은 일반노인의 문제들 이외에 영적 문제, 신앙적 문제가 첨가되어 있다. 경제적 빈곤문제, 건강문제, 재취업문제, 여가선용문제, 소외와 고독문제, 이외에 자신의 죽음에 대한 신앙관 확립문제, 기독교 전통과 신앙적 경험을 통한 지혜와 지식을 후대에 전하고 싶은 욕구와 이에 따르는 문제, 교회봉사에 따르는 문제를 해결할 목적도 세워야 한다. 교회노인들은 가족과 이웃에 대한 우주적 영성에 따르는 자기 통합의 문제 등 바로 이러한 문제들을 구체적으로 해결할 목적을 마련해야 할 것이다.208)

---

208) Ibid.

2) 영성과 자아통합교육

영성이란 영적으로 거듭난 사람이 그리스도를 닮기 위하여 하느님과의 수직적 관계와 사람들과의 수평적 관계를 성서적으로 맺고 살아가는 삶의 과정이다. 영성이란 하나의 자아(self)가 그리스도다움(Christlikeness)을 향하여 하느님과의 관계 및 인간과의 관계를 성서적으로 맞으면서 살아가는 과정이다.[209]

자아통합은 인격성숙을 위한 교육이다. 정서적 차원에서의 교육은 취미와 여가를 의미 있게 살려내고 계속 즐겁게 살아갈 수 있는 마음가짐을 위한 교육이다. 소외, 고독, 허무 등 부정적 사고를 적극적 사고로 전환할 수 있는 교육, 예를 들면 가까운 이웃, 친척, 친구, 또 자신과 배우자들에게 닥친 죽음에 대해 심리적으로 대응하는 교육 등이다. 창조적인 교육은 인지적으로 깨달아 알게 되는 인지적 차원과 정서적으로 느끼고 바라는 정서적인 차원과 삶 속에서 실현하면서 터득케 되는 의지적 차원에서의 교육을 모두 포함한다. 교회 노인의 인격성숙을 위한 교육은, 스스로 하느님을, 사랑하고 하느님이 돌보아 주심을 믿고, 하느님과 인격적인 관계를 밀접하게 맺게 하는 것으로서, 이를 통해 노인은 젊은이의 존경의 대상이 될 수 있고 (레19:32, 딤전5:1-4), 지혜의 상징(딤전3:1-7)이 되며, 경건의 징표(창15:15)가 될 수 있는 교육이다.

큰사랑교회의 소망 구역 팀의 사례를 통해 노인들의 영성이 어떻게 성장하였는지를 살펴보자

소망 구역 팀은 팀장인 이 ○○ 권사님(58세)과 김 ○○ 권사님(73세), 명 ○○ 권사님(73세), 장 ○○ 권사님(73세), 박 ○○ 권사님(72세) 5명

---

209) J. O. Sanders, Spiritual Maturity, (Chicago: Moody press, 1962), 191-192.

으로 구성되어 있다. 팀장 이 권사님(58세)은 큰사랑교회의 봉사사역과 중보기도팀장이다. 특별히 소망 구역 팀은 노인들로 구성되어 있어 노인들을 섬기는 뜻과 노인들의 건강을 위하여 한 분 한 분 섬기는 모델을 보여주고 있다. 우선 매주 가정마다 교대로 심방하여 노인들의 형편과 사정을 체크하여 교회에 보고한다. 체크사항은 노인들의 영적인 삶을 먼저 기록한다. 성경읽기와 교회 기도회 참석 등을 파악하여 보고한다. 함께 모여서 교회의 중보기도 제목과 하느님의 보호하심을 어떻게 체험했는지를 나눔으로써 심리적으로도 안정감을 얻었으며, 특히 수요기도회에는 이들 노인들에게 대표기도를 준비하게 함으로써 영적으로 자아통합은 물론이고, 기도를 통하여 내 뜻이 아니라 하느님의 뜻을 구하게 하였다. 이렇게 함으로써 그동안 교회에서 노인들은 누군가의 도움을 받는 집단이라는 인식에서 벗어나게 되었다. 노인들은 영성을 통한 헌신과 봉사, 기도를 통하여 교회를 섬긴다는 느낌을 갖게 되었고, 자아개념과 자존감을 높임으로 개인적 지위를 높이게 되었다.

인생의 삶은 선택의 삶이다. 올바른 선택을 하느냐 하지 못하느냐에 따라 인생의 곡선이 달라질 수 있다. 기도는 이처럼 여쭙고(ask), 필요를 구하고(petition), 더 나아가 자신의 뜻을 하느님의 뜻에 굴복시키는 것 모두를 포함한다.210) 이처럼 큰사랑교회의 노인들의 자아통합훈련과 영성을 위한 교육목회는 노인들의 기도훈련을 통한 하느님과의 대화의 시간을 갖게 하였고, 이를 통하여 노인 소외의 문제도 해결되고 자아통합과 영성이 인격적으로 성장하게 되었다.

3) 은퇴를 위한 준비교육

은퇴를 준비하게 위한 교육에서 우선적으로 고려해 볼 것은 다음과 같다.

---

210) 김성진, Ibid., 70.

첫째, 고정된 은퇴 연령을 계산하고 당사자로 하여금 미래에 하고 싶어 하는 일을 계획하게 한다.

둘째, 은퇴 후 재정문제를 고려하고 현재 만족적 삶에서 미래지향적 일에 보다 관심을 갖게 한다.

셋째, 은퇴 후 그가 할 수 있는 일을 구체적으로 계획하고 그에 필요한 기술과 능력을 갖추도록 한다.

사람이 은퇴한 후 반드시 만족할 만한 경험이나 일을 발견하려면 그 직업을 대체할 만큼의 만족감을 가져야 한다.[211]

큰사랑교회에서는 은퇴자에 대한 재원은 많지 않으나 앞으로 노년이 되는 세대에 대한 세대 간의 교육도 필요함으로 노인을 포함한 전교인을 대상으로 노년기에 이미 들어선 노인들의 역할에 성공적으로 대처하기 위한 노인재정관리, 재정계획 및 시간 관리 프로그램을 교육을 다음과 같이 실시하였다.

커리큘럼내용 (2004년 9월부터 2005년 4월까지)

구 분	내 용	강 사	비 고
지혜생활	은퇴를 위한 준비교육	고○○	공무원초청 재정계획, 재정관리, 시간 관리, 생활상식

4) 죽음과 영생을 위한 교육

모든 사람에게 있어서 죽음은 그 시기가 언제일지는 모르나 누구나 맞아야 할 지극히 자연적이며 절대적인 사건이며 현상이다. 신국(神國)

---

211) 이정효, Ibid., 64.

에서 영생의 삶을 누릴 수 있다는 확실한 신앙을 갖게 함으로써 언제 일어날 줄 모르는 죽음에 항상 대비하며 여유 있게 죽음을 맞이할 수 있도록 사전 준비가 필요한 것이다. 험한 상처가 많았던 인생을 살았던 노인일수록 죽음에 대한 사전 교육이 더욱 절실하다. 고통에 대한 감수성의 표현인 동정과 연민을 모르는 인간은 자기와 이웃 사이에 큰 구렁을 파고 있을 뿐만 아니라 자기와 하느님 사이에도 치명적인 간격을 형성한다.212) 그러므로 참된 종교는 고난에 대한 감수성을 일깨움으로써 인류의 공동체적 기초를 다지는 역할을 한다.213) 교회는 죽음이라는 고통의 현장에 있는 모든 미움, 분노, 괴로움, 고통을 용서와 사랑으로 승화시킬 수 있도록 도와주어야 한다. 친구나 배우자의 죽음을 자연스럽게 수용할 수 있도록 하는 교육이 더욱 필요하고, 자신의 임박한 죽음의 두려움을 이기고 그것을 당연한 현실로 받아들이게 함으로써 삶을 아름답게 정리할 수 있도록 도와주어야 한다. 죽음과 영생에 대한 이해를 분명히 하며 확신으로 용기를 갖출 수 있도록 해야 한다. 따라서 교회에서 호스피스(Hospice)교육도 계획, 실행되어야 한다.214)

노인세대는 가장 죽음에 대하여 임박해 있다. 노인세대가 죽음에 대하여 불안과 공포로부터 해방하고 질서 있게 순응하는 죽음을 대비할 수 있도록 교회가 죽음대비 교육을 가르치는 것은 무엇보다도 중요하다. 다음에서는 교회가 할 수 있는 종말론적 신앙교육을 통하여 인생의 통합적이고 종말론적인 마무리를 할 수 있는 죽음대비교육의 장르를 개척하려고 한다. 먼저 세계의 죽음대비교육을 살펴하고, 우리가 할 수 있는 죽음대비교육 영역들을 개발하고자 한다.

---

212) 차원태, 해석에서 행동으로, (서울: 정암문화사, 1998), 351.

213) 박재순, "본회퍼 신학과 민중 신학의 고난 이해". 신학사상 83호. (서울: 한국 신학연구소 1993), 105.

214) 이정효, Ibid., 65.

2. 세계의 죽음교육대비교육의 현황[215]

생사나 죽음의 철학, 사상, 문화의 차이는 있지만 선진국에서는 이미 〈죽음대비교육〉이 제도화되어 교육과정이 개설되어 있고, 삶과 마찬가지로 죽음도 교육의 대상이 되고 있는 실정이다. 예컨대 미국에서는 일찍이 미네소타대학원에서 1963년에 〈죽음학〉이 Robert Fulton 교수에 의해 개강되었고, 1969년에는 〈Senter for Education and Research 죽음교육과 연구센터〉가 개설된 이래, Death Education의 개척이 동 교수에 의해서 실시되었다고 한다. 의학, 간호학, 교육학, 문화인류학, 사회학, 신학 등 각 분야의 전문가 등이 모여서 공동연구를 시작한 것이다.[216] 또 학제적으로 1966년에는 죽음전문학전문지 〈Omegal〉이 간행되기도 했으며, 잡지 〈Death Education〉도 간행되었다. 그리고 1971년에는 일본에서는 Elisabeth Kübler Ross의 On Death and Dying(죽음의 순간)[217]이 번역된 이래 오늘날까지 죽음에 관한 연구가 크게 발전하고 있는 실정이다. 미국에서는 보육원, 유치원 수준이나 초중등의 학력 학생에 맞는 커리큘럼이나 학습목표가 설정되어 여러 교과 중에서 〈죽음교육〉이 전개되고 있는 실정이다.

1) 영국의 죽음대비교육의 현황

영국의 죽음대비교육의 현황은 Cisely Saunders에 의해서 근대적 호

---

215) 김현수, "한국에 있어서의 죽음의 대비교육", 죽음준비교육, 왜 실시해야 하는가? (서울: 사랑의 장기기증운동본부, 2004), 86.

216) 김현수, Ibid., 86.에서 재인용, Fulton, Robert, ed, Death and Identity, (New York; John Wiley & Sons, Inc., 1966)를 참고하라.

217) 김현수, Ibid., 86.에서 재인용, Elisabeth Kübler Ross, On Death and Dying, (New York; The MacMillan Company, 1969)을 참고하라.

스피스가 탄생했고[218], Babara Ward 여사에 의해서 중고교생용의 〈Good Grief 좋은 비탄〉가 출판되어, 1984년 이래 매년 개정되었고, 그녀 자신도 남편을 교통사고로 잃었고 비탄교육의 전문가이다.[219] 또 영국여성의 7명 중 1명은 남편을 잃은 바 있고, 65세 이상의 여성의 가반은 독신자이며 어느 사회나 사랑하는 반려자를 잃은 사람이 많이 있다는 것이다. 그러기에 우리들은 죽음으로 인한 비탄과정이나 상실체험에 대해서 배우고 대비할 필요가 절실하고 교사들은 학생에게 비탄교육을 할 의무가 있다는 것이다. 그래서 그녀는 Good Grief을 썼다고 한다. 비탄교육은 다름 아닌 〈죽음대비교육〉이며, 비단 비탄뿐만 아니라 죽음에 대한 불안, 공포, 슬픔, 상실감, 고독감 등의 체험을 감당하고 성장의 양식으로 삼아야 하며 이들에 대한 주위의 이해와 원조가 필요하고, 그러기 위해서는 아이들이 죽음에 대해서 질문하고 관심을 가지며 토론할 수 있는 교육과 상담의 기회를 주어야 한다는 것이다.

그 학생에게 소중한 사람(부모, 형제, 조부모, 친구 등)이 죽었을 때, 학교의 교사나 학급친구의 죽음, 매스미디어를 통해 보도된 유명인의 죽음, 재난이나 사고로 많은 사람이 죽었을 때, 친지가 병사했을 때 등이다. 특히 사랑하는 사람과의 사별이나 이별 후 (부모 이혼으로 편모 슬하인 16세 이하의 아이만도 5명 중 1명꼴이라고 한다. 1990년)의 불안이나 비탄이나 상실감에 빠져 있는 그들을 도와야 한다.

이러한 아이들은 자기 가치관이나 상실이 나타나고 그의 회복과 자아상을 높여 주기 위한 원조를 해야 한다는 것이다. 그러기에 영국에서는 비탄교육이 사회적인 필요성이 인식이 고양되어 중고교의 커리큘럼에는 〈Loss and grief 상실체험과 비탄〉을 도입한 곳이 증가되고 있다

---

218) 김현수, Ibid., 87.에서 재인용, Saunders, Cisely(1995), Care of the Dying, London: Mac Millan & Co., Ltd.를 참고하라.

219) 김현수, Ibid., 87.에서 재인용, Babara Ward and Association(1985), Good Grief, (Ⅰ&Ⅱ), London: Jessica Kingsley publishers.를 참고하라.

고 한다. 영국의 경우는 이러한 선천적인 초등용 교재도 있거니와 일반 강사의 경우 말기환자의 간호를 담당한 호스피스나 간호사, 의사들도 학교 측의 요구가 있으면 죽음대비교육(비탄교육)의 강의를 하고 있으며 담임교사보다도 대단히 효과적이고 문헌을 통한 것보다도 실제로 환자의 사별을 입회한 간호사나 의사 또는 유족들의 이야기(강연)가 훨씬 효과적이라는 것이다. 따라서 영국에서는 호스피스의 새로운 사명은 학교의 죽음준비교육에 참여하고 보고하는 일이라고 한다.

2) 독일의 죽음대비교육의 현황

독일에는 기독교의 다양한 교회행사를 통해서 수세기를 이어온 〈죽음준비교육〉의 전통이 있다. 예술 면에서나 음악, 미술, 문학 속에서 죽음은 중요한 주제로서 취급되고 있다. 특히 음악에서는 모차르트, 브람스, 슐츠 등의 〈사자를 위한 미사곡〉 등 죽음을 모티브로 한 작품들은 독일 국민의 문화적 환경을 극명히 나타내고 있다. 이러한 독일에서도 20세기에 들어서 죽음의 금기현상이 퍼져서, 예술적 표현으로서의 죽음은 학문연구의 대상은 되었을망정, 〈삶을 위한 죽음대비교육〉의 역할은 희박해졌고 이런 현상은 1970년대 후반부터라고 한다.

죽음이 병원의 밀실에서 처리되고, 가정에서 가족이 임종할 기회가 줄어서, 자연히 〈죽음준비교육〉의 장이 없어지고 학교에서의 죽음대비교육의 필요성이 인식되어, 독일에서는 중, 고등학생용의 교과서도 나오게 되었다고 한다. 독일은 국공립 중등교과서에서는 매주 2시간의 종교수업이 있고, 이것은 강요는 아니며, 학생이나 부모가 원치 않으면 안 받을 수도 있으며 14세 이상이면 자신의 판단으로 이 수업수강의 판단이 주어져 있다고 한다. 그리고 죽음의 교재나 선택은 담임교사의 재량에 맡겨져 있다고 한다.[220]

3) 오스트레일리아의 죽음대비교육의 현황221)

오스트레일리아에서는 NALAG(National Association for Loss and Grief, 상실과 비탄협회)라는 조직이 있다. 이 협회의 결성 동기는 New South 주의 Granvile 역에서 83명이 죽고, 다수의 부상자가 생겼고, 이 사고충격으로 유족들의 비탄의 심각성은 상상을 초월한 것이었다고 한다. 그들 중 몇 사람이 같은 비극을 만난 사람들의 마음의 케어를 목적으로 전문가들을 초청하여 결성한 것이 NALAG인 것이다.

이 NALAG에서는 1994년부터 매년 8일간 (10월 제3주의 주일에 다음 주의 주일까지) National Loss Grief Awareness Week 비탄계몽주간을 전개하고 있다. 예컨대 1995년도의 주제는 〈Linked by Loss 상실의 연결〉로써, 사별체험자 동지기리 나눔의 대화를 확대해 가자는 취지이다. 이 기간 중에 멜버른에서는 에이즈로 죽은 사람의 가족이나 자식을 잃은 사람들을 중심으로 한 촛불봉사(Candle Service)를 한다. 공감과 경청을 통해서 결합시키는 운동인 것이다. 이러한 활동 중에서 시드니 근교의 중, 고교에서는 1년에 1회의 〈비탄 교육의 날〉이란 주제로 종일 다각적인 학습을 한다. 즉 일상적으로 일어나고 있는 여러 상실체험에 어떻게 대응할 것인가를 생각하게 된다.

4) 스웨덴의 죽음대비교육의 현황222)

스웨덴의 죽음대비교육도 십수 년 전의 스톡홀름 근처의 한 초등학교에서 1988년 8월 15일 버스대형사고가 일어나서, 죽음의 대참사가 발

---

220) Alfons Deeken, 生と死の敎育, (東京: 岩波書店, 2001), 99-101.
221) Ibid., 98-101.
222) Ibid., 99-101.

생한 것을 계기로 〈죽음대비교육〉이 실시되기에 이른 것이다. 이 교통
사고는 아이들 12명과 어른 3명, 통 15명이 죽었고, 동승했던 다른 승객
들도 중상자가 많았고, 사고 장소가 이웃나라 노르웨이 산속이었으므로
스웨덴 국내의 학부형들은 사고에 대한 상세한 정보가 없었고, 자식의
안위를 염려하는 학부모들이 학교에 달려 왔지만 학교 측이나 교사들
도 무엇을 어떻게 해야 할지 다른 학생들에게 어떻게 설명해 주어야
할지 막연했고 오직 비탄에 빠져 있을 뿐이었다고 한다.

　이러 대참사의 사후처리의 반성에서 스톡홀름 시와 그 주변의 초등
학교에서 〈Crisis Team 위기대응 팀〉이 창설되어서 위기상태가 발생하
면 즉시 다각적인 대응을 할 수 있도록 조직한 것이다. 이것은 교장, 보
건의, 카운슬러 교사, 양호교사 등이 한 팀이 되었다고 한다. 최근에는
행정차원에서의 연계도 긴밀하고 각 학교는 학부모, 교사, 학우들이 갑
자기 사망했을 때의 상태를 가상하여 여러 가지 긴급 상태에 대응하도
록 준비하고 학생들에게 〈죽음대비교육?〉이나 〈비탄교육〉을 실시하고
있다는 것이다.

5) 일본의 서구형 죽음교육

　- 시민활동으로서의 죽음교육

시민활동으로서의 Death Education에서는 알폰스 데켄(Alfons Deeken)
박사가 1982년부터 개최한, 〈생과 사를 생각하는 세미나〉를 모체로 하
여 〈생과 사를 생각하는 모임〉이 1983년에 창립되어 2000년에는 일본
의 각 도에 46지부가 설립되어서, NPO(특정 비영리활동법인)으로서 승
인되고 있다. 일본의 전국적인 이 모임의 활동으로서는 〈사형의 슬픔〉
110번 (전화상담), 〈사별체험 나누어 갖기 모임〉, 세미나, 강연회, 학습
회, 자원봉사 강좌 등을 실시하고 있다. 알폰스 데켄 교수는 〈죽음에의

준비교육〉을 제창하고 이러한 시민운동에 공헌한바 크지만 그가 제창하는 기독교적인 배경과 일본적 감각과의 사이에서 미묘한 틈이 생겨 결과로서 데켄 교수는 독립하여 1999년 〈도쿄, 생과 사를 생각하는 모임〉을 설립했다.[223]

– 의료에 있어서의 Death Education

의료 면에서의 Death Education의 대결을 언급한다. 일본에서는 현재 병원사는 80% 이상이고 암환자만 국한한다면 95% 이상의 사람이 병원에서 죽는다. 한국의 병원사는 30%라는 보고를 들은 바 있다. 대부분의 사람이 병원에서 죽는 일본의 현상에서는 뜻있는 의료관계자는 죽어가는 사람을 눈앞에 두고 고뇌가 그치지 않으리라고 생각된다. 한국에서도 이와 같은 고뇌에 의한 연구, 의료, 간호, 복지에 대해서 학술적으로 대결하는 조직으로써, 1998년 호스피스완화케어학회가 발족되었다고 보고 되고 있다. 일본에서도 의료부문이 역사적으로 가장 빨리 Death Education과 관련된 조직적 대결이 이루어져서 1977년에 정식으로 조직되어 나타났다.[224]

학교교육에 있어서 Death Education의 대결은 늦었고, 수년 전부터 주목되기 시작했다. 1980년대에 개인적으로 소학교나 고교에서 교육실천이 미약하지만 대결하고 있었으나 수년 전부터 조직적인 활동이 나타나기 시작했다. 2003년부터 시민활동의 NPO법인 〈VIVACE〉가 창립되어 학교나 지역에서의 Death Education수업을 하기 위한 인재파견을 하거나, 세미나를 개최하는 등 활동을 하고 있다. 사회적 변화로는 일상생활이서의 실체험으로써 사별을 거의 경험하지 않는데, TV나 잡지 등

---

223) 도쿠마루 사다코, "일본에 있어서의 Death Education에 대해서", 죽음준비교육, 왜 실시해야 하는가? (서울: 사랑의 장기기증운동본부, 2004), 67.
224) Ibid., 67-68.

의 메스컴에 의해 죽음의 정보는 무질서하게 범람되어 있다. 이런 사실
도 Death Education이 필요한 이유이다. 즉 생과 사, 늙음과 젊음, 건강
과 병, 이러한 표리일체를 배우고 생각하고 체험함으로써 건전하고 행
복한 깊은 인생관이나 인생을 구축할 수 있다.225)

일본의 교육행정은 현재 〈마음의 교육〉이나 〈생명존중교육〉을 중요
시하고 있다. 바로 Death Education 그 자체의 내용과 해석되는 교육을
학교에서 실시하도록 2002년의 중앙교육심의회 답신에서 제시되어 있
다. 중앙교육심의회 답신이란 문부과학성장관이 소집하는 자문기관이며
일본의 각계 유식자(전문가)가 지혜를 보아서 만든 답신으로 최종적으
로 교육행정에 반영하도록 되어 있다. 그러나 학교현장의 교사에게는
〈생명의 소중함〉에 대하여 가르치는 힘이 부족하여 무엇을 어떻게 가
르칠 것인가 주저하고 있다. 많은 교원들이 중요한 내용이라고 실감하
고 정부도 중요하다고 한다. 그러나 실천을 하기가 어렵다. 한국은 일본
과 법률은 비슷하지만 현실의 종교사정에 차이가 있으므로 일본보다는
Death Education을 실시하기 쉬운 것이 아닐까 한다.

일본인은 불교, 유교, 일본토착의 신도, 애니미즘 등에 모순 없이 동
거한 생사관이 있다. 서구에서 주류인 기독교는 일본에서는 2%에 멈추
고 있다. 죽음에 대해서 생각할 때 가장 중요한 종교적인 기반이 상이
한 일본사회에 기독교를 토대로 한 서구류의 Death Education을 가져
온다고 하더라도 머리에서는 이해한다고 해도 일본인의 마음에 그대로
합당할 수는 없다. 일본인의 생사관을 Death Education에 반영시키는
일이 필요하다.

이노우에 준코 교수가 실시한 한일 학생의 조사에서는 한국학생이
믿고 있는 종교는 기독교가 약 64%이고 불교는 약 28%이나 일본에서
는 기독교는 13%, 불교는 25%였다. 가정의 종교는 한국학생은 기독교

---

225) Ibid., 68-69.

가 약 33%, 불교가 약 40%, 일본의 학생은 기독교는 약 2%, 불교는 약 43%라고 대답하고 있다.[226]

Death Education은 시민운동, 의료에 있어서도, 학교교육에 있어서도, 그 나라의 문화, 종교, 생사관을 고려하여 국민성에 맞는 Death Education의 전개가 필요하다고 생각한다. 당연한 일이라고 생각하겠지만 현실은 어렵다. 어떠한 것이 국민성에 맞는 것인지, 또 인류공통의 심리적, 인식적인 것이 무엇인가 하면 구체적 미묘한 차이를 음미할 필요가 있다.

6) 미국에서의 죽음준비교육 – 이유, 단계, 내용

– 초등학교의 죽음준비교육[227]

많은 연구가 어린아이들이 죽음에 대해 이해하기 시작하는 것은 초등학교 시기라는 것을 보여주었다. 그들은 책, 영화, 뉴스를 통해 죽음에 관해 알게 되면서, 자신들이 곧 죽게 되거나 잠에서 깨지 못할 것이라고 두려워하기도 하고, 자신들의 부모가 갑자기 세상을 떠나 의지할 곳이 없게 될까봐 걱정하기도 한다. 그러한 아이들은 그처럼 걱정스러운 일이 일어날 가능성은 매우 희박하다는 점을 확인받을 필요가 있다. 동시에 어린아이들은 여러 종류의 사고가 그들의 목숨을 빼앗아 갈 수도 있다는 것을 알게 된다. 그들은 교통사고, 가정 내 화재, 유독 물질 사고, 익사사고 등의 상황에서 어떻게 죽음을 모면하는 가에 대해 배운다.

또한 때로는 죽음이나 생명이 단축될 위험을 무릅쓰고 기꺼이 우리를 도우려 하는 다른 사람들에게 우리의 목숨을 의존하기도 한다는 것

---

226) Ibid., 70.

227) Carl Becker, "미국에서의 죽음준비교육 – 이유, 단계, 내용", 죽음준비교육, 왜 실시해야 하는가? (서울: 사랑의 장기기증운동본부, 2004), 8-10.

을 알게 된다. 공사현장, 광산, 어업, 군대, 제3세계의 농업 등과 같이 위험한 생업에 종사하는 사람들은 우리가 지하철을 사용하고 다리, 전력에너지와 다른 자원, 국가안보, 열대 음식 따위를 즐길 수 있게 하기 위해 자신들의 생명의 위협을 무릅쓴다. 이러한 것은 삶의 귀중함을 더욱 생각하게 하고, 우리의 자유와 안전, 건강과 즐거움을 위해 생명을 이미 바쳤거나 생명의 위협을 무릅쓰고 있는 사람들에게 감사의 빚을 졌다는 것을 깨닫게 한다.

아이들은 또한 우리의 삶이 소, 돼지, 닭, 오리처럼 인간을 위해 사육되고 도살되어 식용으로 소비되는 가축에 의존하기도 한다는 것을 알게 된다. 어떤 학교들은 아이들로 하여 닭이나 오리를 죽이거나 해부하게 하기도 하고 또 다른 학교들은 아이들을 도살장에 데리고 가 동물들이 도살되는 장면을 지켜보게 하기도 한다. 이러한 프로그램들은 효과적이지도 않았을 뿐만 아니라 많은 논란을 불러 일으켰다. 이러한 프로그램들은 인간의 삶이 동물의 희생에 의존하기도 한다는 것을 가르치고자 한다.

그러나 어떤 아이들은 동물의 생명이 인간의 생명과 다를 바가 없다고 느끼기도 하는데 그들이 과잉반응을 하거나 고기섭취를 거부할 때 부모는 걱정을 하게 된다. 또 다른 아이들은 별 반응을 보이지 않거나 도살이 자연스럽고, 간단하고, 심지어는 신나는 일이며, 그래서 도살이 별로 끔찍한 일이 아니라면 살인도 별것 아닐 것이라고 생각하게 되기도 한다. 단지 동물이 어떻게 도축되는가를 보여준다는 취지를 가진 이 방법은 아이들에게 삶과 죽음의 무게를 가르치기에 좋은 방식은 아닌 것이다.

죽음이란 것은 '생물학적 사실'로서가 아니라 '정서적 사실'로 중요하다. 인간의 죽음에 가장 가까운 것은 동물의 죽음이 아니라 실패, 상심, 이혼, 상처 등에 따르는 상실감이다. 죽음이 끼치는 정서적, 심리적 영향을 이해하기 위해 아이들에게는 인간생명의 비대체성, 죽음으로 인해 오는 깊은 상실감 등을 보여줄 수 있는 감동적인 이야기나 영화가 필요하다. 그래서 죽음을 너무 피상적으로 다루는 비디오 게임이나 영화, 만화책 등에 대하여 균형의 역할을 해야 한다.

특히 어떤 실패, 동급생 폭력, 외로움을 경험한 후에 어떤 아이들은 자살을 생각한다. 반면 점점 많은 수의 초등생들이 자살, 사고, 혹은 다른 연유로 해서 부모를 잃었다. 그렇기 때문에 단지 "자살은 나쁜 것이야." 혹은 "죽음은 끔찍해."라고 말하는 것으로는 충분치 않다. 아이들은 자살은 해결책이 아니며 잘못된 것이라고 배워야만 하며 동시에 사랑하는 사람들을 잃는 고통으로부터 어떻게 회복되는가를 배워야 한다.

이러한 내용들이 초등학교에서의 죽음준비교육 역할의 중요성이다. 어떤 학교들은 학생이나 학생부모의 사망 시 그러한 상황에 대처하기 위해 특별 수업을 계획하기도 한다. 그러나 위의 예에서도 보여주듯이 죽음준비교육은 다른 과목에 덧붙여지는 별개의 단원으로서가 아니라 역사, 생물학, 문학, 사회 과목의 교육 등에 스며있는 것이다.

- 중, 고등학교의 죽음준비교육

중, 고등학교에서의 죽음준비교육은 현명한 선택을 할 수 있게 하는 데에 초점을 둔다. 미국의 학생들이 중학교에 갈 무렵이면 스스로 많은 선택을 할 수 있는 나이가 된다. 그래서 미국학생들은 바로 중, 고등학교 시절에 죽고 사는 것에 밀접한 운전교육, 건강교육, 성교육을 받는다.

또한 의학이 급속도로 발전함에 따라 현대인은 전에는 생각지 않았던 많은 의학적 선택을 하게 한다. 이제 우리는 우리 질병의 이름과 진단에 대해 그리고 남아 있는 시간에 대해 알 권리와 책임이 있다. 그래야지만 혼수상태가 오래되어 회복의 가망성이 없을 때 기계의 도움으로나마 생명을 유지할 것인지 아니면 힘겨운 의학적 치료의 노력 없이 가능한 자연스럽게 죽음을 맞고 싶은지 등에 관해 미리 결정할 수 있게 된다.

우리는 장기간의 값비싼 치료를 원하는지 거부할 것인지에 대해 미리 결정해야 하며, 장기기증을 원하는지, 죽은 뒤 의료진에 의한 시체부검을 허용할 것인지, 거부할 것인지에 대해 미리 결정해야 한다. 우리는 저축을 통해서뿐만 아니라 값비싼 치료비를 지불할 수 있는 의료보험에 가입해 둠으로써 노후에 대비한다.

죽음에 관련된 새로운 의학기술은 우리가 어떻게 죽기를 바라는가에 관한 여러 가지 새로운 선택에 직면해 있음을 의미한다. 이러한 결정들은 문화, 종교, 경제여건, 개개인의 경험이나 또 다른 여러 요인에 근거하게 된다. 하지만, 우리 스스로 결정하지 못하게 될 때 다른 누군가가 우리를 대신해 결정하게 될 것이며 우리는 그들의 결정에 동의하지 않을 수도 있다. 우리는 어떻게 스스로 결정하는 가에 대해 생각해 봐야 한다. 바로 이런 것들이 고등학교의 죽음준비교육과정에서 다루어지는 문제들이다.[228]

- 대학의 죽음준비교육

'생사학'의 시작은 부분적으로 Emile Durkheim에서 찾아 볼 수 있다. 2차대전 이후 이 분야의 유명한 개척자들은 프랑스의 Philip Aries, 영국의 Geoffrey gore, 그리고 미국의 Ernest Becker였다. 1970년대 이후로 미국의 여러 대학들이 생사학에 관련된 교수들을 임용하고, 프로그램을 만들고, 강의를 시작했다. 그러한 프로그램 중에 유명한 것이 웨스턴 온타리오 대학의 John Morgan 교수, 미네소타 대학의 Robert Fulton 교수, 그리고 애리조나 대학의 Robert Kastenbaum과 Robert Wrenn 교수들의 프로그램들이다. Mt. Ida College나 Ojai의 World

---

228) Ibid., 10.

University 같은 몇몇 대학에서는 전 세계에서 인터넷을 통해 공부할 수 있는 생사학 관련 온라인 강좌들을 제공한다.

현재 열 개가 넘는 미국의 대학들이 주요한 생사학 관련 프로그램을 운영하고 있으며, 백여 개의 대학에서 지도, 위로 상담을 제공하며, 수백 개의 대학이 비전공 학부 학생들에게 교양교육내지 입문 수준의 강의들을 제공한다. 흥미로운 것은 종종 이러한 강의들이 최고 인기 강의 서열에 오르기도 하는데 대학생들이 삶, 죽음, 사후세계의 문제들에 깊은 관심을 갖기 때문이다.

이러한 대학 강좌들은 죽음과 죽음의 과정을 둘러싸고 있는 사회적, 문화적, 윤리적, 정책적인 이슈들을 다룬다. 어떤 대학은 다음에 소개하는 각각의 주제에 학기 전체를 할애하기도 하고 또 다른 대학은 전체를 한눈에 조망하기도 한다. 대부분의 생사학 강의는 '죽음의 사회학'을 포함한다. 사회의 도시화와 비인간화로 인하여 예기치 못한 질병, 사고, 폭력, 자살, 범죄, 심지어는 테러에 의한 죽음에 이르기까지 죽음의 위험 요인이 증가했다.

한편 현대의 의학기술은 환자가 원하는 이상으로 죽음을 연장시키기도 한다. 이러한 고령화, 말기환자 돌보기, 죽음의 여러 형태의 변화는 사회가 어떻게 변화했는가를 잘 말해 주며, 또한 어떻게 해야 하는가에 대한 질문이 우리 자신에게 던져 진다.

선사시대 이래로, 죽음은 종교와 문화의 관심 대상이었다. 생사학 관련 강의들은 예술, 시, 희곡, 최근에는 대중매체, 영화, 심지어 컴퓨터 게임까지 들면서 죽음에 대한 종교적, 문화적 태도를 논의한다. 물론 종교나 철학의 고전적인 텍스트들은 붓다. 소크라테스, 예수 같은 인물이나 혹은 다른 순교자들의 유명한 죽음과 가르침을 다루기도 한다. 죽음을 조망하면서 이러한 강좌들은 학생들이 사람과 인간다운 죽음인지 하는 건강한 죽음(Good Death)의 개념을 검토할 수 있게 해 준다. 종교와 죽음을 다루는 강의들은 종교적 신념이나 의식이 죽는 사람과 상실을 경험한 가족 양쪽에 도움이 된다는 것을 알고 있으며 또한 죽어가는 사람과 상실을 경험한 가족이 이미 고인이 된 친지를 보거나 혹은 만나는 경험을 하기도 한다는 것을 인정한다. 많은 미국의 대학들은 이러한 영혼이나 귀신과의 만남을 광증이나 어처구니없는 일로 치부해 버리지 않고 의미 있는 영적 경험으로 다루고 있다.[229]

인간의 삶은 금전적인 것으로만 평가될 수 없는데, 영혼, 사랑, 생명 따위는 경제적 변수가 아니다. 동시에 투표권 자들은 얼마나 많은 사람을 어떤 위험으로부터 보호하기 위해, 정부가 얼마만큼의 돈을 지출해야 하는지에 대하여 끊임없이 결정을 내려야 한다. 매일 우리 정부는 국민의 세금을 사용하여 어떤 사람들의 목숨을 구하기도 하고 그렇지 못한 경우에는 생명을 잃기도 한다.

예를 들어 우리는 교통사고를 줄이기 위해 자동차의 에어백이나 고가도로에 수조원의 세금을 사용해야 하나? 안전한 식품, 공기, 물을 얻기 위해 수조원의 세금을 사용할 것인가? 아니면 오염된 음식과 공기, 물로 인해 발생하는 때 아닌 질병이나 죽음을 감수할 것인가? 살인자들을 감옥에 수용하기 위해 수조원의 세금을 쓸 것인가? 아니면 그들을 사형에 처할 것인가? 사람들을 어떤 종류의 죽음으로부터 구하기 위해 얼마나 의료비를 지출해야 하는가? 이러한 질문들은 우리로 하여금 삶과 죽음에 대한 가치관을 좀더 명확히 하고 우선순의를 정하게 한다. 우리는 민주국가에 살고 있기 때문에 이제 삶과 죽음의 문제에 있어 우리가 바라는 식으로 우리의 세금을 사용할 수 있는 정책과 정치가를 선택하는 것은 우리 시민의 손에 달려 있다.

이와 같은 경제적 이슈들 이외에 또한 우리 각자가 결정해야 하는 중요한 개인적 도덕적 결정사항들이 있다. 예를 들어 우리의 건강상태

---

229) Ibid., 11-12.

를 확인하기 위해 접하는 정보는 더 이상 의례적인 것이 아니며 우리의 암이 치명적이라는 사실을 미리 알기를 원하는지 아닌지를 결정하는 것은 우리에게 달려 있다. 우리가 만약 몸이 매우 상하는 병이나 사고를 당한다면 더 이상 사고하거나 의사소통하지 못하게 된 후에도 현대 의학은 우리의 생명을 유지할지도 모른다. 그렇기 때문에 그러한 육체에 어떠한 조치가 취해지기를 원하는지에 대해 미리 분명히 해 두는 것이 중요하다. 현대의학에서 '뇌사'의 개념은 박동하고 있는 온기 있는 심장을, 간을, 폐를 한 환자로부터 절개해 내 다른 환자에게 주는 것에 사용된다. 우리는 모두 따뜻하고 제대로 기능하는 우리의 심장과 간을 기증할 것인지 아닌지에 대해 결정해야 한다. 이와 유사한 질문들은 대학생들의 높은 관심을 끄는데 개인뿐만 아니라 사회 전체에 관계되는 문제들이기 때문이다.230)

　－평생교육으로서 죽음준비교육

　요즈음 미국의 10대나 젊은이들은 고동학교나 대학에서 이러한 종류의 과목을 공부할 기회를 갖지만, 20년에서 50년 전만 해도 그렇지 못했다. 따라서 이러한 주제들은 성인 교육 강좌에 인기 있는 메뉴가 되었다. 대학이나 전문대학이 있는 미국의 강의들은 시민의 편의를 위해 야간에 제공되기도 하고, 다른 대학들은 은퇴자나 노인들이 적은 수업료를 내고 강의를 들을 수 있게 한다. 그런 강의가 제공되지 않은 소도시의 경우 성인을 위한 죽음준비교육은 종종 교회나, 문화센터, YMCA, 혹은 지역 워크숍 프로그램 등을 통하여 이루어진다.

　물론 그러한 성인교육 강좌들은 위에서 언급한 주제들을 포함한다. 게다가 이미 삶과 죽음의 문제와 씨름하고 있는 노인들의 관심 분야에 초점을 맞추기도 한다. 예를 들어 어떻게 호스피스를 선택하는가, 자리

---

230) Ibid., 12-13.

에 누워있어야만 하는 치매 노인을 어떻게 집에서 돌보는가, 어떻게 심리적으로 정신적으로 부모나 배우자의 죽음을 준비하는가 등에 관한 워크숍 프로그램들이 있다. 어떤 워크숍 프로그램은 장례식과 장례절차에 관심을 갖는 반면, 다른 몇몇은 자녀에게 땅이나 재산을 상속할 때에 유언이나 재산 처리문제를 돕는 법적 절차에 관해 논의하기도 한다.[231]

요즈음에는 입원, 죽음, 유언 검증 등 거의 모든 부분이 법적 절차와 서류과정을 거친다. 이런 절차를 잘 아는지 여부가 사랑하는 사람들에게 대부분의 재산을 남기며 만족스러운 마음으로 죽음을 맞느냐 아니면 정부에게 재산을 거의 빼앗긴 채 착잡한 마음으로 죽음을 맞느냐의 차이를 만들 수 있다. 그래서 노인들은 서로를 돌보는 일뿐만 아니라 자신의 신체와 재산을 지키는 것에도 깊은 관심이 있다.

- 전문가를 위한 죽음준비교육

전문가를 위한 죽음준비교육은 의료업 종사자와 상담 분야 종사자를 대상으로 한다. 많은 의과대학들이 죽음과 죽어가는 과정과 관련된 강좌들을 소개하고 있으며 앞에서 주목했듯이 수백 개의 대학들이 죽음에 직면한 사람들과 비탄을 겪은 가족들을 위한 심리 상담 강의를 제공한다. 그 각각의 영역을 살펴보기로 하자.

미국에서 가족을 잃은 많은 사람들이 종종 가족의 진료를 맡았던 의사나 병원 측에 화를 내거나 불만을 표시하기도 한다. 이것은 놀라운 일이 아닌데, 의사나 병원들은 병과 싸우는 것에 대해서만 배웠지 죽어가는 사람들을 어떻게 대하느냐에 관한 것은 배우지 않았기 때문이다. 그러한 의사들은 죽어가는 사람의 호흡을 연장하려고 온갖 의학 기술을 총동원한다. 그들은 환자의 목을 절개하여 온갖 튜브와 기계장치로 연결하거나 회복의 희망이 없을 때조차도 고통스러운 약품으로 환자의

---

231) Ibid., 13.

몸을 가득 채운다. 이것은 부분적으로 이제 더 이상 그들이 할 수 있는 게 없다는 일종의 패배를 인정하고 싶지 않기 때문이다. 환자나 그의 가족들은 그러한 치료가 아무런 효과도 없고, 강압적이며 비인간적인 절차로 인해 종종 모욕감을 느끼기도 하고 분개하고 힘겨워한다.[232]

미국의 의과대학에서는 특히 말기환자들의 경우 진심으로 잘 대해 주는 것이 어쩌면 잘 치료하는 것보다 중요하다는 것을 점점 더 강조한다. 다음으로 장차 의사가 될 학생들은 불치병에 대해 환자나 그의 가족들과 어떻게 이야기할 것인가, 힘겨움을 덜어줄 수 있는 입원치료, 자택진료, 호스피스 등 가능한 선택의 범위에 대해 어떻게 설명해야 하는지에 대해 배운다. 환자들의 바램, 결정, 경제적 여건을 존중하여 의사는 환자와 가족이 가장 만족할 만한 적절한 장소를 찾아 권하게 된다. 간단히 말해 의학교육은 생명연장우선의 가치관에서 환자 삶의 질의 향상의 가치관으로 도는 QOL(Quality Of Life)가치관에서 사망당시의 장소, 방법, 심리상태에 대한 만족의 극대화를 추구하는 QOD(Quality Of Death)가치관으로 옮겨가고 있다.

전문가를 위한 죽음준비교육의 또 다른 영역은 심리학과 종교적 상담이다. 죽게 된다는 생각만으로 다양한 심리적 문제를 야기한다. 죽어가는 환자뿐만 아니라 그 가족에게도 충격, 우울증, 병세의 악화나 그 외 과정 중에 나타나는 문제를 경감시켜 주는 데에 카운슬링이 매우 유용한 것으로 증명되었다.

우리는 병이 나 자리에 눕게 되면 내가 여기에 왜 있는가? 내가 무엇을 이루었는가? 이 상황을 통해 무엇을 배울까? 등의 질문을 던지게 된다. 임종에 이르러 대부분의 사람들은 뒤를 돌아보거나, 자신들이 한 일들을 평가하며, 죽음 이후에는 어떤 일이 일어날까 궁금해 하고 자신의 삶의 의미를 찾으려 애쓴다. 전통적인 종교문화에서 한 사람의 삶은

---

232) Ibid., 14.

토지를 돌보거나 가업을 대물림하면서 가문의 대를 잇는 연결고리로서 의미를 가졌다. 죽음의 경험은 죽은 사람이 천국에서 조상과 해후한다는 친숙한 종교적 묘사와 함께 차분히 이해되었다.[233]

그러나 많은 현대인들은 토지나, 가업, 혹은 조상 대대로 내려오던 종교적 신념마저도 버렸다. 그들의 삶은 더 이상 가족과 마을의 전통에 의해 결정되지 않으며 이로 인해 그들이 삶을 되돌아보고, 과거의 의미와 미래의 방향을 찾으려 할 때 더욱 남감해지는 것이다. 아이러니컬하게도 전통적인 종교적 신앙을 유지해 온 연장자들조차도 기계화된 병원 환경에서 죽어갈 경우에 자신들의 신념을 표현하기 어려워지고 있다는 사실이다. 따라서 말기환자를 상담하는 카운슬러의 첫 번째 임무는 책에 적혀 있는 답변이 아니라 시간을 내주고 공감을 표시해 주고 귀를 기울여 말을 들어주고, 환자가 무엇을 표현하든지 긍정해 줌으로써 죽음을 앞둔 사람들의 마음에 접근하려는 태도이다.

미국 병원 가운데 몇몇에서는 간병인과 친구, 사제, 상담요원을 초대하여 죽음을 앞둔 말기환자와 함께 이야기 나누고, 먹고 노래하고 울고 기도하게 하는 다과모임(tea-parties)을 통한 이별을 대비하는 상담을 행하기도 한다. 이러한 모임은 환자가 죽기 전까지 한 달에 한번쯤 이루어지고, 환자가 죽은 후에도 몇 달간 계속된다. 병원들은 시간을 마련해 이러한 다과모임을 준비하는 것이 간병인들의 정신적 고통을 덜어 줄 뿐만 아니라 사랑하는 사람을 잃은 이들에게 발생할 수 있는 사고, 병, 우울증에 걸리는 비율을 줄이기도 한다.[234]

미국의 병원과 호스피스들은 성공적인 운영에 많은 자원봉사자들의 도움을 받는다. 특히 말기 환자나 호스피스에 있는 환자들에게는 의학기술보다 다정히 돌보아주는 것이 절실히 요구되며, 이런 경우 자원봉

---

233) Ibid., 14-15.
234) Ibid., 15.

사자의 역할이 특히 중요하다. 그러나 자원봉사자들은 전문적인 훈련과 자격 조건이 부족하기 때문에 상담이 요하게 될지 모르는 다양한 문제에 부딪치게 된다. 그들은 병원의 직위체계에서 맨 밑에 놓여 있음을 깨닫기도 하고 환자들의 요구를 충족시키기에 능력이 부족함을 느끼게 될지도 모른다. 환자가 죽은 후에 잘하지 못했다거나 제대로 하지 못했다는 생각으로 스스로를 나무랄지도 모른다. 자원봉사자가 겪게 되는 첫 번째 죽음은 매우 힘겨울 수도 있다. 따라서 호스피스나 말기환자 병동에서 자원봉사자들에게 상황을 설명해 주고 격려하고 따라서 용기를 주는 것도 또한 전문가들이 지원해야 하는 중요한 과제이다.[235]

7) 러시아에서의 죽음학과 죽음대비교육

러시아의 죽음문제의 교육학적 접근

러시아 교육학자인 골룹치크와 뜨베르스카야는 죽음을 고등학교 학생들을 위한 특강의 테두리 안에 죽음을 살펴보기 때문에 죽음의 문제에 대해 분명히 교육학적 접근을 보여 준다. 그들의 견해에 의하면 죽음은 인생에 있어서 취소될 수 없는 유일한 사건이다. 아직 태어나지 않은 채, 자궁 속에서도 죽을 수도 있다. 죽음은 보편적인 현상이다. 죽음문제에 대한 연구는 사회에서 공인된 도덕적 체계 전체를 해명할 수 있다. 이는 우선 생명과 그것의 기본적인 가치에 대한 사람들의 이야기를 한다.[236]

위의 학자들의 논문을 평가한 유진이한 철학자는 이미 학생시절부터 죽음에 대해 진지하고 흥미 있으면서도 델리킷한 이야기를 진행하면

---

235) Ibid., 16.

236) 고영철, "러시아에서의 죽음학과 죽음대비교육", 죽음준비교육 왜 실시해야 하는가? 국제세미나 자료, (서울: 사랑의 장기기증운동본부, 2004), 49.

된다는 점에서 그들과 동의한다. 자신의 생각을 전개하는 유진은 "친근한 사람의 죽음이 어떤 정상적인 사람에게서 상실감을 일으키기 때문에 여기서 자연성을 애매하게 하는 것밖에 가르칠 바가 없다."는 일상적이며 평상적인 견해가 있다는 말을 한다. 유진은 이와 동의하지는 않으면서 "정서의 문화를 가르치면 되고 죽는 사람들과 그 주변사람들이 죽음을 지각하는 데 있어서의 자연발생성에 대한 진정한 수준을 밝혀내면 되기 때문에 저자들이 죽음에 대해 하는 이야기는 극한적으로 아마도 가장 충만된 식으로 발현되는 삶에 대한 이야기가 되고 이 이야기는 학생에게 우선 삶에 대한 보다 더 심오한 이해를 위해 필요하게 된다."고 말한다.

죽음대비교육의 견해

페레스크로이카 이후에 러시아에서는 철학적 죽음과 더불어 일상적인 죽음학과 죽음대비교육에 대해 거론되기 시작했다. 그리고 죽음에 대한 교육은 전문적인 분야로서의 영역을 갖게 되었다. 이 분야에서 이론 실천적인 활동을 하고 있는 그네즈질로프는 이 분야가 형성됨으로써 생성된 제 문제들의 패러다임적인 해결책을 다음과 같이 요약하고 있다.

과거에 예로서 세상적인 유신론적인 모델이 무신론적인 것으로 대치된 것은 죽어가고 있는 환자들이나 병원뿐만 아니라 전 사회에 영향을 끼쳤다. '지상의 천국'을 건설하고자 하는 지향과 전번적인 낙관주의는 죽어가고 있는 환자들의 욕구를 도외시했다. 의학적인 의무에 대한 경우에 있어 치명적인 진단과 생명의 존속을 희망할 수 없는 진단의 경우에 환자에게 진리를 말해서는 안 된다는 경직되고 정확한 규범이 형성되었다. 의사에게서 진리를 들을 수 없다는 진부한 사실로 말미암아 의사와 환자 간의 관계는 더 복잡하게 되었다. 이 위로시키는 기만의 근거는 진리가 우울증을 일으키기 때문에 여분의 시간을 모르면서 지내는 편이 더 좋겠다는 생각이었다.

그러나 러시아와 외국 호스피스에서의 경험들은 정반대의 명제를 증명해 준다. 환자가 진리를 듣고 싶어 하는 경우에 이를 들을 수 있으면 되고 진리에 대한 권리는 친척들에 의해서도 우울증은 근거가 되지 못한다. 사실 반응적 우울히 있지만 그 정도는 더 심한 우울증에 이르지 않는다.237)

추방, 부정, 공격, 우울, 마침내 수용과 현실을 감수하는 단계 등 심리적 반응의 순서가 있다. 200명 이상의 환자들에 대한 관찰 결과, 확고한 우울상태가 최고 10%의 환자들에게 남아 있었는데 이것도 뒤늦은 통보와 관련된 일이었다는 것을 보여주었다. 환자들이 이 정보를 심리적으로 처리하기 위한 시간이 없었기 때문이다. 또는 수명기간에 있어서 틀린 정보를 받은 환자들 보다 진단과 예측을 알고 있는 환자들의 경우에 더 길었다. 그리고 수용의 단계에서 환자의 개성의 놀란 만한 성정을 발견할 수 있다. 진단결과를 일지 못한 환자들 중에는 친척들의 강요로 말미암아 모르는 척하는 사람들의 비율은 높다.

세상에 대한 두 가지 모델을 정신치료의 입장에서 비교하면 유신론적 모델은 분명히 능가한다. 무신론자들 중에는 스트레스, 공황, 절망의 반응과 자살시도 등의 비율이 더 높게 나타난다. 그리고 암환자들의 자살문제가 더욱 비극적인 점은 그것이 알려지지 않는 것과 관련되어 있다. 암환자들의 자살 사건이 공식적 발표가 되지 않는 것은 의사들뿐만 아니라 비극적인 결말을 기다리고 있는 친척들도 자살의 사실을 알리기를 주저하기 때문이다. 죽을 수밖에 없는 환자가 스스로 죽음을 앞당기는 것은 더 이야기할 나위가 없는 것으로 간주된다. 그러나 관리들이 결정한 바바얀의 용량(진통제의 용량)이 부족해서 아픔이나 고독이나

---

237) Ibid., 50.

외로움이 죽음의 사유가 되는 것은 보통 무시되고 있다.[238]

그보다 유신론적인 모델은 훨씬 더 인도주의적인 것으로 판명된다. 신부와 교제란 문화적 전통은 과대평가될 수 없는 지원을 제공해 준다. 영혼의 불멸과 생명의 계속에 대한 믿음은 공포를 줄인다. 죄가 용서되는 고백은 환자의 우울적 체험에서 언제나 나타나는 죄책감을 해소한다. 정신적인 지원을 제공하기 위한 죽고 있는 환자들의 친척들에 대한 사업은 도한 빈번한 경우에 똑같은 교회적 전통에 의거할 수 있다. 의사들은 자주 환자에게 성경을 읽어 줄 것을 그 친척에게 부탁한다. 이 시점의 장중하고 진지한 성격과 인간의 마음에 직접 호소하는 영원한 책은 자주 환자와 그 친척들에게 깊숙하고 강력한 영향을 끼치고 그들은 더 이상 울지 않게 되고 그들의 정서는 절망감에서 벗어난다. 성상, 양초, 교회성악, 환자의 손을 잡는 접촉 등은 비언어적인 교류와 환자에 대한 지원에 있어 주요한 요인이 된다. 그리고 손을 잡는 것은 외로움과 그리움 그리고 절망감에서 벗어나는 데 도움이 되고 있다.[239] 친척들 그리고 환자의 사후보호를 하는 사람들의 카타르시스 또한 외면될 수 없는 것이다.

옛날 전통에 의하면 죽음과 접촉한 사람들에게는 정화의 예식이 필요했다. 이와 같은 전통(장례, 추도 등)은 기독교에도 있다. 명복을 비는 교회노래는 애처로우면서도 화해시키는 희망으로 충만되어 참석자들의 울음을 내포하는데 이는 정신에서 균형을 회복시키는 반응이다. 웃을 때에 입을 막는 것과 마찬가지로 울음을 억제하는 것도 부자연스러운 것이다. 시체가 매장된 후에 매장한 사람들에게 세수하기 위해 물통과 수건이 제공되었는데 그 후에 수건을 버리고 있었다. 이 예식들도 물을 통화서 정화시키는 정신 치료적 영향을 끼치고 있었다.[240] 상식적

---

238) Ibid.
239) Ibid., 51.

으로 종교와 문화의 전통이 암시하듯이 죽고 있는 사람의 침상 곁에 대부분의 경우에 의사와 함께 신부도 있어야 된다는 결론을 내리게 되었다.

호스피스 사업

죽고 있는 환자들에 대한 사업의 필요한 특성에 대해서 많은 쟁점들의 주장이 있는데 호스피스의 의사, 또는 신부가 지녀야 되는 특질을 다음과 같이 요약할 수가 있다. 죽음으로 하여 돈을 지불해서는 안 된다. 죽음이란 앞당기거나 제동해서는 안 되는 자연적인 과정이다. 죽고 있는 환자들에 대한 사업에서는 대부분 사람들의 경우에 검증된 방법이 아니고는 안 되고 이 사업은 개인적인 성격을 지녀야 한다. 죽고 있는 사람이 특별한 시간 속에서 살고 있기 때문에 그의 침상에 다가오는 자는 서둘러서는 안 된다. 죽고 있는 사람들에 대한 사업의 바탕에는 복종이 아닌 봉사가 깔려 있다.[241]

호스피스사업의 효과성은 주민들뿐만 아니라 성 페테르브르그의 타 구역 행정부에 있어서도 명백하게 증명되고 있다. 성 페테르브르그의 븨보르그스끼구, 기롭스끼구, 페트로그라쯔끼구 등 3개의 구역에서 호스피스 시설들이 개원되었다. 주민들 가운데 죽음에 대한 공포가 현저하게 저하된 것은 괄목할 만한 것이다. 이 공포가 죽음 그 자체보다 아프고 괴롭히는 죽음과 더 관련되어 있다고 말해 둘 필요가 있다. 아마도 이 조건은 암환자들 가운데 자살의 경향을 일으키는 데 강력한 요인이 되는 것 같다. 예비 자료에 의하면 호스피스들이 봉사하는 구역들에서 암환자들 가운데 자살의 경향은 거의 두 배가 저하되었다.[242]

---

240) Ibid.
241) Ibid., 51-52.
242) Ibid., 52-53.

환자들의 친척들을 위한 심리적 지원과 보조는 그들 가운데 질환 및 심리적 충격발생률을 분명히 저하시켰다. 이와 관련하여 교회전통의 부활이 스트레스를 체험한 사람들의 대상작용에 있어 엄청난 역할을 수행한다는 것을 지적할 필요가 있다.

호스피스의 서비스의 전망은 다음과 같이 예상된다. 충분한 양의 경구적인 마취약품을 상비하고 호스피스 서비스에 관한 완전한 프로그램이 실현된다면 재가 환자들을 위한 보호와 서비스를 가능케 할 것이다. 그렇게 될 때에 암환자들과 관련된 응급처치 기관의 부담(하루에 70여 회의 호출)이 축소될 것이며 재가에서 마취주사기, 자동차, 휘발유, 운전기사 그리고 결국은 병원에서 침대가 필요 없게 되므로 인한 경제적인 효과가 있을 것이다.[243)]

죽음요법학 연구원

러시아에서 죽음학 발달의 일환으로서 2001년 8월에 모스크바에서 죽음요법학연구원이란 자치적 비영리 협회가 설립되었다. 여기서 죽음요법이란 신체 지향적인 정신요법과 체계를 의미한다. 죽음요법은 모든 종류의 죽어가는 과정 및 죽음과 접촉을 정립하는 분야와 관련된 것으로서 이 과정에 있어 특별한 정신치료적 원조를 제공하기 위한 기법을 보유한다. 창시자는 심리학자이며 주도적인 신체 지향적 정신전문의들 중의 하나인 불라디미르 바스까꼬프이다.

죽음요법이 생긴 이유는 인간은 죽음에 대해 준비되어 있지 않은 상태에 있기 때문이다. 죽음요법은 죽어가는 사람들의 인생의 가장 어려운 시점에 도와주기 위한 특별한 체계와 기법으로서 발생했다. 이 도움은 죽음 및 죽어가는 자연적인 과정과 접촉을 체결하는 데 있다. 그러나 이 과정은 지상에 살고 있는 최후의 순간에 시작되는 것은 아니고

---

243) Ibid., 53.

삶을 위한 근본적 지향과 동반하는 것이다.

죽음요법학 연구원의 과제는 다음과 같다. 죽음요법 상담실의 설립, 죽음요법적 보조를 요하는 사람들(적응곤란이나 현실적인 죽음 등 생명 중의 죽음문제, 질병, 사고 등으로 인한 곤란)에게 이를 제공하는 것, 죽는 과정과 죽음에 관한 학술 토론회의 진행, 협력을 위해서 단체들과 자격 있는 전문가들의 유치 등이다.

죽음요법학 연구원의 교육프로그램은 2년이 소요된다.

실천적 과정

죽음요법의 기초(30시간), 신체성 수난(30시간), 진퇴양난: 카타르시스와 혼수상태 가운데(30시간), 고전적 죽음요법(30시간), 포보스와 데이모스: 출생의 비밀(공격성과 공포의 심리와 정신요법, 30시간), 실습(20시간), 죽음요법의 임상적인 측면 1(30시간), 이행의 예식(죽는 과정과 죽음의 심리, 30시간), 실습(20시간), 반 자살로서의 죽음요법(30시간), 죽음요법 임상적인 측면 2(접촉의 다양함, 30시간), 죽음요법: 제2수준(30시간), 집단에서의 과정(오로지 죽음요법사 트레이너란 자격을 받기 위해서 필요함 60시간)

이론적 과정

심리학(심리학적인 학력을 보유하지 않는 수강생들을 위한 간략한 과정, 30시간), 꿈의 실천(15시간), 죽음요법(15시간), 철학(60시간), 실존적 심리학(30시간), 세계문화사(100시간)

호스피스나 특수병원에서의 특수실습과정

학년 작업(30시간), 개인적인 시험기(20시간), 졸업논문과 실천 죽음 요법사란 자격에 따른 시험(100시간)

그러므로 실천 죽음요법사들을 위한 교육프로그램은 300시간의 실천적인 세미나 트레이닝을 포함하고, 죽음요법사 트레이너들을 위한 교육프로그램은 360시간의 실천적인 세마나 트레이닝을 포함하며, 이론적인 수업은 250시간이 소요되고 특수실습, 학년작업, 시험기와 졸업논문은 200시간이 소요된다. 전체적으로 총 이수시간은 750시간(죽음요법사 트레이너들의 경우에 810시간이 된다.)[244]

8) 한국의 죽음대비교육의 현황

어느 나라에서나 마찬가지이지만 우리나라에서는 무엇보다도 먼저 〈삶과 죽음〉에 대한 전문적으로 연구하는 죽음학의 연구단체가 없다는 것이다. 대표적인 단체로는 1991년 6월 13일에 김옥라 여사에 의해서 〈삶과 죽음을 생각하는 회〉가 결성되었는데[245] 인간의 삶과 죽음의 의미를 탐구하고 이 문제에 관심을 가진 사람들에게뿐만 아니라 보다 많은 사람들에게 죽음에 대한 준비교육과 호스피스 봉사활동을 실시하고 있기도 하다.

죽음대비교육의 주체로는 가장 손쉬운 것은 각자의 학교, 병원, 교회, 사찰, 복지기관 등에서 전문가나 관심 있는 사람들에 의해서 실시되면 좋겠지만, 쉬운 일이 아니라고 생각된다. 정부나 자치단체의 지원도 필요하고 직접 교육에 참여할 전문가의 희생적 참여가 요망된다.

---

244) Ibid., 53-55.
245) 주최: 사회복지 법인 각당복지재단, 삶과 죽음을 생각하는 회, 알폰스 데켄 박사 강연집, (서울: 문화지평, 1992) 발췌.

- 교사, 간호사, 의사, 종교인 등이 참여한다손 치더라도 이 세상에서 그 누구도 죽었다 살아난 사람이 없으므로 직접 죽음 문제가 아니라 간접적, 남의 죽음을 대상으로 한 것이라는 것이 곤란점이다.

- 죽음대비교육의 대상은 모든 사람이지만 유아나 아동에게도 필요하고, 초, 중, 고생, 성인에게도 필요하며, 특히 노인들에게나 말기 환자들에게는 더욱 절실한 문제이며, 대상에 따라 교육의 내용이나 인지 수준이 천차만별하다는 것인데, 이러한 다양성에 어떻게 대응할 것인가가 문제이다.

현행 교육과정에 죽음대비교육을 정식으로 도입하는 방법이 전무한 것은 아니다. 한국의 교육법은 초중등 교육법, 고등교육법, 평생교육법 등으로 3원 조직으로 되어 있고, 초중등 교육법제 11절 통칙 제27조(교육과정) 1. 학교는 교육과정을 운영해야 한다. 2. 교육인적자원부 장관은 제1항의 규정에 의해서 교육과정의 규준과 내용에 관한 기본적 사항을 정하고 교육감은 교육인적 자원부 장관에 의한, 교육과정의 범위 이내에서 지역실정에 적합한 규준과 내용을 정할 수 있다.(개정 2001년 1월 29일) 3. 학교의 교과는 대통령령으로 정한다. 현행 초등교육법상의 내용과 규제에 의해서 교육감의 제청으로 교육인적자원부 장관에 의해 교과과정의 범위 내에서 지역사회의 적합한 규정과 내용을 정할 수 있도록 되어 있다.[246]

따라서 서구의 선진국들은 일찍이 죽음대비교육이 실시되고 있고, 이웃 일본도 앞에서 토구마루 교수가 언급한 바와 같이, 지난 2002년도부터 도덕과에서 〈인간의 죽음〉이라는 어구가 명시되어 있다.[247]

---

246) 김현수, "한국에 있어서 죽음대비교육", 죽음준비교육 왜 실시해야 하는가? 국제세미나 자료, (서울: 사랑의 장기기증운동본부, 2004), 117.

247) 문무성(1999), 小學校學習指導要領, 道德編, 2. 2002년도부터 완전히 실시되는 소학교의 학습지도요령의 해설서, 도덕편에서 지금까지는 학습지도요령에서 찾아볼 수는 없지만, 〈인간의 죽음〉이라는 어구가 명기되어 있다.

우리나라는 초, 중, 고등학교에서 〈죽음대비교육〉을 정규 교과시간에 가르치려면 먼저 교육과정에 명기되어야 하고, 현재로서는 "교육감의 제청으로 교육인적자원부 장관에 의해서, 교육과정의 범위 내에서 지역 실정에 적합한 규준과 내용을 정할 수 있다."고 되어 있으므로 각 지역 실정과 필요성에 의해서 죽음대비교육을 교육감의 제청으로 교육인적 자원부에서 특히 필요하다고 인정한다면 허가될 수 있다. 따라서 죽음 대비교육을 실시함으로써 현재 학교에서의 왕따, 폭력, 자살, 제2인 층의 죽음에서 초래된 죽음에서 초래된 2차적 비극을 예방할 수 있을 것이다.248)

맹용길은 "노인에게서 최종적인 삶이면서 가장 중요한 의미를 갖는 것이 육신의 죽음이다. 죽음은 피할 수 있는 것도 아니며 극복할 수 있는 것도 아니다. 그러나 죽음을 의미 있게 만들 수 있는 길을 제시하는 것이 교회 노인사업이다. 이것은 단순한 상담이나 치유나 회복이 아니고 오직 믿음을 갖고 하느님을 사랑하고 이웃을 사랑하는 가운데 신국(神國)의 소망을 갖고 살다가 죽음을 맞이하는 것이다. 이것을 위해 욕심을 버리고 신국(神國)을 확신하며 그 신국(神國)은 죽음을 통해서 생명을 얻고 만나게 된다는 신앙을 갖게 하는 것이다. 이것은 교회 노인사회사업이 할 수 있는 클라이막스이다."249)라고 말했다.

큰사랑교회에서는 노인을 포함한 전교인을 대상으로 노인들의 죽음을 대비하는 교육을 다음과 같이 실시하였다.

---

248) 김현수, Ibid., 99.

249) 맹용길. "교회노인사업의 방향", 한국교회 사회사업학회 정기학술대회 및 총회 제3차, (서울: 한국교회 사회사업학회, 2004.10), 19.

커리큘럼내용 (3월부터 7월까지)

구 분	내 용	강 사	비 고
지혜생활	죽음대비교육	김 ○○	노인역할 연기전문강사 주제－죽음을 앞 둔 노인들은 축복을 통한 가족 이웃관의 화평을 이루는 사명이 있다.

3. 노인교육 프로그램 사례

우리나라의 노인인구 증가에 따른 통계청의 보고와 전망을 보면, 1960년에는 65세 이상의 노인의 수가 73만 명 정도로 전체 인구의 2.9%, 1990년에는 220만 명으로 전체 인구의 5.1%가 되었던 것이 2000년에는 337만 명으로 전체 인구의 7.1%가 되어 본격적인 고령화 사회에 진입하고, 2022년에는 753만 명에 이르러 전체 인구의 14%가 넘어 고령화 사회가 되고, 2030년에는 가서는 노인인구가 1000만 명이 넘어 전체 인구의 19%가 될 전망이다. 이런 고령화 사회의 급성자의 원인은 수명연장이다. 1960년 우리 국민의 평균수명은 52.4세였으나, 1990년에는 71.6세로 19년이 연장되었고, 2000년에는 75세, 2010년에는 77세 그리고 2030년에는 79세(남자 75.4세 여자 82.5세)가 넘어 인생 80년 시대의 장수시대를 맞이할 전망이다.[250]

지금까지 노인에 관한 연구는 주로 신체적 조건을 중심으로 노령화의 이해에 관련된 것들이 대부분이었다. 그러나 이제는 노년의 심리적, 행동적, 사회적 적응을 위한 과정으로서의 노후를 준비하는 실제적 교육 프로그램이 필요하다.

직장인들은 직장 바깥 사회의 다양한 변칙에 익숙할 기회를 갖지 못

---

250) 강윤구, Ibid., 87.

한 일상을 영위함으로 퇴직 후의 생활을 대비한 체계적인 교육이 필요하다. 무엇보다도 퇴직을 하는 직장인들이 긍지를 갖고 직장을 떠나면서 앞으로의 자신의 삶을 설계하고 새로운 역할을 발견하고 준비할 수 있도록 도와주어야 한다. 따라서 퇴직 예정자 사회적응 교육 프로그램은 퇴직을 하는 직장인들이 새로운 생활 속에서의 충격을 완화하고 안전하고 즐거운 노후생활을 준비할 수 있도록 돕는 데 그 의의가 있는 것이다.

이러한 의의에 기초하여 퇴직 예정자 사회적응을 도와주기 위한 교육프로그램은 다음과 같은 목표들을 달성하도록 개발되어야 한다.[251]

첫째, 퇴직에 따른 역할 변화를 인식함으로써 가정과 사회에서 노년의 역할 변화에 성공적으로 적응할 수 있으며 퇴직 후의 삶을 적극적으로 계획해 나갈 수 있다.

둘째, 퇴직 후의 재정 관리에 대한 필요성을 인식하고 효율적인 재정 관리 및 재정계획을 세울 수 있다.

셋째, 노후의 주거계획을 체계적으로 세움으로써 노후생활을 보다 편리하고 즐겁게 보낼 수 있다.

넷째, 생산적인 시간 관리 방법을 익힘으로써 다양한 여가활동을 즐기고, 보다 효율적인 시간 계획을 세울 수 있다.

다섯째, 봉사활동과 지역사회활동에 대한 구체적이고 실제적인 정보와 방법을 습득함으로써 노후생활을 보다 풍요롭고 보람 있게 보낼 수 있다.

사회 참여활동 프로그램 설계에는 〈표 10〉과 〈표 11〉와 같이 구성할 수 있다.

---

251) Ibid., 96.

1) 사회 참여활동 프로그램 설계

〈표 10〉 실습 프로그램

차시	활 동 내 용	전 개 방 법
1	TV 모니터 교육 운동 TV에 드러난 왜곡된 노인의 모습 역할 등을 지적 고발하고 노인문제와 관련하여 노인에 대한 편견 왜곡된 시각 변화를 지향하려는 운동	-관련 노인운동의 계획 및 참여와 실천
2	환경운동 1. 환경 살리기 운동: 환경감시단 재활용 운동 /대중교통 이용하기 2. 쓰레기 줄이기 운동: 음식쓰레기 줄이기 운동 연대	-관련 노인운동의 계획 및 참여와 실천
3	절제 운동: 아나바다 운동의 생활화 친환경적인 소비문화 확립 소비자 의식 교육	-관련 노인운동의 계획 및 참여와 실천
4	바른 문화 운동 1. 바람직한 청소년 문화: 청소년 유해환경 감시단 활동, 문화 마당, 토론 마당 운영 2. 바른 결혼문화: 함, 예단, 호화 혼수, 청첩장 줄이기 3. 건전한 가정문화: 한 가정 한 기관 돕기, 외식 줄이기	-관련 노인운동의 계획 및 참여와 실천
5	정의공동체 운동 1. 노인의 정치 참여운동: 노인 지도력 활용, 노인포럼, 노인문화제 2. 평화 운동: 평화 통일을 촉진하는 활동 전개 3. 폭력 방지 운동: 학원 폭력, 가정폭력 방지 사업	-관련 노인운동의 계획 및 참여와 실천

<표 11> 건강생활 프로그램

강 좌 명	내 용	운영시간	장 소	비 고
건강강좌	1. 건강세미나 2. 무료 암 검진 3. 수지침 4. 발 마사지 5. 피부미용		노인교실 지역병원 노인교실 노인교실 노인교실	
생활체육	1. 생활체조 2. 댄스스포츠 3. 고전무용 4. 탁구 배드민턴	10:00-12:00	특 별 실 특 별 실 특 별 실 운 동 장	때에 따라 다소 변경됨.
교 양	1. 견학/자기체험 2. 생활법률 3. 생활의 지혜		노인교실 노인교실	
취미교실	1. 종이접기 2. 노래교실 3. 레크리에이션		노인교실 음 악 실 노인교실	
학교행사	1. 붓꽃축제 2. 체육대회		운 동 장	

- 노인자원봉사학교 프로그램

노인자원봉사 프로그램에는 아래와 같이 기초교육, 리더십, 전문인 프로그램의 내용으로 구성할 수 있다.

〈표 12〉 노인자원봉사학교 프로그램

구분	회기	시간	프로그램	내 용
자원 봉사 기초 교육	1강	3시간	개강식 기조강연 친교 프로그램	· 오리엔테이션, 조 구성 · 나의 목표세우기 · 기조강연: 자원봉사와 사회통합 · 친교프로그램: 자기소개, 레크리에 　이션
	2강	3시간	노인자원봉사의 의미, 필요성	· 고령화 사회와 노인의 사회 참여 · 토론
실기 교육	3강	3시간	인간관계훈련(Ⅰ)	· 의사소통 및 대화기법 훈련
	4강	3시간	인간관계훈련(Ⅱ)	· 자아발견 프로그램: '나의 인생'
	5강	3시간	리더십훈련(Ⅰ)	· 리더십의 이해
	6강	3시간	리더십훈련(Ⅱ)	· 비전 만들기
간접 체험 교육	7강	3시간	국내외 노인자원봉사 사례	· 사례발표 · VTR시청 · 토론
자원 봉사 탐색	8강	6시간	지역사회복지의 이해 및 기관방문	· 지역사회와 노인자원봉사 및 지 　역사회복지기관 방문 · 기관방문 소감 발표
	9강	3시간	아동, 청소년 대상 활동의 이해	· 아동의 특성 및 아동대상 활동 　소개 · 청소년 문화이해하기 · 그룹토론
	10강	3시간	장애인대상 활동의 이해	· 장애인의 이해 · 토론: 장애인을 위한 봉사
	11강	3시간	노인 & 노인	· 노인복지와 자원봉사 · 또래노인 돕기 사례발표 · 토론(노인대상 자원봉사)
체험	12강	6시간	체험! 봉사현장	· 체험활동 오리엔테이션 · 체험배치표 전달 · 활동 후 집단토론
봉사 영역 결정	13강	3시간	노인자원봉사 마켓	· 다양한 영역의 봉사 찾기 · 새로운 봉사영역 및 활동창조
평가	14강	3시간	제2의 인생설계 평가회, 집단발표 평가 설문 작성, 수료식	· 제 2의 인생설계 · 그룹별 발표 · 평가회

– 노인자원봉사 리더십 교육 프로그램으로는 〈표 13〉과 같다.

〈표 13〉 어르신 자원봉사지도자 리더십 프로그램

일 정	강 의 주 제	진행자	시 간
10. 24 (화)	개강/제1강: 가치의 인식과 고양	차○○	2H
10. 26 (목)	제2강: S-리더십의 이해/삶의 의미 찾기	배○○	2H
10. 31 (화)	제3강: 커뮤니케이션 방법	배○○	2H
11. 02 (목)	제4강: 비전 만들기/새로운 희망 만들기	배○○	2H
11. 07 (화)	제5강: 전략수립과 결과관리	배○○	2H
11. 09 (수)	제6강: 조직과 개인의 역할/종강파티	송○○	2H

어르신 자원봉사지도자 전문교육 프로그램은 〈표 14〉와 같다

<표 14> 어르신 자원봉사지도자 전문교육 프로그램

차시	활동내용	전개방법
1	발달과 노화 1. 인간의 발달: 인간발달단계와 각 단계별 특징들을 알아본다. 2. 노화: 노화의 종류(생리적, 사회적, 심리적 노화), 발달로서의 노화의 의미 등을 알아본다. 3. 퇴직과 생활주기: 생활주기 속에서 퇴직의 의미를 알아본다. 4. 자신의 노화경험에 관한 토론: 자신에게 일어나고 있는 노화의 징후들에 관하여 함께 토의한다.	−강의: 인쇄 자료를 함께 제시하여 이해를 돕는다. −분단토의: 5-10명 정도 분단토의를 활용한다.
2	퇴직의 의미 1. 현대사회 변화와 강제 퇴직제도: 현대사회의 변화에 따른 퇴직제도의 발생과 필요성에 관하여 알아본다. 2. 퇴직의 사회적 의미: 퇴직이라는 사건과 그 과정 등의 의미를 알아본다. 3. 퇴직 후의 사회활동: 재취업, 재배치, 창업 등과 자원봉사 등 퇴직 후 사회 참여의 의미와 방법들에 관하여 토의한다. 4. 퇴직의 의미에 관한 토론	−강의: 인쇄 자료를 활용한다. −분단토의: 5-10명 정도 분단토의를 한다.
3	퇴직과 생활 변화 1. 퇴직의 심리적 영향: 퇴직에 따른 심리적 변화, 퇴직 후 적응의 문제에 관하여 알아본다. 2. 퇴직과 가족관계의 변화: 가족생활주기, 퇴직에 따른 가족 및 부부 역할 변화와 적응에 관하여 알아본다. 3. 퇴직과 사회 관계망의 변화: 퇴직에 따른 관계망의 변화와 적응방법에 대해 알아본다. 4. 시간 관리: 퇴직 후 시간 관리의 의미와 방법을 알아본다. 5. 생활변화 적응에 관한 분단토의를 진행한다.	−강의: 인쇄 자료를 활용한다. −분단토의: 5-10명 정도 분단토의를 한다.
4	퇴직 후 경제 및 주거 생활 1. 퇴직의 혜택: 퇴직금, 연금, 보험 등 퇴직으로 지급되는 각종 혜택들에 대하여 알아본다. 2. 자산관리: 물적, 지적, 인적 자산의 종류와 관리 및 활용방법들에 대하여 알아본다. 3. 퇴직관련 법률: 퇴직자의 법적 지위와 권리, 세무관계에 대하여 알아본다. 4. 주거생활: 퇴직에 따른 주거 계획과 각종 노인복지시설의 이용에 대하여 알아본다. 5. 퇴직 후 재정관리 방법 및 주거문제에 관하여 분단별로 토의한다.	−강의: 인쇄 자료를 활용한다. −분단토의: 5-10명 정도 분단토의를 한다.

차시	활동내용	전개방법
5	퇴직 후 건강관리 및 취미 생활 1. 장노년기의 건강관리: 정기검진, 운동, 식사 등에 관하여 알아본다. 2. 장노년기의 질병과 정신건강 3. 취미 생활: 퇴직 후 취미 생활의 의미와 계획방법 등을 알아본다. 4. 퇴직 후 건강관리 및 취미 생활에 관한 토의	-강의: 인쇄 자료를 활용한다. -분단토의: 5-10명 정도 분단토의를 한다.
6	퇴직 후 자기 개발과 사회 참여 1. 학습과 자기개발: 노년기 학습의 의미와 자기 개발의 필요성과 방법을 알아본다. 2. 취업과 재취업: 취업과 재취업, 창업의 가능성과 방법에 관하여 알아본다. 3. 퇴직 후 자기 개발과 사회 참여에 관한 토론	-강의: 인쇄 자료를 활용한다. -분단토의: 5-10명 정도 분단토의를 한다.
7	퇴직자 사례 토의 1. 퇴직자의 사례에 관한 인쇄 자료나 영상자료를 본다. 2. 사례토의를 실시한다.	-시청각교수법: 사례에 관한 인쇄 자료나 VCR을 활용한다. -분단 사례토의: 5-10명을 분단으로 나누어 사례토의를 진행한다.
8	생애개발 I 1. 생애곡선 그리기 2. 생애방패 그리기	-실습: 양식에 따라 작성한다. -분단토의
9	생애개발 II 1. 나의 역할 2. 미래 일기 쓰기: 퇴직 후(1주일, 1달, 1년, 5년)의 가상적인 어느 날의 일기를 작성한다.	-실습: 양식에 따라 작성한다. -분단토의
10	퇴직계획서 작성 1. 건강관리 및 여가 계획 2. 학습 및 자기개발 계획 3. 주거 및 가족생활 계획 4. 취업 및 자원봉사 계획 5. 시간 활용 및 관리 계획 6. 재정 관리 계획 등	-실습: 양식 따라 작성한다.
11	퇴직계획서에 관한 토의: 각자 작성한 퇴직계획서에 대한 토의	-분단토의
12	퇴직계획서 수정 및 공약 1. 토론 내용을 토대로 계획서 수정 2. 수정한 퇴직계획서를 전체 앞에서 공약한다.	-실습 -발표

이상의 프로그램의 목표와 관련하여 실제 프로그램에서 다루어야 할 학습내용은 다음과 같이 구성되어야 한다.

첫째, 퇴직 후 효율적인 재정 관리 및 재정계획을 준비할 수 있도록 재정 관리에 대한 필요성과 재정계획의 준비, 연금 산출과 과세에 대한 전반적인 정보, 퇴직금 및 연금관리 방법, 투자전략, 재정 관리와 관련된 변호사 의뢰방법 등으로 구성되어야 한다.

둘째, 노후생활을 보다 편리하고 즐겁게 보낼 수 있도록 도와주기 위한 다양한 주택에 대한 정보와 주택판매 및 이사계획, 선진 외국의 실버주택과 한국형 실버주택에 대한 정보 등으로 구성되어야 한다.

셋째, 생산적인 시간 관리를 돕기 위해서 시간 관리의 필요성과 방법, 다양한 여가활동에 대한 탐구, 개인의 시간 관리 계획에 대한 실제적인 접근 등으로 구성되어야 한다.

넷째, 봉사활동과 지역사회 참여활동을 돕기 위해서 퇴직자 클럽 활동 조직과 운영방법, 학습 집단 지도방법 건전한 지역사회를 만들기 등으로 구성되어야 한다.

다섯째, 노후의 건강관리를 돕기 위해서 현재의 건강상태에 대한 검진, 노후의 성생활, 노후 건강관리를 위한 운동 소개 다양한 의학 정보, 생활 속에서 접하는 스트레스 해소방법 등으로 구성되어야 한다.

여섯째, 노후의 원만한 인간관계유지를 위해서 다양한 형태의 인간관계 유지 및 향상 방법에 대한 실제적인 접근으로 구성되어야 한다.

일곱째, 누구나 맞이해야 하는 죽음을 계획하고 준비할 수 있도록 도와주어야 한다.

여덟째, 노년기에 있어서 일의 의미를 이해하고 재취업과 창업을 준비하기 위한 기능과 지식을 습득하며, 나아가서는 재취업과 창업을 통하여 사회 참여의 가치와 자아실현을 도모할 수 있도록 도와주어야 한다.(98)

4. 자원봉사

자원봉사는 이타주의(Altruism), 헌신(Commitment), 자유의지(Free will), 학습(Learning), 경제적인 무보수성(Absence of financial remuneration), 조직(Organization), 심리적인 이득(Psychological benefit), 희생(Sacrifice) 등의 핵심가치가 있다. 사회와의 관계 속에서 교회가 신국(神國)의 운동을 한다고 할 때 기본 concept로 신국(神國)운동이다. 이것을 푼다면, 이 사회가 하느님의 뜻을 따르는 사회로 성숙되어 가도록 하는 운동이다. 이것에 기초를 두고 예수의 삶을 살아가는 데 필요한 사회 선교는 무엇인가? 이 사회가 하느님의 뜻에 따르는 사회로 성숙시키는 데 교회가 할 수 있는 일이 무엇인가?

생명 살리기 – 인권 운동 – 민주화 운동 – 노동 운동 – 시민 운동
환경 운동 – 통일 운동 – 노숙자 문제 – 장애자 문제
노인 문제(독거) – 결손 가정 – 이혼 문제 – 소년 소녀 가장
학교교육문제 등이 있다.

현재 우리나라의 성인자원봉사의 비율은 대략 10%를 약간 상회하며, 노인자원봉사는 대략 2-3%라고 봐야 할 것이다. 이는 선진국의 성인자원봉사 30-40%, 노인자원봉사 20-30%에 비하면 낮은 비율이다. 노인자원봉사는 노인복지뿐만 아니라 사회통합과 사회발전에 큰 의의를 갖는 만큼 참여정부는 노인자원봉사를 활성화시키기 위한 지원을 강화해야 할 것이다.[252] 몸소 봉사에 헌신함에 있어 크고 위대한 대의는 없다. 우리에게 가장 가까운 곳 – 가족이나 – 친구에서부터 시작하면 된다. 자기가 약속을 지키고 있다는 만족감이 생기면 거기에서부터 좀더 확대

---

252) 김동배, "한국사회의 노인문제 해결을 위한 교회의 역할과 과제", 한국교회 사회사업학회 정기학술대회 제3차, (2004.10) 31-32.

해나갈 수 있다.[253]

자원봉사활동에 참여 분야를 물어본 결과, '노인' 분야가 37.9%로 가장 많이 응답되었고, '아동 및 청소년' 분야가 24.5%, '장애인' 19.2%, '재해구호' 11.0% 등의 순으로 나타났으며, 참여이유는 '다른 사람을 돕기 위해서'가 59.7%로 가장 많이 응답되었으며, '여가를 보람 있게 보내기 위해서' 14.5%, '종교적인 신념에 의해서' 6.0%, '사회문제에 대한 관심에서' 5.7% 등의 순으로 결과가 나왔다. 이는 현재 사회복지 분야에서 자원봉사활동을 하는 대부분의 자원봉사자가 독거노인이나 시설보호 노인들을 주된 대상으로 하고 있음을 보여준다 할 수 있다.

인간성이 훼손된 사람이 회복하고 자기 주체성을 회복하도록 돕는 일이 사회 선교에 핵심된 개념이다. 그 방법으로는 무궁무진하다.

-net-work 형성: 앞으로 사회 선교에서는 대단히 중요하다. 예수 운동의 기본적인 전략 가운데 하나일 것이다. 가정에서의 net-work부터 중요하다. 가정에서 나누고 토의하고 함으로써 선교에 가정이 들어올 수 있도록. 교우간의 net-work, 목회자와 교우 간의 net-work. 어떤 식으로든지 교인들이 net-work 속에 들어와야 한다. 돈 내는 사람 따로 있고, 시간 내는 사람 따로 있다면 교회 내에 선을 만들 수 있다. 시간이 많이 내지 못하는 사람도 시간을 내어줘야 하지, 돈만 낸다고 하면, 선교에 또 다른 문제가 될 수 있다.

유감스럽게도 많은 사람들이 실제로 봉사활동에 나서는 사람보다도 직접 나서서 일하지 않고 돈만 내는 쪽이 더 위대하다고 생각하는 경향이 있다. 몸소 봉사에 나서는 사람들을 존경할 때, 사회 전체적으로 봉사에 대한 헌신의 수준을 높일 수 있다. 얼마나 많이 주는가의 문제

---

253) Keshavan Nair, A Higher Standard of Leadership, 김진옥 역, 섬김과 나눔의 경영자 간디, (서울: 씨앗을 뿌리는 사람, 2001), 95.

가 아닌 것이다. 오히려 우리가 가지고 있는 것 가운데에서 얼마나 많은 부분을 주느냐가 봉사에 대한 헌신의 정도를 결정하는 것이다.[254]

목회자—목회자 사이의 연대, 교회와 교회 사이의 연대, 목회자와 전문가 사이의 연대가 되어야 한다. 사람에 따라서 전문가에게 보낼 수 있어야 한다. 전문가가 필요로 하는 경우, 전문가와 목회자 사이의 net-work이 필요하다. 교회와 사회 기관과의 연대가 필요하다. 그런 것들이 확대되어 나가면, 사회 기관이라는 것은 정부와의 연대를 생각할 수 있다. 지역사회를 위한 도서관 등도 거기에 일하는 사람에 대해서도 정부와 연계를 하면 싸게 사람을 채용할 수 있다. 이것을 앞으로 목회자들이 중요하게 여겨야 한다.

—사회 선교의 이념 공유: 생각을 나누는 것이다. 쉽지 않다. 2002년도에 국민의 자원봉사 인식 및 활동 현황에 대한 한국 갤럽의 조사를 살펴보면 다음과 같다. 우리나라 국민들에게 평소 '자원봉사에 참여할 만큼 시간적으로나 혹은 경제적으로 어느 정도 여유가 있다'고 스스로 평가하는지 물어본 결과, 시간적으로 '여유가 있다'는 39.7%, 경제적으로 '여유가 있다'는 34.5%로 전반적으로 시간적으로나 경제적으로 여유가 없다고 스스로의 상황을 평가하고 있었다.

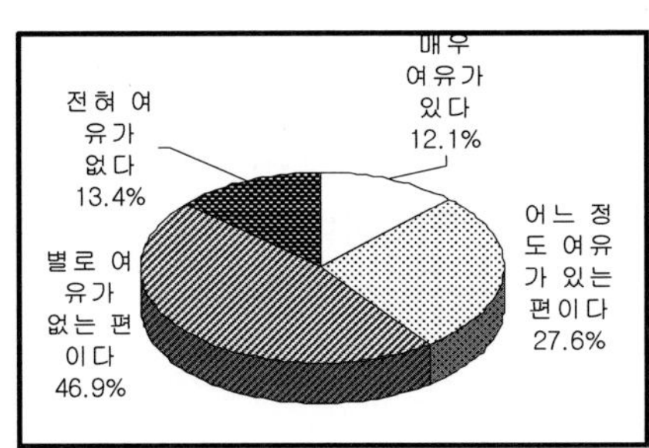

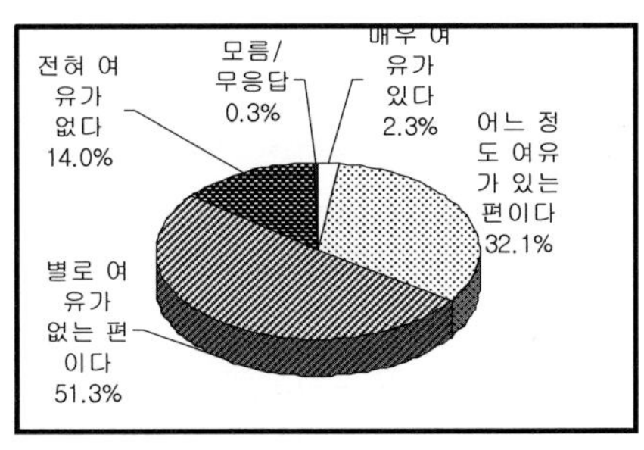

〈표 16〉 시간적 여유에 대한 물음   〈표 15〉 경제적 여유에 대한 물음

우리나라 자원봉사활동의 현황을 보면 현재 전국 223개 자원봉사센터에 등록된 자원봉사자의 숫자는 1,343,693명으로 이는 등록되지 않은 숫자까지 합치다면 더 늘어날 것으로 보인다. 이 중 여자 자원봉사자가 757,137명으로 56%를 차지하고 있고, 연령별로는 19세 이하가 354,496명(26%)으로 제일 많으며, 40세~49세가 323,542명(24%), 30세~39세가 216,701명(17%) 순이다.

직업별로는 중고생이 345,340명(26%)인데, 19세 이하의 숫자와 일치하게 된다. 주부가 342,337명(25%), 자영업이 155,177명(12%) 순으로 등록되어 있다. 이들이 활동하는 분야는 사회복지 분야가 가장 광범위한데 28%의 인원이 사회복지 분야에서 활동을 하고 환경보호 분야가 18%, 그리고 교통질서, 재난복구, 의료지원 등 활동 영역이 확대되고 있는 것도 요즘의 추세이다.[255]

교회와 사회기관과의 자원봉사 연대는 잘못하면 스타트를 하고 나서 삐걱거리는 문제의 원인이 된다. 부부지간에도 이념이 달라서 열심히 나아가는데 뒤에서 잡아당기는 경우가 있다. 그러므로 프로그램화와 네트워킹이 필요하다. 이 네트워킹 속에서 같이 품고 가는 것이 중요하다. 특히 중요한 이야기는 같이 초대해서 생각을 공유하도록 해야 한다. 이런 과정을 거쳐야 좁혀지는 것이 있다. 경험을 공유함으로써 상대를 가장 깊게 이해할 수 있고, 가장 오래 지속되는 유대감을 가질 수 있다.[256]

같은 경험을 나누는 것을 통해서 극대화시킬 수 있다. 학습하는 일만 죽어라고 하고 실제로 실천하는 장들이 주어지지 않을 때 머리만 크고 행동이 없게 된다. 공유되는 데 있어서 그것이 장애가 될 수 있다. 많은 경우에 문제가 생긴다. 운동하는 분들은 실천이 강하지만, 의식 있는 교

---

255) 행정자치부 2003 자원봉사 활성화 추진시책 자료집.
256) Keshavan Nair, Ibid., 104.

회가 생각은 저 멀리 가있는데, 장이 주어지지 않아서, 생각만 가고 행동은 없으면서, 행동 안하는 것이 생각으로 대체되는 경우도 많다

전반적인 근원적인 문제를 넘어서는 데 있어서 소명의식이 중요하다. 이것이 없으면 이념을 공유했다고 해서 함께 갈 수 있느냐 하면 아니다. 영성이 바로 여기에 관련이 될지도 모른다. 내가 부름 받았다는 것이 기초가 되지 않으면 네트웍이 되고 이념이 되어도 지쳐서 소진되고 끝날 수 있다. 이 일에 투신하는 사람들이 소명의식을 재확인해서 재충전해 줄 수 있는 프로그램이 필요하다. 역시 이 단계에서 강조되어야 할 측면일 것이다.

목회자의 소진 문제를 해결하는 방법으로 같은 길을 가는 목회자들의 meeting이 필요하다. 목회자들 사이에도 여러 가지가 있다. 민중 운동하는 사람들 사이에도 있고, 교단 정화를 위해서 그룹을 만들기도 하고, 목회자들끼리 친목단체로 모이는 경우도 있다. 그런데 이 그룹은 사회선교 이념을 실천하는 목회를 위해서 같은 길을 가는 사람들끼리 이 문제를 놓고 계속 같이 탐구하고, 시행착오들을 함께 풀어나가고, 그 과정에서 소진될 때 옆에서 충전도 해 주고, 채찍을 들어서 편달해 줄 수 있어야 한다. 목회자가 소진되고 포기하고 싶은 마음이 생길 때 이런 그룹이 필요하지 않겠는가? 이것을 잘 운영을 하게 될 경우, 스스로 독특한 프로그램을 만들 수 있을 것이다. 지금까지 검토한 것이 다 준비되었다고 할 때, 이제부터 무엇을 기대할 수 있을 것인가를 살펴보자.

조이스 브라더스 박사는 과부를 위한 조언에서 과부로서 자신을 도울 방법들을 터득했다. 과부들이 겪게 되는 몇 가지 함정들을 피할 수 있으며 그들이 남편의 죽음 후에 직면하게 되는 몇 가지 문제들을 다룰 수 있는 소수의 의견들을 다음과 같이 엮었다.[257]

---

257) 조이스 브라더스, 김옥라 역, 이인복 감수, 홀로 남은 이를 위하여, (서울: 우진출판사, 1992), 216-225.

1) 자신의 삶은 자신이 맡아라. 2) 성급한 결정들은 피하라. 3) 미래를 설계하라. 4) 평상시의 일과들을 계속 유지하라. 5) 기념일, 휴일, 그리고 주말을 앞서 계획하라. 6) 집 밖으로 나가라. 수화를 배워 청각장애가 있는 어린이들을 위해 자원봉사 하라. 혹은 응급처치 반에 등록을 하라. 워드프로세서 사용법을 배워라. 도서관, 병원, 양로원, 박물관 등 그런 곳에서 봉사를 하여라. 또는 직장을 다녀라, 적어도 일주일 동안은 몇 회라도 집 밖으로 나갈 수 있는 일을 찾아라. 6) 외로움과 싸워라. 7) 자신에게 잘 대하라. 8) 운동을 하라. 9) 자신의 진전을 수시로 확인하라―3개월에 한 번씩 시간을 내서 당신의 진전을 돌이켜보고 평가를 하라.

자기가 자기 삶의 주체로서 정당하게 인간적 가치를 존중받으면서 어떤 것에도 구애받지 않고 자유롭게 삶을 살 수 있도록 배출해 가는 것이 선교의 궁극적인 goal이 될 것이다.

다음에 나오는 P 씨의 사례는 의학적, 과학적 진보와 인간성의 관계를 대조시켜 주는 좋은 예가 되겠다.

P 씨는 51세의 환자로 측색경화증이 급속히 악화되어 입원하였다. 그는 산소마스크 없이는 호흡이 곤란할 정도였다. 가래를 뱉어 내는데도 괴로움이 컸다. 그런데다가 폐렴이 병발하고 기관지에 감염이 일어났다. 환자는 말도 못하고 침대에 꼼짝없이 묶여 산소호흡 장치가 돌아가는 소음을 듣고 있었다. 자기의 필요나 생각과 감정을 아무에게도 전달할 수가 없었다. 우리는 환자가 있는 자리에서 해결의 실마리를 찾아보기로 했다. 환자는 문제 해결에 중요한 인물이기 때문이다. 우리가 찾아온 이유를 설명하자 환자는 관심 있는 표정을 했다. 환자는 말하기를 자기는 죽는 것이 무섭지 않으나 살아남는 것이 두렵다고 했다. 의사에게는 이렇게 당부했다. "선생님께서 그토록 힘들여 살아남게 만드셨으니 이제는 목숨이 이어지게 도와주십시오." 환자는 미소를 보였고, 의사도 안도의 웃음을 지었다. 이 대화로 의사도 내심의 갈등에서 벗어났고 환자와의 관계도 죄의식이나 동정심에서가 아니라 인격 대 인격의 관계로 변했다. 이처럼 노골적인 대화가 얼마나 쉽고 편리한지 알고 난 다음에는 의사가 직접 나서서 이 대화법을 활

용하였고 대화의 촉매가 필요할 때만 우리를 부르는 것이었다. 우리도 그런 환자의 무력하고 고통에 시달리는 모습에 지레 겁을 먹고 물러서지 않는 한 그런 환자의 남은 식물인간으로 살아남도록 애쓰느니보다는 환자가 인간답게 죽도록 돕는 일도 필요하다는 뜻이다. 258)

노인자원봉사를 통하여 사회 전체가 하늘의 뜻을 이루며 사회가 움직여지는 그런 사람들이 숨 쉬고 살 수 있는 사회가 되어야 할 것이다. 또 그런 사람들이 어떠한 이유로서도 인간성이 훼방되지 않는 꿈을 갖고 사회 선교를 하는 것이다.

1) 우리나라 자원봉사 현황 및 법률체계 지원방안

- 현 황

현재 우리나라는 지방자치시대를 맞아 시·도 및 기초지방자치단체에서는 독자적으로 '자원봉사계'나 '자원봉사센터'를 설치, 자원봉사자 관련 교육·훈련, 자원봉사전산망 구축 등 자원봉사를 조직화하고 있다.

---

258) 퀴블러로스, 성염 역, 인간의 죽음, (서울: 분도출판사, 2000), 33-36.

<표 17> 우리나라 자원봉사센터 현황 (2001. 2월 기준)

구 분	계	보건복지부		문화관광부	행정자치부	여성부
		사회복지 정보센터	재가복지 봉사센터	청소년자원 봉사센터	시·군·구 자원봉사센터	여성자원 봉사센터
계	698	17	322	17	181	161
서울	130	2(중앙/서울)	90	2(중앙/서울)	26	10
부산	80	1	43	1	17	18
대구	43	1	25	1	7	9
인천	29	1	11	1	4	12
광주	25	1	17	1	5	1
대전	24	1	15	1	6	1
울산	16	1	3	1	6	5
경기	77	1	35	1	32	8
강원	37	1	10	1	6	19
충남	35	1	10	1	8	15
충북	18	1	8	1	8	–
경남	37	1	14	1	21	–
경북	41	1	12	1	4	23
전남	48	1	13	1	11	22
전북	45	1	13	1	15	15
제주	13	1	3	1	5	3

※ 여성부 충북, 경남 자원봉사센터는 행자부로 편입됨.

99년 볼런티어21이 한국갤럽조사연구소와 함께 조사연구한 바에 의하면, 지난 1년간 20세 이상 성인의 14%가 평균 주당 2.2시간의 자원봉사활동을 하였다. 390만 명의 성인이 총 4억 5천 1백 19만 시간의 자원봉사활동을 하였으며 이에 상응하는 금전적 가치는 2조 4천 5백억 원으로 추산되고, 97년 GDP(420.99조 원)의 0.58%에 해당된다.

자원봉사자 중 86%는 과거에 유사 봉사활동경험이 있고 81%는 종교를 가지고 있다. 자원봉사자 구성은 중류층이 가장 많고 남녀비율은

45:55이며 가정주부 34.1%, 자영업 19.5%, 사무/기술직 12.2%의 순으로 되어 있다.

활동처는 종교단체 34.4%, 사회복지기관 및 시설 23.9%, 시민단체 11.2% 순이며, 부모가 자원봉사자인 경우 그 자식들의 자원봉사 참여율은 5배나 높다.

참여경로는 단체, 직장, 조직의 권유가 50.0%로서 가장 높고 종교인일수록 주기적 봉사를 하는 경향이 있으며 가톨릭(74.5%)이 가장 높다(기독교 58.2%, 불교 54.2%).

참여 동기는 요보호자의 물질 욕구해결(35.3%), 많이 가진 자의 의무(31.4%), 사회 환원(27.4%), 의미 있는 여가(23.4%) 등의 순서이며, 활동이유로서는 자신의 필요성을 느끼기 때문에(91.2%), 동정심(85.6%), 새로운 시각을 가지게 됨(81.7%) 등이 중요한 이유가 되고 있다.

국내의 주목할 경향은 첫째, 열린사회시민연대, 부산을 가꾸는 모임, 관악사회복지, 녹색삶을 사는 여성모임 등 풀뿌리 단체들이 전국적으로 성장하고 있는 점이다. 둘째, 시민단체들의 직접서비스프로그램 증가와 셋째, 국제연대활동증가이다.

먼저 미국의 독립섹터(Independent Sector)에서 발표한 《1999 기부 및 자원봉사활동에 관한 전국 조사》 결과에 의하면 1998년 미국의 75세 이상 노인들 중 43%가 자원봉사활동에 참여한 것으로 보고 되었으며, 이는 지난 1995년의 35%에 비해 8%나 증가한 것이었다(Independent Sector, 1999). 또한 1995년 미국의 한 연구 결과에서도 미국 노인의 25%가 특정 단체들을 위해 자원봉사를 하고, 25%가 환자나 장애인, 손 자녀를 돌보고 있으며, 38%가 이웃을 돕는 데 시간을 투자하고 있어, 전체 노인인구 중 적어도 72%는 여러 유형의 이타적 행위를 통해 사회적 생산활동에 참여하고 있는 것으로 보고 된 바 있다. 이러한 노인 자원봉사 참여율의 증가 경향은 영국과 호주와 일본 등에서도 이미 오래된 사회현상

(Institute for Volunteering Research, 1998: 1-3; Geddes, 1996: 75-79; 중앙일보사, 1995: 32)으로 알려져 있다.

특히 자원봉사에 참여하는 성인인구 비율이 40%를 넘어선 지 오래된 미국의 경우, 자원봉사자의 주당 봉사시간이 가장 많은 연령층이 바로 중·고령노인(65세~74세)들이라는 연구보고가 있었다(갤럽조사연구소, 1988). 또한 주당 20시간 이상의 이타적 행위(손 자녀 돌보기, 친지나 이웃 중의 환자나 장애인 간호 등)를 통해 무보수 생산 활동을 하는 노인들에 대한 조사에 의하면 55세 이상 노인 중 약 335만 명이 손 자녀 돌보기(이를 시간당 5불로 계산해 보면, 연간 3백억 9천만 불), 환자 및 장애인 간호에 약 239만 명(이는 연간 260억 불)이 활동하고 있고, 노인 자원봉사활동 참여의 경우에는 주당 평균 32시간을 활동함으로써 전임 노동자 80만 명분의 노동 가치를 생산하고 있는 것으로 보고 된 바 있다.

전기노인(만 55세-64세)의 자원봉사 참여에 영향을 미치는 요인들을, 크게 3개의 변수군(인구사회학적 특성들, 조직 활동 특성, 과거경험)으로 구분하여 살펴본 결과는 다음과 같다.

첫째, 전기노인의 자원봉사 참여에 영향을 미치는 인구사회학적 특성은, 교육수준과 종교유무로 나타났다. 교육수준이 높을수록 자원봉사 참여율이 높았고, 종교가 있는 전기노인들이 종교가 없는 이들보다 월등히 높은 자원봉사 참여율을 보였다. 따라서 비교적 사회·경제적으로 안정된 계층에 속한 노인들이 자원봉사활동에 참여할 가능성이 크다는 것을 알 수 있었다.

둘째, 전기노인의 조직 활동 참여가 자원봉사 참여에 영향을 미치는가 하는 문제에 대해서는, 현재 어떤 유형의 조직이든지 하나 이상의 조직에 소속되어 활동하고 있는 전기노인들이 그렇지 않은 노인들에 비해서 훨씬 많이 자원봉사에 참여하고 있는 것으로 나타났다. 이것은 어떤 조직에도 속하지 않은 채 소극적인 생활을 하는 노인들보다는 다양한 사회활동을 통해서 자신의 경험과 감정을 나눌 기회를 가지는 노인들이 자원봉사활동에도 보다 개방적이고 적극적일 가능성이 크다는 사실을 말해 주고 있다. 특히 그중에서도 봉사단체와 지역시민단체, 계모임과 동창회, 그리고 종교단체에 소속되어 활동하고 있는 전기노인들의 자원봉사 참여율이 높은 것으로 나타났다.

셋째, 전기노인들이 가진 특정한 과거경험이 자원봉사 참여에 영향을 미치는지 여부를 살펴보았다. 그 결과 '자원봉사와 유사한 활동'을 한 경험이 있거나 '가족이나 자신이 개인적으로 존경하는 누군가가 타인을 돕는 것을 본' 경험, 그리고 '청소년단체나 학생회, 종교단체에 소속해 활동한' 경험을 가진 전기노인들이 그렇지 않은 이들에 비해 자원봉사에 많이 참여하고 있는 것으로 나타났다. 이러한 결과는 개인이 가진 수많은 경험들 중에서 자신의 가치관과 행동 방향을 결정하게 하는 중요한 경험들이 존재하며, 이러한 경험은 그들이 나이를 먹어 노인이 되어서까지 영향을 미친다는 것을 말해 준다. 특히 '가족이나 자신이 개인적으로 존경하는 이가 타인을 돕는 것을 본' 경험이 유의미하게 나타난 점은 개인의 사회화과정에서 모범적인 역할모델의 존재 유무가 매우 중요하다는 사실을 보여주고 있다.

이상의 결과를 정리하면, 전기노인들의 경우 교육수준과 개인의 종교생활, 다양한 조직 활동 참여가 자원봉사 참여에 긍정적인 영향을 미친다는 것을 알 수 있었다. 그리고 과거에 경험한 여러 직·간접적인 자원봉사활동이나 이와 유사한 경험들이 노인들의 자원봉사 참여 가능성을 높인다는 것을 알 수 있었다.

－법률체계 지원방안

정책적 제언 및 한계성과 자원봉사 활성화 방안을 살펴보자.

·복지사회를 향한 대국민 복지교육훈련의 강화와 인식의 고취

일본의 사례에서도 알 수 있는 바와 같이 자원복지(봉사)활동은 역사적으로 그것 자체가 자연스러운 복지일반교육(전 국민을 대상으로 한 복지교육훈련)의 기초가 되어 왔으며, 오늘날에도 선진복지사회(복지국가) 일수록 자원복지(봉사) 활동을 민주복지시민교육훈련의 과정으로서 혹은 인간적 성숙의 장으로서 중요시하고 있음을 알 수 있다. 그래서 일본에서도 볼런티어 활동을 21세기 복지사회를 향한 기초과정으로 생각하고 있으며, 법적 근거에서 열거한 바와 같이 전 국민을 대상으로 한 (유년기부터 노년에 이르기까지－아니 태아교육에서부터 일지도 모른다) 생애교육 차원으로 발전시키고 있음을 알 수 있다. 이러한 점을 감안한다면 세계화와 복지사회를 지향하는 우리에게 있어서 전 국민을 대상으로 한 '복지교육'은 급선무의 필수적 과제임을 인식하고 무엇보다도 우선적인 정책과제로 채택할 필요가 있다.

그리고 지역주민의 자원봉사 활성화를 위해서는 광범위하고 알기 쉬운 홍보활동이 필요하다. 자원봉사활동 관련 정보지 및 관련 자료를 발간하거나 매스미디어를 활용하는 홍보활동, 비디오 및 각종 홍보자료를 제작, 사회복지시설, 지역사회단체, 학교와 제휴하여 자원봉사활동에 대한 주민들의 인식을 확산시키고, 다양한 분야의 관심과 전문성을 가진 시민들이 참여할 수 있는 프로그램 개발이 필요하다.

·자원봉사자 활동을 위한 자금지원

자원봉사자들이 지역사회의 각계각층을 대표함으로써 구성이 다양할 뿐만 아니라 새로운 형식과 새로운 장소에서 활용됨에 따라 관련 기관

에서는 자원봉사자가 그 기능을 원활히 수행할 수 있도록 예산반영의 필요성이 인식되고 있다. 예를 들면 교통비와 주차비, 대회등록비, 탁아비 및 식사비 등을 지원할 필요성이 있다. 미국의 자원봉사자 조직체는 소속 자원봉사자에게 이런 비용을 지불하고 있다. 이렇게 자원봉사자에 대한 최소한의 실비변상차원에서 경제지원(예: 교통비, 식사비 충당정도)을 위한 정책지원이 현실화되어야 한다.

자원봉사활동의 내실 있는 실현이 가능할 수 있도록 정부는 우선 법제적 토대를 마련하는 것이 절실하다고 본다. 예산지원 방법은 현재의 조직지원을 지양하고 집행되는 예산(보조금, 지원금 등)의 효율성을 재검토할 필요가 있다.

· 중앙 및 지방자치단체 각 행정부서의 자원봉사 담당자 육성

각 행정부서의 특성에 맞는 제도개발과 프로그램을 산하기관과 더불어 개발하여 수행하고 동시에 관련기관에 보조금을 지원할 수 있게 하고, 각 부서의 별도 공무원 교육기관이 '자원봉사 과목'을 개설하게 하여 자원봉사활동 담당자를 육성한다. 이러한 과정을 통하여 공무원이 각자 맡은 영역별로 지역 주민과 밀착될 수 있어 주민에게 친밀감을 생성케 할 수 있고, 업무의 효과를 기대할 수 있어 주민을 위한 행정기관으로 호평을 받게 될 것이다.

· 지역사회 자원봉사활동육성을 위한 종합자원봉사정보센터의 운영과 효율적 지원방안

지역사회 자원봉사활동의 홍보, 등록, 교육훈련, 배치, 지도, 지원, 효과적 관리를 위해서는 종합자원복지센터에 전산망구축과 종합정보센터를 육성할 필요가 있다.

지역사회 자원봉사활동의 육성을 위한 초기의 지원체계는 주로 중앙

정부 와 시·도 및 시·군·구가 지원, 육성하는 것으로 될 수 있다. 그러나 이것은 자원봉사의 이념면에서 보나, 지방화, 민주화 및 질적인 삶을 위한 주민 참여, 그리고 세계화를 위한 주체적, 자발적, 창조적 주민 참여 등의 측면에서 볼 때 고려해야 될 여지가 있을 것이다. 즉 앞으로 자원봉사활동육성은 주민이 주체가 되어 자발적으로 참여하는 방식으로 전개되어야 하며, 여기에 민과 관이 협력하여 발전되어 나아갈 수 있도록 하는 체제로 발전되어야 할 것이다. 이를 가능케 하기 위해서는 점차적으로 중앙정부, 지방자치단체 중심의 지원을 민·관이 역할을 분담하면서, 서로 협동해 나갈 수 있도록 해야 할 것이다. 그리고 이 같은 민·관의 협력방안은 재정 부담을 덜어주는 방향으로 진행되어야 할 것이다. 더 나아가서는 센터별로 육성기금을 조성할 수 있도록 하여 점차적으로 정부의 지원 없이도 지역주민의 협동참여에 의한 운영이 가능할 수 있도록 계획적인 지원이 필요하다.

· 전문지도자(supervisor-codinator)교육 훈련 및 강사 육성

자원봉사활동의 활성화 방안의 가장 기초가 되는 것이 교육 훈련의 과제이다. 그러나 현실상황에서 볼 때 자원봉사활동을 육성하는 어떤 분야에 있어서도 강사부족, 전문지도자부족과 지도자의 자질 문제 등 극복해야 될 과제가 적지 않다. 특히 지방인 경우 교육 훈련할 강사 및 지도자가 태부족하여 이를 공급해야 할 방법문제가 제기되고 있다. 이러한 문제들을 고려하여 중앙정부 및 시·도에서는 각 대학에 자원봉사를 연구·교육할 수 있는 풍토를 마련해 주어야 할 것이다. 이와 함께 중앙과 시·도 수준에서 교수 및 현장지도자 대상 교육프로그램을 개발하여 강사 및 지도자 육성을 체계적, 적극적으로 전개해 나가야 할 것이다.

· 초 · 중 · 고 지도교사 교육훈련

초 · 중 · 고의 자원봉사활동을 효과적으로 발전시켜 나가기 위해서는 학생들로 하여금 단순한 「점수 따기」봉사를 뛰어 넘는 차원의 봉사활동이 전개될 수 있도록 지도하여야 한다. 그러기 위해서는 전인 교육적 시각에서 지도 · 지원하는 방향을 모색해야 할 것이다. 따라서 우선적으로 학교선생님들을 대상으로 하는 교육 훈련이 체계화되어야 한다. 이를 통하여 자원봉사활동의 필요성 인식과 이에 대한 신념을 북돋아 줄 수 있는 기회를 제공해 주어야 한다. 뿐만 아니라 자원봉사활동 육성을 위한 지식과 방법을 터득케 하여 학생들의 봉사활동이 자율적, 지속적, 가치적, 목표를 향한 자원봉사활동으로 발전될 수 있도록 하고, 전인적 인간화, 가치적 삶으로 이어지고 주민 공동의 복지목표를 위해 협동하는 주민으로 성숙될 수 있도록 지도할 수 있어야 한다. 이를 위해서는 중앙정부 및 시 · 도의 교육청이 중심이 되어 대학과 초 · 중 · 고가 서로 연계될 수 있도록 하고, 이에 따라 일시적인 교육 훈련이 아니라 계획적인 차원에서 진행될 수 있도록 교육기관과 현장이 연계된 자원봉사 지도자교육훈련 프로그램이 계획되어야 할 것이다. 이상의 과제를 감당하기 위하여 강남대학교 사회복지대학에서는 1999년 1월 19일부터 중고등학교 교원을 대상으로 하는 자원봉사 지도자교육을 계획하고 있으며, 또 사회복지대학원과정에서도 1999년 1학기부터 '자원봉사전문지도자과정'을 개설하여 교육할 예정이다.

· 학생자원봉사에 관한 인식변화

중고등학생들의 봉사활동이 제대로 자리를 잡기 위해서는 다양한 프로그램 개발과 효율적인 사전 준비가 무엇보다 중요하다.

우선 학교가 지역사회의 여러 기관과 연계해 자발성을 높일 수 있는 다채로운 프로그램을 마련해야 한다. 가장 접근성이 용이하고 지역사회에 대한 관심과 애정에서 시작되어야 한다.

자원봉사라 하면 대개 양로원이나 장애인시설부터 떠올리게 되는데 중고생들이 너무 갑작스럽게 자신의 일상과 다른 상황에 직면하게 되면 자원봉사를 [나와 전적으로 무관한 사람들을 위한 시혜] 정도로 인식하기 하기 때문이다.

당장 광범위한 차원의 연계, 조율적 작업이 어렵다면 최소한 지역사회 안에 서만이라도 학교, 교육청, 군청, 시설 등의 관련 업무담당자들이 협의하여 구체적인 대안을 모색해야 할 것이다.

· 자원봉사자가 도움이 필요시 자원봉사활동 실적에 따라 그에 상응하는 도움을 받을 수 있도록 하는 방안 마련

1994년 12월의 정무 제2장 관실 연구보고서에 의하면, 각 센터 담당자의 의견은 사고보상제와 공적 인정제를 85.7%가 원하고 있고, 자원봉사활동 공적인정제와 입시제도와 학교교육과정에 반영하는 것과 자원봉사활동실적 보상제를 71.4%가 원하고 있고, 끝으로 특별유급 휴가제를 57.1%가 원하고 있다. 또 자원봉사자들의 의견은 60.7%의 자원봉사자들은 자원봉사활동실적 보상 제도를 선호하고 있었으며, 자원봉사활동 실적 보상제는 자원봉사활동 실적에 대한 보상으로서 본인이나 가족 간의 노후 또는 장애 발생 시 자원봉사자들이 서비스한 시간만큼의 서비스를 받을 수 있는 제도적 장치를 마련함이 필요하다. 또 25.9%가 자원복지 활동 시 사고에 대한 보상 제도를 희망하고 있어, 이 두 가지 보상 제도가 자원봉사활동의 제도화 과정에서 최우선적으로 반영되어야 하겠다.

이상의 결과에서도 알 수 있는 바와 같이 자원봉사활동의 실적을 인정하고 그 실적을 저축해 두었다가 활용할 수 있도록 제도화하여 보상되기를 원하는 경향으로 되어 가고 있음을 알 수 있다. 한국사회의 흐

름(각 대학, 초중고, 정치적인 발언, 정부의 법제화 노력, 홍보매체의 분위기 조성 등)과 외국의 사례에서도 알 수 있는 바와 같이 자원봉사활동의 공적에 대한 보상 문제는 중요한 사안이기는 하다. 그러나 기분적으로 또는 선진국에서 제도적 장치가 마련되어 있으니까 우리도 하여야 한다는 식으로 단순한 생각으로 처리할 문제가 아니고, 부작용도 예상할 수 있음을 감안하여 심사숙고할 문제라고 생각한다.

· 자원봉사자를 위한 보험제도의 도입

현재 사회적 보상 중에서 시급히 정부차원에서 지원되어야 할 보상이 자원봉사자 보험제도의 도입이다. 자원봉사활동 시 입을 수 있는 만약의 사고에 대비하여 자원봉사상해보험(가칭)에 가입하도록 정부차원의 '자원봉사자 보험제도'의 도입이 필요하다.

현재 삼성그룹의 모든 임직원의 자원봉사활동을 지원하기 위하여 실시하고 있는 '자원봉사 상해보험'의 실태를 참고하여 보험제도 시설 방안이 마련되어야 할 것이다.

＋보험가입대상

자원봉사활동이란 공익 복지사업을 반대급부 없이 계획적, 지속적으로 수행하는 봉사활동으로서 아래의 어느 하나에 해당하면 동 보험에 의하여 보상 혜택을 받을 수 있는 것이다. 즉, ① 사회복지 분야에 관한 봉사활동, ② 환경보호 분야에 관한 봉사활동, ③ 교육 분야에 관한 봉사활동, ④ 소비자 보호에 관한 봉사활동, ⑤ 청소년 선도에 관한 봉사활동, ⑥ 범죄예방에 관한 봉사활동, ⑦ 기초질서 계도에 관한 봉사활동, ⑧ 재해 구조에 관한 봉사활동 등이 그것이다.

＋피보험자 집단

기혼자일 경우는 배우자와 자녀까지, 미혼일 경우에는 실재 부양 중인 가족까지도 피보험대상 범위에 포함되어야 할 것이다.

＋보상의 내용과 기타보험과의 관계비교

자원봉사활동 중에 발생하는 상해 및 헌혈로 인해 후유증이 생긴 경우 일정액의 사례금과 치료비를 보상(지급)하고 봉사활동 과정에서 일어날 수 있는 타인 및 사물에 대한 배상 부분까지도 보상을 받을 수 있도록 보상범위를 확대, 운영할 필요가 있다고 본다.

＋자원봉사활동지원법 제정의 필요성

우리나라 현행 법령을 살펴보면, 자원봉사활동과 관련된 규정은 거의 찾아볼 수가 없다. 자원봉사활동이 가장 필요한 '사업복지사업법' 물론이고, '대한적십자사조직법'이나 '청소년기본법' 등에서 자원봉사를 간접적으로 권장하고 있을 뿐이다. 이런 상황에서 자원봉사활동의 규법적 의미, 자원봉사활동에 대한 지원 및 사회적 보상체계 등에 관한 규정은 당연히 존재하지 않는다. 그러므로 자원봉사활동을 보다 활성화시키기 위해서는 자원봉사활동에 대한 보다 체계적인 조직과 운영 그리고 그 활동에 대한 사회적 보상체계 등에 관한 법제도적인 정비가 필요하다고 할 것이다.

다행히 현재 자원봉사활동 지원법의 제정이 활발히 논의되고 있는데 지금까지의 추진 상황을 살펴보면 다음과 같다.

○ '98. 3. 「자원봉사활동지원법」 제정이 국정 100대 과제로 선정
○ '98. 7~9. 공청회 및 세미나개최(국회 의원회관, 한양대)
　※ 추미애 의원·백남치 의원 공동발의 수

○ '99. 3. 행정자치 당정회의 보고(발의의원 중심 법안 정비작업 완료)

○ '99. 6. 한국자원봉사단체협의회 및 자원봉사센터 입법청원 추진

○ '99. 12. 법제정 지연으로 인한 자치단체 조례제정 권고

  ※ '00. 6월 기준 24개 자치단체 조례제정 완료

○ '00. 1. 군 경력 가산점 폐지에 따른 사회봉사경력 인정관련 당정 검토

○ '00. 3. 당 정책위·한봉협 법 제정 관련 정책간담회 개최

○ '00. 5. 한봉협 자원봉사활동지원법 제정 입법청원 제출

○ '00. 5. 제16대 국회 원구성

  ※ 추미애 의원 법제정 방향 언론보도('00. 5. 19. 한겨레신문)

○ '00. 6. 국무총리지시 제2000-21호, 자원봉사법에 학생봉사활동 포함

○ '00. 7. 2001년 세계자원봉사자의 해 준비 「IYV2001한국위원회」
  창립발기인대회 개최

- 동 위원회의 주요 과제로 자원봉사의 촉진·장려를 위한 법제정
  청원 등

○ '00. 8. 추미애 의원 및 우리 부 관계관 간담회

현재의 장년층이 노인이 되는 가까운 미래에는 지금의 노인들보다 평균수명이 길어지는 것은 물론 교육수준도 급격히 높아질 것으로 보이며, 이에 따라 은퇴 후 자원봉사활동의 중요성이 크게 부각될 것으로 생각된다. 그러므로 여러 연구의 결과를 토대로, 노인들의 자원봉사 참여 활성화를 위하여 다음과 같은 몇 가지 제언을 하고자 한다.

첫째, 우리나라의 노인들의 자원봉사활동이 활발하지 않은 이유로 가장 많이 지적되는 점이 노인들이 참여할 만한 자원봉사 프로그램이 매우 부족하다는 것이다. 특히 교육수준이 높은 노인들일수록 자원봉사 참여율이 높다는 연구결과를 볼 때, 이들 계층의 자원봉사활동 참여를

확대시킬 수 있는 자원봉사 프로그램의 개발에 우선순위를 둘 필요가 있다고 본다. 즉, 교육수준이 높은 노인들이 자신이 가진 지식과 경험을 사용하여 지역사회에 기여할 수 있는 다양한 자원봉사 프로그램을 개발하는 것이다. 예를 들어, 은퇴 전 활동했던 전문 영역의 지식을 활용할 수 있는 회계나 엔지니어링, 판매, 학술 등의 해당 전문 분야에 대한 자문과 상담역할을 제공하는 프로그램이나, 각종 회화나 서예, 컴퓨터 등의 노인 사회교육 프로그램 강사로서 노인교육의 지도자로 활동하는 프로그램 등을 생각해 볼 수 있다.

둘째, 종교가 있거나 종교단체에서 활동하고 있는 노인들의 자원봉사 참여율이 높다는 점을 고려하여, 각 종교기관별로 노인 자원봉사자를 모집하거나 성당의 레지오나 개신교회의 여전도회와 같이 종교기관 내에 이미 만들어져 있는 조직을 자원봉사에 참여시키는 방안을 모색해야 한다.

셋째, 각종 조직 활동에 참여하는 노인들의 자원봉사 참여율이 높다는 점을 고려하여, 다양한 조직과 연계하여 그 조직의 특성에 맞는 노인 자원봉사 프로그램을 개발한다. 예를 들어 종교단체에 소속된 노인들을 대상으로 하는 호스피스 봉사 프로그램을, 스포츠·취미단체에 소속된 이들을 대상으로 노인과 장애인이 함께 하는 자원봉사 프로그램(예: 산행, 볼링, 낚시, 게이트볼 등)을, 각종 친목모임에 소속된 노인들을 위해서는 단순하면서도 서로의 친목을 다질 수 있는 단체 활동 프로그램 등을 개발해 볼 수 있다.

넷째, 자원봉사에 대한 모범적인 역할 모델을 경험한 경우나, 청소년 단체나 학생회 등의 조직 활동 경험이 있는 전기노인의 자원봉사 참여율이 높다는 결과에 근거하여, 어린 시절부터 자원봉사활동을 경험할 수 있는 사회적 여건 및 문화를 조성해 나가는 것이 필요하다. 이를 위해서는 아이들이 부모나 형제, 친척들과 함께 참여할 수 있는 다양한 가족 자원봉사 프로그램과 청소년 스스로 흥미를 느끼면서 자원봉사의 가치를 배워갈 수 있는 청소년 자원봉사 프로그램이 마련되어야 한다.

끝으로 선행연구 고찰에 의하면, 많은 노인들의 다양한 사회적 생산 활동들이 제대로 평가받지 못하고 있음을 알 수 있었다. 이러한 현실은 한국 노인들의 경우에도 크게 다르지 않다고 생각되며, 이에 대한 재평가를 위해서 노인이 비공식적으로 참여하고 있는 사회적 생산 활동 영역(손 자녀 돌보기, 가사노동, 자원봉사활동 및 기부활동)에 대한 심도 깊은 연구가 지속되어야 한다. 이를 통해 노인들이 기여하고 있는 다양한 사회적 생산 활동을 임금노동의 가치로 환산하고, 노인의 가치를 재평가하는 연구들이 필요하다. 이는 노인 자원봉사활동의 활성화는 물론 노인에 대한 부정적인 사회적 인식 개선을 개선하는 이 중의 효과도 기대할 수 있을 것이다.

이 밖에 이상의 제언들이 효과적으로 수용되고 실행되기 위해서는 노인 자원봉사 활성화를 위해 이들을 보호하고 격려, 육성하는 자원봉사 보험이나 다양한 인정방법 개발, 노인발전기금과 같은 재정 조성 등의 제도적 기반 마련도 함께 뒷받침되어야 한다.

또한 통계 자료나 프로그램 개발 등이 한국인 전 연령층을 대상으로 일반적인 자원봉사활동 실태와 경향을 파악하고자 실시되어야 하나, 만 55세부터 64세까지의 전기노인 위주로 되어 있어 전체 노인인구의 자원봉사 참여 특성을 확실하게 파악하기가 어렵다. 이 외에도 종속변수인 자원봉사 참여에 비공식적인 자원봉사활동과 물질 및 금전적 원조를 포함시켜 엄격한 의미의 자원봉사활동을 벗어나고 있는 점도 있다. 최근 미국의 하버드대학에서 발표한 성인발달연구서를 보면 전, 후기 노인층과 관계없이 평생 자원봉사의 삶을 살아온 사람들이 어떻게 성공적인 노후를 맞이하고 있으며, 노년에 직면할 수밖에 없는 도전들을 지혜롭게 극복하며 행복한 노년을 누릴 수 있는가 하는 문제는 결론적으로 자원봉사가 자아를 통합하여 완성하는 길이라는 것이다. 이와 같은 현황은 가까운 일본도 마찬가지다.

따라서 연구에 있어서는 계속해서 전국 노인들을 대상으로 한 지속적이고 정기적인 조사를 실시(풍요로운 삶의 도표 참조)하여, 노인의 자원봉사 참여 실태와 활동 경향, 이에 영향을 미치는 요인과 노인 자원봉사자들의 욕구 등을 파악할 수 있는 보다 체계적인 접근이 계속되어야 할 것이다.

- 기대효과 및 의의

노인이 더 이상 해결해야 할 '사회문제' 혹은 '사회적 비용'을 높이는 주 대상이 아니라, 오히려 건강한 공동체 형성을 돕는 숨겨진 생산자원일 수 있음을 증명하고 있는 것이다. 따라서 우리는 노인 역시 사회의 중요한 구성원 중 하나이며, 이들의 활동을 효과적으로 활성화시킴으로써 시민사회 공동체의 건강한 성장과 노인을 포함한 모든 시민의 삶의 질 향상에 긍정적인 효과를 낳을 수 있다는 사실에 주목해야 한다. 더욱이 정리해고와 조기퇴직으로 인해 노동인구가 감소하면서 국가의 세입은 날로 줄어들고 있는 반면 사회복지 서비스 욕구는 절대적으로 증가하고 있는 현실을 고려한다면, 노인의 자원봉사활동 참여는 보다 적극적으로 검토되고 활성화될 필요가 있는 것이다.

이상의 내용을 바탕으로 할 때, 노인 자원봉사활동이 은퇴생활에 대한 적응력을 높이고, 상실하기 쉬운 사회적 지위와 역할을 보충해 주는 긍정적인 사회 참여를 통해 건강한 노후의 삶을 지향하게 된다. 뿐만 아니라 노인들은 이러한 활동을 통해 자신만이 가진 창의성을 발휘하고, 이를 통해 자신이 유용하다는 느낌을 가짐으로써 긍정적인 자아상을 유지하고, 고독감도 해소하게 되며, 정기적인 봉사활동을 통해 성공적인 노후에 대한 자아실현의 기회를 갖게 된다. 나아가 노인자원봉사 활동은 지역사회와의 연대감을 확인하며 세대 간의 사회통합에 도움이 될 수 있다는 점과 부족한 사회복지서비스를 대신함으로써 사회적 비용을 감소시키고, 지역사회를 건강하게 발전시킨다는 점에서 그 사회적 의의도 크다고 하겠다.

다음은 노인들의 풍요로운 삶을 지원하기 위한 자기 평가항목들이다. 노인들은 자신의 건강한 노후의 자신의 노후의 건강도를 측정함으로써 부족한 항목부분을 보충하고 성공적인 노후의 대비를 할 수가 있다.

<그림 5> 풍요로운 삶의 도표

각각의 항목에 대해 이하 5단계로 자기 평가하여 선을 연결한다.

도표의 기입방법		
	매우 좋다	4
	좋 다	3
	보 통	2
	나쁘다	1
	매우 나쁘다	0

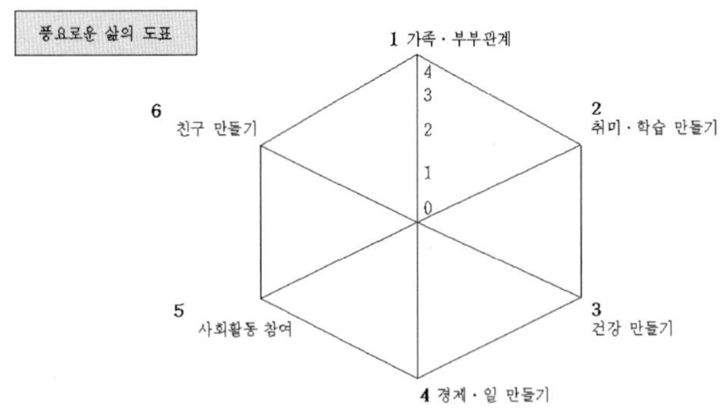

1. 가족 · 부부관계
- 곤란할 때 도와주고 있다.
- 화목하고 많은 대화를 하고 있다.
- 가사를 분담하고 있다.
- 취미 · 생활방식을 존중하고 있다.

2. 취미 · 학습 만들기
- 삶의 보람을 얻을 수 있는 취미를 매일 찾고 있다.
- 호기심이 왕성하다
- 취미를 발표할 기회를 가지고 있다.
- 집단에서 취미활동이나 학습을 하고 있다.

3. 건강 만들기
- 자신의 몸 가운데 건강하지 못한 부분을 숙지하고 있다.
- 건강을 지키는 처방을 알고 있다.
- 간병인이나 의사가 있다
- 병을 이길 수 있는 강한 정신을 가지고 있다.

4. 경제 · 일 만들기
- 경제적 여유가 있다.
- 약간이라도 수입이 되는 일을 가지고 있다.
- 멋 내는 데 마음 쓸 여유가 있다.
- 장래를 대비한 저축이 있다.

5. 사회활동에 참여
- 부탁을 잘 받는다.
- 타인이나 동료를 활동에 잘 참가시킨다.
- 활동의 주제를 잘 찾아낸다.
- 행동력이 있다.

6. 친구 만들기
- 남에게 뭔가 해 주는 것을 좋아한다.
- 상대의 말에 진지하게 귀를 기울다.
- 집단 속에서 협조성이 있다.
- 이성과도 잘 사귈 수 있다.

2) 노인자원봉사 관리의 이해259)

■자원봉사관리(Volunteermanagememt)

 : 자원봉사활동을 원하는 측의 욕구와 자원봉사활동의 원조를 받는 측의 욕구를 연결시켜 효과적인 자원봉사활동이 이루어지게 하는 일련의 절차와 방법을 강구하는 것.

■자원봉사관리자(Volunteer Administratior), 자원봉사조정자(Volunteer Coordinator)

 : 효과적인 자원봉사프로그램이 이루어질 수 있도록 자원봉사관리를 수행하는 사람

 자원봉사자와 직원 간, 자원봉사자와 도움대상자 간, 자원봉사자로 구성된 조직운영의 책임 등 조직의 성격이나 업무분장을 담당하는 사람.

 미국자원봉사관리자협회(AVA)

---

259) 부천시자원봉사센터 조봉실 실장 자료제공.

"자원봉사관리는 자원봉사자들이 조직에 효과적으로 활동하여 결과를 낳도록 통합시키는 실천과 연구에 관한 하나의 전문 직업"

자원봉사관리에 있어서 프로그램의 성패를 좌우하는 가장 중요한 요소는 관리의 문제

자원봉사 프로그램의 관리가 점차 전문화되고 있으며 이를 담당하는 관리자의 역할이 점차 전문직의 성격을 띠어야 한다.

■효과적인 노인자원봉사관리

: 효과적인 자원봉사 관리를 위해서는 관리자는 노인자원봉사자들의 동기가 성취되도록 도울 수 있고 기관의 동기와 욕구를 고려하여 과업의 성취도를 높일 수 있어야 한다.

▶노인자원봉사자의 참여 동기

: 노인자원봉사자들은 어떤 이유로 자원봉사활동에 참여하는가?

▶기관의 동기와 욕구

: 왜 자원봉사자가 필요한가?

▶자원봉사관리의 목적

자원봉사자의 지속적인 활동을 위한 동기부여를 통해 지역사회에 최대의 혜택이 돌아가도록 하며 기관의 목표도 함께 달성하는 것.

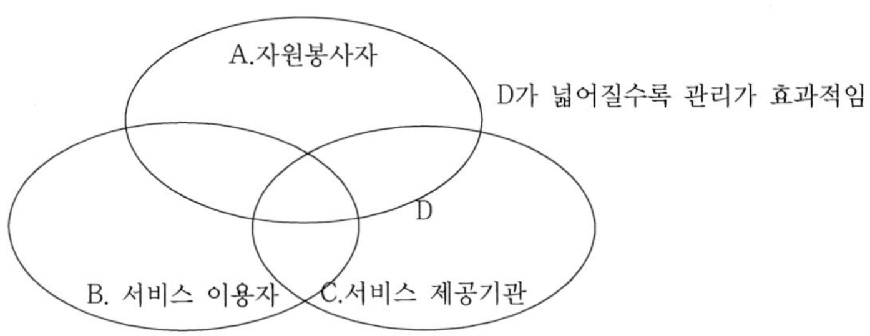

〈그림 6〉 자원봉사관리의 목적

■자원봉사 관리의 필요성

"시민의 참여는 저절로 이루어지는 것이 아니다", "구슬이 서 말이라도 꿰어야 보배"

■자원봉사자 관리의 어려움

적합한 자원봉사자 모집하기 어려움/자원봉사자의 책임감이나 성실성 부족/자원봉사 프로그램의 빈곤/중도탈락이 많아 업무의 연계성 부족/업무수행의 완결성

〈그림 7〉 봉사관리과정

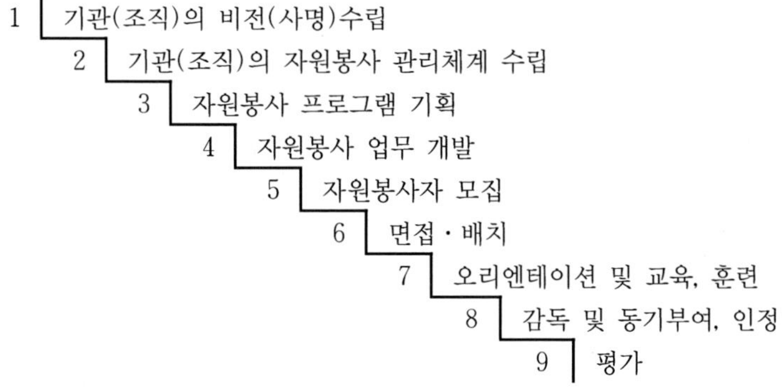

－비전과 목표수립

우리기관에서 자원봉사자의 참여를 조직하여 이루고자 하는 목표, 비
전 만들기

① 우리 기관이 자원봉사자를 모집하는 이유는 무엇인가?

② 자원봉사자를 바라보는 철학과 사명은 무엇인가?

③ 자원봉사자가 가장 효과적으로 일하도록 돕기 위한 사명을 갖고
있는가?

④ 자원봉사자 스스로 비전을 갖고 있는가?

⑤ 자원봉사자와 기관의 비전이 일치하는가?

세 사람이 공사현장에서 일을 하고 있었다.
모두 같은 일을 하고 있었는데, 지나가던 신부가 각자가 하는 일이 무엇인지
물어보니 모두 다른 대답을 하였다.
"바위를 깨뜨리는 일을 하고 있지요." 첫 번째 사람이 대답했다.
"먹고 사는 일을 하고 있지요." 두 번째 사람이 대답했다.
"성당 짓는 일을 돕고 있지요." 세 번째 사람이 대답했다.

－자원봉사관리 방침 및 행정체계 수립

우리조직의 규모에 맞는 자원봉사자는 어느 정도이고 얼마나 그들을
지원할 수 있는지에 대해 검토하며 체계를 마련한다.

① 기관의 정책과 체계가 자원봉사 참여를 적극 지지하고 있어야 한다.

② 상급관리자들이 자원봉사 참여에 책임을 지고 있어야 하며, 이들
의 승인과 지원을 이끌어 내야 한다.

③ 개별업무, 특정업무 수행에 대한 지침과 체계도를 수립해야 한다.

④ 직원의 자원봉사자들에 대한 태도를 명확히 하고, 자원봉사자와
함께 일하도록 동기화되어 있어야 한다.

⑤ 지도감독의 체계가 수립되어 있어야 하고 직원교육이 실행되어야 한다.

－자원봉사 프로그램 기획

프로그램 기획함에 있어 직원만이 아니라 자원봉사자와 함께 아이디어를 내어 기획, 진행하도록 도움으로써 자원봉사자의 자발성 및 주인의식, 지도력을 이끌어 낼 수 있다.

① 자원봉사활동 아이템과 아이디어의 개발

② 욕구조사와 판단: 자원봉사프로그램의 필요성과 타당성 조사

③ 목적과 목표의 수립

④ 활동내용과 일정의 수립

⑤ 예산마련

－자원봉사 업무기획

① 자원봉사자의 업무종류를 프로그램의 목적과 욕구조사의 결과에 따라서 결정

② 직원들과 자원봉사자들과 함께 업무개발

③ 업무설명서 작성

④ 업무설명서를 정기적으로 검토하고 필요에 따라서 수정

⑤ 직접서비스부터 자문이나 기획업무까지 다양한 업무기획

－자원봉사자 모집

① 최상의 장소 및 출처, 최적의 시기에 모집

② 다양한 홍보매체와 활용

③ 조직의 목표와 사명을 확실히 함

④ 전 운영위원, 직원 및 자원봉사자의 홍보 요원화 필요

▶노인자원봉사자의 효과적인 모집방법은?

- 자원봉사자 면접 및 배치
① 면담과 평가 서식개발
② 자원봉사자의 관심과 욕구에 맞게 업무 배치
③ 자원봉사활동 중에 상담을 통해 재배치 가능
 "단추가 서 말이어도 제자리에 달아야 보배다."

- 자원봉사자 오리엔테이션 및 교육
① 오리엔테이션: 기관의 사명 교육, 프로그램소개, 기관탐방, 직원소
   개, 자원봉사활동의 기초 교육
② 직무교육 및 훈련: 업무수행에 필요한 훈련실시, 현장대처훈련

▶노인자원봉사자 교육의 특징/사례?

- 자원봉사자 감독, 동기 부여 및 인정
① 지도감독과 동기부여: 자원봉사자의 자율성과 책임감 부여, 창조
   적 아이디어 존중, 자기성장의 기회제공, 소속감 부여
② 자원봉사자 지지와 옹호: 의사소통체계 개발, 위험대비(보험가입
   등), 지역사회에 자원봉사자들의 존재와 역할을 알리고 가치를 옹
   호하고 이끌어 내는 역할 수행

③ 인정과 보상: 자원봉사자들이 추구하는 욕구와 동기에 맞게 적당한 시기에 적당한 도구를 가지고 인정(공식, 비공식인정)

▶노인자원봉사자의 인정이나 보상방법은?

- 평가 및 조정
① 자원봉사프로그램이 효과적이고 성공적인지 평가
② 활동의 기록을 남겨 평가에 도구로 사용하고 역사로 남김
③ 자원봉사자와 직원, 지역사회가 평가에 참여
④ 평가를 통해서 자원봉사자를 재배치하거나 활동을 종료할 수 있음
⑤ 자원봉사프로그램이 기관의 서비스에 주는 화폐적인 기여도 평가
(비용-효과성 등)

■노인자원봉사 관리자의 자기개발과 위임
- 노인의 사회적 참여의 중요성이 새로이 인식되는 상황에서 노인자원봉사는 중요한 사회적 과제이다. 노인자원봉사가 활성화되지 못한 큰 이유 중의 하나도 자원봉사자 관리자의 지식과 경험 부족이다. 따라서 노인자원봉사관리자의 양성 및 교육을 통한 전문화가 필요하다.
- 자원봉사관리자는 자원봉사기획, 행정체계수립, 모집, 업무개발 등 일을 누군가와 나누어서 할 수 있도록 효과적으로 위임하고 조정해야 한다.
- 자원봉사관리자는 기관이나 조직에서의 체계를 세우고 실무자의

유연성, 창의성, 자기훈련이 요청된다.
- 자원봉사관리자는 다른 단체와의 네트워크 형성을 통해 자기개발을 도모하고 모범적인 활동모델을 수집해나가는 것이 필요하다.

실제적으로 사회봉사자들이 봉사활동을 현장에서 접하는 것은 그들에게 새로운 세계를 경험하게 하는 것이다. 실제로 사회봉사자들은 그들의 첫날의 일에 대하여 큰 기대를 가지고 있다. 봉사기관에서 일을 하기 위해서는 봉사자들에게 환영받는다는 느낌을 주는 것이 중요하다. 실제로 이러한 잘 만난 첫날은 사회봉사의 기나긴 기간 동안의 지속적으로 영향을 주게 될 것이기 때문이다. 다음은 봉사자의 첫날을 중심으로 구성한 사례를 소개한다.

▶환영 인사

먼저 봉사자들을 따뜻하게 환영하라. 그들이 처음으로 건물입구의 안내책상으로 접근 시 직원은 봉사자에게 "예, 오신 걸 환영합니다."라고 반갑게 인사를 하여야 한다. 이러한 환영은 봉사자들에게 기대 받고 있다는 감정이 전달되어 강한 동기부여를 유발할 것이다.

▶환경적 적응

새로운 봉사자들은 친숙하지 않은 환경을 참고 있다는 것을 알아야 한다. 즉 봉사자들에게 휴게실, 옷이나 가방 등 개인사물을 일시 보관할 수 있는 곳, 화장실, 커피를 마실 수 있는 곳 등을 보여주라. 또한 봉사자 자신이 일할 장소와 함께 동료나 봉사활동 관리자의 좌석이 어디인지를 알려주라.

▶평가

사회봉사의 실제적인 평가는 봉사의 총시간, 횟수, 교육시간, 봉사자 대상의 만족도, 봉사의 지속성 등이 그 평가의 대상이 된다.

▶사회봉사자의 특성과 기술

사회봉사활동이 분명 참여자 본인이나 공동체 모두에게 가치 있는 일이지만 이러한 사회봉사활동의 활성화를 위해서는 참여자의 준수원칙 및 사람을 돕는 동기부여와 활동태도들이 중요시 된다.

▶사회봉사활동자의 준수원칙

세계 자원봉사활동 선언문에 의하면 사회봉사자들이 준수해야 할 원칙을 다음과 같이 제시하고 있다.

- 모든 인간은 나이, 성별, 인종, 종교의 차별 없이 또한 신체적, 사회적 경제적 조건에 관계없이 자유롭게 연합할 수 있다는 것을 인정해야 한다.
- 인간의 존엄성과 인류 문화를 존중해야 한다.
- 개인들이 모여 상호 협력체를 만들거나 혹은 자원봉사 기관에 속하여 보수 없이 활동한다.
- 지역사회 욕구를 찾아내고 자발적 참여를 끌어내어 문제를 해결한다.
- 자원봉사활동을 통해서 자아 성장을 꾀하고, 새로운 기술과 지식을 익히며, 잠재력을 개발하고, 자립심과 창의력을 키움으로써 문제 해결에 적극 나선다.
- 사회적 책임을 깨달음으로써 가족 공동체, 나아가서는 사회. 국가 공동체를 건설한다.

사회봉사의 동기 부여; 사회봉사활동이 참여자에게 만족을 주고 장기적으로 지속되게 하기 위해서는 참여자들의 사회봉사 참여 동기를 확인, 그들의 욕구와 희망을 확인 및 조정을 통해 적재적소에 배치하고 또한 계속적인 동기부여를 위한 몇 가지 주의 점들에 알아두어야 한다.

▶가장 흔한 사회봉사 참여 동기:
- 지역사회에 공헌하고 싶어서
- 기술을 활용하고 싶어서(기술유지)
- 사교적 욕구
- 사업상의 교제를 넓히려고
- 새로운 기술을 배우고 싶어서
- 심심해서
- 경력(경험)을 쌓으려고
- 구직가능성 타진
- 도전의욕
- 대의명분에 대한 약속
- 새 공동체에 대해서 배우고자
- 사회적 지위 인정 및 향상을 위해
- 윗사람이 기대하고 있어서
- 새로운 아이디어의 시험
- 요청을 받아서
- 친구 따라서
- 내 가족(또는 나 자신)이 받은 것을 갚기 위해

사회봉사활동을 하는 사람 및 이들을 활용하는 전문직들의 동기부여를 위해 다음과 같은 점들을 고려해야 한다.(Schindle-Rainman & Lippitt, 1991)

- 사회봉사자에게 동기를 부여하는 주된 추진력은 문제 해결과 주요 결정을 내리는 일에 참여하는 기회이다.
- 사회봉사자 배치는 그들의 특별한 관심, 요구, 동기를 충족 시킬만한 종류의 일과 조건이 고려되어야 한다.

−동기를 증대시키기 위해서는 사회봉사의 기회가 봉사자의 자아를 실현하는 개인적 발전과 필요한 사람에게 뜻있는 봉사를 제공하는 기회이어야 한다. 즉, 사회봉사의 기회가 배우고 성장하는 연속적인 기회가 되는 동시에 자신이 재능이 필요로 하는 사회봉사이어야 한다.

−사회봉사자와 기관과의 계약이 실행 가능한 일로 정당해야 하며, 개인의 시간, 에너지, 관심의 차이가 죄의식이나 긴장 없이 받아들여져야 한다.

−사회봉사자의 직업경험이 봉사의 목표와 행동에 대한 연구와 평가와 그룹과 피드백을 통하여 평가를 하여야 한다. 즉, 전문직들로 하여금 그들이 사회봉사자를 활용한 것이 옳았고 훈련을 잘 했고 여러 가지 감독을 효과 있게 했다는 생각을 갖도록 도와 줄 수 있어야 한다.

−전문직들과 준 전문직들, 사회봉사자들이 팀을 구성하고 공동연구, 훈련, 계획, 평가를 하는 제도를 만들어야 한다. 이를 통해 전문직들이 사회봉사자와 함께 일할 동기가 강화될 것이며 훈련과정에는 인간관계, 대인감정의 민감성 및 직업관계에서 일어나는 문제들에 대해 연구하는 시간을 포함시켜야 된다.

−전문직들은 일할 수 있는 예산이 세워지고 일할 시간이 주어진다면 사회봉사자들과 일할 동기가 더욱 강화될 것이다.

▶사회봉사기관에서의 기본적인 태도

−봉사 기관의 구성원의 한 사람으로 적극적인 협력, 친화적 태도를 취할 것.

−봉사 기관의 방침을 빨리 이해하고 스스로 거기에 적응할 수 있도록 할 것.

−봉사 기관의 직원과 봉사자 상호간의 협조에 노력할 것.

−부득이 봉사 기관을 떠나야만 할 경우는 필히 사전에 감독자의 허가를 받을 것.

−담당 감독자의 지시를 잘 지켜 봉사 효과를 올리도록 노력할 것.

−봉사업무에 대해서는 항상 강한 책임감을 갖고 열심히 또 적극적으로 임하고 타인에게 책임을 전가하거나 태만하지 말 것.

−봉사자들이 한 곳에 모여 서서 잡담을 하지 말 것.

−봉사기관 직원, 클라이언트, 방문자 등에 대한 예의를 잘 지킬 것.

−복장과 소지품은 화려한 것을 피하고, 검소하며 깨끗한 것.

−사고를 일으키지 않도록 충분히 주의해야 하며, 만약 일으켰다면 응급조

치를 잘하고 곧바로 봉사 감독자 등에게 보고할 것.
- 모든 서류 기록은 정확하고 상세하게 할 것, 오자 탈자 등이 없도록 주의 할 것.
- 사례금 등의 금품을 받지 말 것.

(출처: 사회사업실습생의 자세)

▶ 인간관계 기술

실제로 많은 봉사자들이 대인 서비스에 많이 활동하게 되므로 인간관계에 중요한 비중을 두게 된다. 여기에 필요한 특성과 우리가 해야 할 일 그리고 해서는 안 되는 일은 다음과 같다.[260]

다른 사람을 돕는 일을 할 때 필요한 특성

- 자기 자신의 감정을 인식하기
- 인식된 자신의 솔직한 감정을 개방적이고 직접적으로 표현하기
- 상대방에 대해서 긍정적인 감정을 갖기
- 독립적일 것: 자신으로부터 상대방을 독립시키기
- 감정이입하기
- 상대방을 있는 그대로 수용하기
- 상대방에게 위협적인 존재가 되지 말기
- 평가와 판단을 하지 말기
- 상대방을 '변화하는 과정'에 있다고 간주하기

사회봉사자로서의 좋은 인간관계를 맺기 위해서 어떻게 해야 하는가?

우리가 해야 할 일

- 친구가 되기: 진실하고 따뜻하고 관심 어린 관계를 만들려는 노력이 필

---

260) http://www.aewon.org/board/a07/사회봉사활동과 실천기법들 참조.

요하다. 긍정적인 관심이야말로 효과적인 인간관계에 필수적이다.
- 예의 바르게 대하기: 상대방이 화를 내거나 언짢게 대할지라도 동요하지 않고 친절하고 예의 바르게 대하는 것이 중요하다.
- 항상 열성적인 태도를 갖기: 상대방을 돕고자 하는 열의는 그대로 전달이 된다.
- 진실하기: 상대방을 정직하고 솔직하게 대하며 개방적이 되는 모범을 보인다.
- 비밀을 지켜 주기: 상대방과의 대화 내용이나 어떤 약점을 아무에게나 함부로 말하지 않는다.
- 수용하기: 상대방을 그대로의 인간으로 허심탄회하게 받아들인다.
- 잘 듣기: 상대방이 태도나 언어를 통해서 보내는 메시지를 잘 받아들인다.
- 잘 말하기: 내 의사 전달을 애매모호하지 않고 정확하게 잘 전달한다. 내 속의 느낌과 외부적인 표현이 일치를 이루도록 노력한다.
- 상대방이 결정을 내릴 수 있도록 도와주기: 상대방의 잠재적인 가능성을 믿고 그것을 키워 나갈 수 있도록 도와준다.
- 상대방을 대등한 가치가 있는 인간으로 존중하기: 상대방을 나와 같은 느낌과 소망을 지니고 있는 동등한 인간으로 대한다.

우리가 해서는 안 될 일

- 명령하거나 강요하지 않기: 의견이 다를 경우에 대화를 통하지 않고 일방적으로 밀어붙이지 않는다. 반항이나 두려움을 유발시킬 수 있다.
- 훈계나 설교하지 않기: 어떻게 살아야 할 것인가, 어떤 태도를 취해야 할 것인가에 대해 내 기준에 맞추어서 지루하게 설교하지 않는다.
- 논쟁하지 않기: 나와 다른 식으로 세상을 보거나 행동하는 데 대해서 논쟁을 통해 굴복시키려 들지 않는다.
- 비판하거나 비난하지 않기: 상대방의 언동이나 태도에 대해서 비판하지 않는다. 우리가 건설적인 비판이라고 생각할 때에도 대부분의 경우에 비판은 상대방에게 상처를 입힌다.
- 헐뜯거나 조롱하지 않기: 이런 상태에 처하게 된 것이 당연하다는 식의 태도는 상대방을 무시하고 낮추는 행동이기 때문에 절대 금물이다.
- 동정하지 않기: 상대방의 감정을 이해하는 것은 좋지만 서투르게 동정하

는 것은 상대방의 자존심을 상하게 할 수 있다. 우리들이 바라는 것은 이해와 수용이며, 동정이 아니다.

- '왜'라는 질문으로 캐묻지 않기: "왜 그렇게 완고합니까?", "왜 늦었지요?" 등과 같이 어떤 부정적인 태도나 행동에 대해서 묻기 시작하면 상대방은 반발감을 느끼게 된다. 계속 캐물으면 남에게 책임 전가를 하거나 자기 변명을 해야 할 처지에 놓이게 되므로 자기존중감이 내려가게 된다.

- 빈정거리지 않기: "내 충고를 안 듣더니 보기 좋군요" 식의 빈정거림은 금물이다.

- 쉽게 포기하지 않기: 상대방이 반항적이고 비협조적이거나 냉담하더라도 "나는 잘 해낼 수 있다"는 신념을 지니고 끈기 있게 대며 심정적으로 포기하지 않는다.

- 상대방을 나보다 낮추어 보지 않기: 상대방이 어떠한 신체적, 사회적, 심리적인 장애를 지니고 있더라도 나보다 열등한 인간으로 존중감 없이 대하지 않는다.

▶사회봉사를 위한 자기진단

- 먼저 자신의 흥미 영역을 확인하라
- 사회봉사자는 아래의 영역의 비영리 조직에서 일한다.
- 동물 환경 예술과 문화 음식비축/노숙자
- 지역사회 수용소 범죄 정의 건강 센터
- 위기/카운셀링 병원 장애자 도서관
- 교육 공원과 여가 노인 사회봉사 청소년

▶당신의 능력을 확인하라

- 당신은 사람들과 일하는 것을 좋아하는가?
- 당신은 컴퓨터를 잘 다루는가?
- 당신은 조직하는 행사를 잘 하는가?
- 당신은 스포츠 경기하는 것을 좋아하는가?
- 당신은 옷장을 잘 정리할 수 있는가?

-당신은 공예기술이 있는가?
-당신은 글쓰기를 좋아하는가?
-당신은 보수/공사 기술이 있는가?
-당신은 가르치는 것을 좋아하는가?
-기억하라: 모든 사람은 각기 잘하는 것이 있다!!! 당신의 여가시간에 당
 신이 좋아하는 것을 생각하라.

▶당신의 봉사활동 가능성을 확인하라

-당신은 밤에 일할 수 있는가?
-일주일에 3일은 할 수 있는가?
-한 달에 한번 토요일에 할 수 있는가? 각 주에 따라 달라지는가?
-당신의 일정이 어떻든 간에 거기에 맞는 것이 있다.
-당신의 참여수준을 확인하라
-당신은 감독위원회에 일 년이나 그 이상의 기간 동안 봉사하기를 원하는가?
-당신은 기금 조성자 조직을 돕는데 일 년에 몇 달만 돕기를 원하는가?
-당신은 일주일에 한번 지속적인 참여를 원하는가?
-당신의 일정이 산발적이고 기관의 부분에서 많은 유동성을 필요로 하는가?
-한 번의 특별 행사가 당신에게 더 나은가?

제2절 목표달성을 위한 시행전략

큰사랑교회는 노인자원봉사프로그램을 통하여 삶의 자리를 잃어가고
있는 노인들에게 통합적인 건강한 삶의 제공하기 위하여 2004년 9월
초부터 2005년 4월까지 다음과 같은 계획을 수립하여 시행하기로 한다.

1. 제1단계: 의식변화

기간: 2004년 9월 초부터 2004년 10월 말까지

1) 9월 마지막 주일에 전 성도들에게 노인들의 자원봉사가 가능한 은사를 체크 MBTI((Myers-Briggs Type Indicator) 등을 한다.

2) 9월 첫 주일 오전예배부터 노인에 자원봉사교육의 필요성에 대한 설교를 한다.

3) 10월 셋째 주부터 노인 노인자원봉사활동에 대한 세미나를 개최한다.

2. 제2단계: 실천변화

기간: 2004년 11월 초부터 2005년 3월까지

1) 11월 첫째 주부터 두 주간 지속하여 노인결석자 및 병약자들을 방문하거나 전화를 걸어주는 운동을 한다.

2) 12월 첫째 주부터 두 주간 노인사랑운동에 관한 설교를 한다.

3) 12월 둘째 주에 노인역할에 관한 전문 강사를 초빙하여 모노드라마를 개최한다.

4) 2004년 12월부터 2005년 4월까지 매달 첫째 주에 적십자사, 병원 등을 연결하여 질병 예방교육 및 무료건강검진을 한다.

5) 2005년 4월 둘째 주 지역노인들을 초청하여 사랑의 식탁나누기를 한다.

3. 제3단계: 구조변화

기간; 2005년 1월 초부터 4월까지

1) 2005년 1월 말 직원회를 통해 선교위원회를 조직하고. 교회가 대사회적으로 각종 활동을 지원할 수 있도록 사회운동 참여를 결의한다.

2) 2005년 1월 큰사랑실버라이프를 조직하여 노인의 권익을 보호할 수 있는 커리큘럼을 작성하고 의료보험제도, 법률상식, 은행거래 등 상식을 줄 수 있는 은퇴자원봉사자 제도를 구성한다.

3) 2005년 2월 교회 자체적으로 사회 참여를 위하여 구청과 의정활동을 평가할 수 있는 평가단을 구성하고 활동한다.

4) 2005년 4월 금품 및 장기를 기증할 수 있는 유산기탁과 지정기탁 등 기탁제도를 설립하여 건전한 노인문화의 기초를 만든다.

제3절 평 가

1. 목표 1: 의식변화를 위한 평가

1) 직원회에서 노인 및 성도들의 자원봉사 은사체크를 하여 자신들의 적성에 맞는 자원봉사프로그램 지원에 대한 질의와 응답이 있은 후, 전 직원이 적극적인 협조를 해 주겠다고 약속을 하였다.

2) 노인자원봉사에 대한 설교를 함으로 교인들의 노인자원봉사에 대한 본질과 사명을 깊이 인식하게 되었다.

3) 노인자원봉사에 대한 지난 주 설교를 듣고 세미나에 관심이 높아

지게 되었고 세미나 후에 전 성도들의 참여를 높이는 계기가 되었다. 전 교인 65명이 참석하였으며 지역 노인 35명들도 초청하여 100여 명이 참석하여 노인문화를 깨닫는 귀중한 기회였다고 평가를 얻었다.

2. 목표 2: 실천변화를 위한 평가

1) 노인자원봉사활동을 경험함으로써 노인자신들이 봉사를 통한 노인들도 세상 속에서 역할이 매우 크다는 것을 깊이 공감하게 되었다.

2) 노인에 대한 자원봉사뿐만 아니라 노인에 의한 자원봉사의 실천이 얼마나 큰 가치가 있는 것인지를 설교 중에 사례를 통하여서 전하였더니 모두가 자원봉사에 대한 결단을 하게 되는 계기가 되었다.

3) 적십자사에서 노인들의 건강체조교육 활동을 하였다. 45명의 교인들 중 활동적인 노인을 선정하여 앞에서 체조케 하였으며, 전교인들이 노인체조에 대한 반응이 좋았다. 노인체조를 잘하는 분들을 선정하여 그분들을 통해 시골교회를 순방하며, 노인건강체조를 보급하는 비전을 갖게 되었다. 노인들에 대한 질병 및 죽음에 대한 세미나를 개최하였는데 노인들이 질병 및 죽음에 대한 두려움을 극복하는 계기가 되었다.

4) 건강생활프로그램운영을 통한 질병예방을 도움으로써 건강예방이 치료보다도 더욱 중요하다는 것을 깨닫게 되었다.

5) 사랑의 식탁 나누기를 하였으나 교회의 식탁 나눔을 위한 시설이 좁아 참여율이 적었다. 성도들이 노인들을 배려하는 귀중한 체험을 하게 되었다.

3. 목표 3: 구조변화평가

1) 큰사랑선교위원회를 조직하여 지역사회활동을 돕게 하였고, 사회운동 참여를 돕는 기회가 되었다.

2) 노인의 권익을 도울 수 있는 큰사랑실버라이프를 조직하였다. 노인의 권익을 도울 수 있는 안내데스크를 교회사무실에 설치하고, 인터넷 카페에서도 정보를 제공할 수 있도록 자료실을 운영함으로써 실버산업의 비전을 갖게 되었다.

3) 노인들 중 은퇴자들을 중심으로 구청과 의정활동을 평가할 수 있는 평가단을 조직하였다. 평가단을 통하여 보고된 자료들을 통하여 노인들이 정치 참여나 사회 참여를 할 수 있게 되었다. MBTI(Myers-Briggs Type Indicator)검사결과에서 적극성이 있는 노인들을 노인자원봉사팀으로 운영하였더니 활력 있는 봉사를 하게 되었다.

4) 금품이나 장기기증을 한 사례들을 발표한 후 노인들이 참여율을 조사하였더니 80%의 좋은 응답을 얻었다.

큰사랑교회는 18개의 사역 팀[261]을 운영하고 있다. 각 사역 팀들은 큰사랑교회공동체를 세워가는 건강한 지체들이다. 이 사역 팀들의 비전선언식을 2005년 1월 16일 사역헌신예배를 통하여 발표케 하였는데 그 중 노인목회 사역 팀들에 대한 평가보고서를 소개하면 다음과 같다.

(1) 큰사랑선교위원회 간사 윤○○ 권사(62세); 우리 교회 큰사랑선교위

---

261) 큰사랑교회 18개 사역 팀은 다음과 같다. 예배 사역, 전도 사역, 봉사 사역, 교회관리 사역, 큰사랑실버라이프 사역, 경조 사역, 큰사랑선교 사역, 큰사랑장학 사역, 건축위원회, 새 가족 사역, 중보기도사역, 찬양, 율동 사역, 홈페이지 사역, 도서, 문서 사역, 성찬준비 사역, 음향, 조명, 비디오 사역, 에덴선교 사역, 문서행정 사역이다.

원회의 회원은 노인들이 회원이므로 1구좌 1,000원입니다. 처음에는 아주 작은 기금이 모여져서 이것으로 무슨 일을 할 수 있을까 하였는데 1년을 결산해보니 2,611,000원이 되었습니다. 이 기금으로 국, 내외 선교사들을 지원하는데 1,060,000원이 지급되었고, 총회본부에 330,000원, 안산외국인 노동자들에게 110,000원, 장애인 110,000원, 연안선교회 330,000원, 북한 구호금 110,000원, 장학금 150,000원, 기타 516,200원이 지급되었습니다. 우리 노인들이 아주 작은 일을 시작했지만 한 해 동안 이렇게 큰일을 할 수 있다는 자신감을 얻게 되었습니다.

(2) 큰사랑장학위원회 간사 문 ○○ 권사(63세) ; 장학위원회도 선교위원회보다는 1년 늦게 시작을 하여 회원도 작아서 무슨 일을 할 수 있을까 걱정도 했지만 1년 결산을 해보니 1,194,000원이 결산금액입니다. 아직은 금액이 부족하여 전체 학비를 장학금으로 지원하지는 못하지만, 작년에 대학생 3명, 고등학생 2명을 지원할 수 있었습니다. 앞으로 더 많은 관심과 기도로 장학금대상 학생들에게 학비전액을 지원할 수 있도록 되었으면 좋겠습니다.

노인들의 은사체크를 한 결과를 살펴보면 다음과 같다.

명○○ 권사(72세) 대접, 지도력, 봉사, 구제
장 ○○ 권사(72세) 중보기도, 봉사, 돕는 은사
김 ○○ 권사(73세) 봉사, 돕는 은사, 구제
정 ○○ 권사(67세) 대접, 구제, 봉사
강 ○○ 집사(67세) 대접, 복음전하는 자, 다스림
민 ○○ 집사(89세) 중보기도
이 ○○ 권사(80세) 봉사

질문내용은 다음과 같은 설문내용을 갖고 평가를 하였으며, 각 자의 은사를 확인하여 주고 교회를 섬기게 하였더니 신앙생활에도 충실할 수 있었고, 교인관계가 가족처럼 부드러운 환경을 조성하게 되었다.

은사발견 위한 설문지(요약)

(3) 매우 그렇다 (2) 대체로 그렇다 (1) 조금 그렇다 (0) 전혀 그렇지 않다

1. 나는 주의 일을 위하여 더 많이 드리도록 돈을 절약하고 검소하게 살려고 기쁨으로 애쓴다.
2. 나는 주의 종들이 그들의 사명을 잘 감당하도록 여러모로 도와주기를 즐거워한다.
3. 나는 전도하여 불신자에게 예수님을 영접하게 하는 일을 좋아한다.
4. 나의 집은 누구든지 머무르고 싶어 하는 사람들에게 항상 열려있다.
5. 내가 말할 때 사람들은 잘 들어주는 편이며 또 그 말에 따라 주는 편이다.
6. 조직이 잘 안되어 있는 그룹에서 나는 그 약한 조직을 강화시켜 주기를 즐겨한다.
7. 나는 매일 최소한 1시간 이상 기도하는 데 소비한다.
8. 나는 교회와 주님의 사업을 위해 나의 전체 수입 중에서 10% 훨씬 이상을 바친다.
9. 많은 사람들이 물질적으로나 신체적으로 필요할 때 그들의 필요를 채워주고 있다.
10. 내가 예수 믿고 구원받는 것을 간증할 때 많은 불신자들이 은혜를 받는다.
11. 나는 교회행사에 몸으로 봉사하기를 즐겨한다.
12. 다른 신자들이 나의 지도력에 따라주는데 그것은 그들이 나를 믿기 때문이다.
13. 누가 나에게 기도를 부탁하면 나는 최소한 일주일 이상을 기도해 준다.
14. 나는 특별한 기술은 없지만 교회가 필요한 일이라면 무엇이든지 한다.
15. 하나님 사역에 필요하다고 할 때마다 나는 그 필요한 돈을 마련할 수 있다.
16. 나는 다른 사람들이 이미 해 놓은 지루한 일도 즐겁게 하는 경향이 있다.
17. 내가 예수 믿는 것을 자주 표현하여 영행을 미쳐도 불신자들은 내가 그들과 함께 있는 것을 좋아하는 편이다.
18. 우리 집에 오는 사람들마다 마치 자기네 집인 것처럼 편안하다고 말하

곤 한다.

19. 내가 목표를 세우면 사람들은 쉽게 따라준다.
20. 나는 어떤 그룹의 목표를 세우고 성취하는 일에 효과적이라고 생각한다.
21. 남을 위한 중보기도는 내가 시간을 보내는 가장 즐거운 때이다.
22. 어떤 사람이 귀신들렸다고 의심이 가면 사람들은 항상 나를 부른다.
23. 사람들은 나를 가리켜 평범한 일에 싫증내지 않고 잘한다고 칭찬하는 편이다.
24. 나는 남모르게 사람을 도울 때가 정말 기쁘다.
25. 불행한 사람들을 도울 때 사람들은 나를 부른다.
26. 사람들은 내가 손님접대하기를 좋아한다고 말한다.
27. 내가 어떤 그룹에 참여하게 되면, 사람들이 나를 세워 지도자가 되기를 바라는 것 같을 때가 많다.
28. 나는 어떤 일을 하라고 설득할 필요 없이 다른 사람을 인도할 수 있다.
29. 내가 기도해 준 사람들에 의하면 기도의 응답이 너무나도 확실하게 나타난다고 한다.
30. 나는 누가 말하는 것을 듣거나, 단지 읽거나, 대화를 나누기보다는 무엇인가 적극적으로 행동하는 것을 더 좋아한다.
31. 나는 하나님의 일을 위하여 가난한 사람을 살 마음의 자세가 되어 있다.
32. 내가 주님의 일을 할 때 누가 더 인정받느냐 하는 것은 나에게 큰 문제가 아니다.
33. 내가 무슨 일에 책임을 맡으면 모든 일이 부드럽게 잘 진행되는 것 같다.
34. 나는 나의 교회에서 어떤 일을 성공시키는 책임을 맡는 것을 좋아한다.
35. 내가 기도할 때 하나님은 자주 나에게 음성으로 말씀하시는데 나는 그것이 하나님의 음성임을 안다.
36. 나는 비록 작고 보잘것없는 일일지라도 어떤 일을 부탁받으면 기쁨으로 응답하는 편이다.

은사에 따라 노인들이 섬기는 사역들을 일부 소개하면 다음과 같다.

민 ○○ 집사님(89세)은 신체적으로 노화현상이 많이 진행되었으나 본인이 할 수 있는 중보기도사역을 택함으로써 교회공동체를 섬기는 중보기도를 하고 있으며, 신앙적인 성취감과 기쁨을 성도들과 함께 나누고 있다.

이 ○○ 권사(80세)는 신체적으로 등이 90도로 굽으신 척추관절 병을 앓으시지만 봉사사역을 택함으로 지역 환경지킴이를 자원하여 실천하고 있다. 유모차를 끌고 다니면서 만수4동 지역을 순찰하시는데 쓰레기는 물론이고 돌멩이 하나라도 제자리에 놓으시는 생명운동을 실천함으로써 지역주민들에게 귀감이 되고 있다.

이와 같이 노인들의 은사를 발견하고, 적극적으로 그것을 활용하였더니 봉사 참여도도 높아지고 노인들에게 자존감과 사회 참여도를 높이는 귀한 계기가 되었다.

제3장 대안적 목회능력

사회역할을 상실한 소외된 노인들을 위한 대안적 목회를 하려면 우선 목회능력을 키워야 할 것이다. 목회자는 우선 노인교육지도자의 역할과 리더십을 키우기 위하여 인간으로서의 역할(멘토로서의 역할), 치유자로서의 역할(불안제거자로서의 역할), 집단지도자로서의 역할(리더로서의 역할), 옴부즈맨으로서의 역할(자원봉사자로서의 역할)을 개발하여 발휘하여야 할 것이다. 대안적 목회능력을 키우기 위한 방안으로서 노인교육지도자의 역할과 리더십을 알아보자.

제1절 노인교육지도자의 역할과 리더십

1. 인간으로서의 역할

멘토링은 사람을 세워나가는 최상의 방법이며 실제적이고 현실적인 사역의 모형이다. 지도자는 자신의 멘토들의 사상, 지식, 삶을 전수받아 그들의 영향력을 딛고 그 위에 더욱 진전되고 발전된 삶을 살게 된다. 그러한 삶이 또 다른 사람들을 멘토링하여 지속적으로 성숙, 발전하게 하는 것을 의미한다.262) 영적 멘토링은 영성개발뿐만 아니라 다변화된 사회구조 속에서 그리스도인의 삶을 구체적으로 만져 줄 수 있는 방안

---

262) 김성진, 영적 멘토링의 기술, (서울: MSC, 2004), 13.

으로 여겨지며 보다 효율적이고 현실적인 사람 세우기의 일환이 됨을 깨닫게 되었기 때문이다.[263]

월리엄 배리(William A Barry)와 월리엄 코널리(William Connolly)는 영적인 멘토링을 "우리는 그리스도인의 영적 지도를 다음과 같이 정의한다. 한 그리스도인이 하느님과 인격적인 의사소통에 집중할 수 있도록, 그러한 하느님과의 친밀감이 깊어질 수 있도록, 그 관계의 결과에 따라 살아갈 수 있도록 한 그리스도인을 다른 그리스도인이 도와주는 것이다." 틸든 에드워즈(Tilden Edwards)는 "영적인 친구가 되는 것은 상처받은 영혼을 위해 의사가 되는 것과 같다. 그렇다면 상처를 안고 온 사람을 위해 의사가 하는 일은 무엇인가? 의사가 치유해 주는 것이 아니다. 그는 자연스런 치유과정이 일어나도록 환경을 제공하는 것이다. 의사는 실로 치유자라기보다는 산파다." 유진 피터슨(Eugene Peterson)은 "이것은 역사적으로 영혼에 대한 치유라고 명명한 목회적인 사역이다. 그러므로 영혼의 치유란 한 개인이나 그룹을 위한 성격적이고 기도로 무장된 보살핌이다. 영혼의 치유란 하느님이 이미 주도권을 쥐고 계심을 인식하도록 돕는 것이다."[264]

미래교회는 달라져야 한다. 변화의 원동력은 사람에게 있다. 거대한 변화를 일으키기 위해서는 멘토링 관계를 통하여 지도자를 양성해야 한다. 공동체의 비전을 향하여 구성원이 나아가야 하는데 자신에게 맞지 않을 경우 그 그룹에 참여하기 어려워진다. 그러므로 자기 개인의 삶에 관한 인도함을 통하여 성숙되기 위해서는 교회 내에 멘토링 사역이 활성화되어야 한다.[265] 교육지도자는 자신감과 자존감을 지닌 자아실현 인이 되어야 학습자를 도울 수 있다. 이병진(1998: 408~410)은

---

263) Ibid., 19.

264) Ibid., 28-30.

265) Ibid., 125.

인간성의 차원을 네 가지로 설명했다. 창조적 인간, 정의로운 인간, 성취하는 인간, 통합적 안목을 지닌 인간이 될 때, 좋은 인간성을 드러내게 된다는 것이다.

로저스(Rogers, 1967)는 신뢰, 동정, 보호, 자유 그리고 심리적인 안전의 조건이 인간의 가능성을 증가시킨다고 주장했다(황기우 역, 1998: 29.). Bollnow도 사랑과 신뢰가 학생을 지도하는 좋은 방법이라고 보았다. 콤스(Combs, 1982)는 개인의 자아로부터 훌륭한 지도자가 비롯된다고 말했다(황기우 역, 1998: 28.). 교육을 실천하는 지도자는 자아개념이 충만할 때, 비로소 교육효과를 드러낼 수 있을 것이다.

자아개념은 "나는 누구이며 어떤 사람인가?"라는 인식과 느낌을 의미한다. 자기 자신을 올바로 이해하는 것은 어떤 일을 성공적으로 이루는 데 매우 중요한 역할을 한다. 자아개념은 세 가지 기본적인 차원, 즉 자신이 어떤 집단의 일부임을 느끼는 소속감과 자신을 가치 있는 사람으로 느끼는 가치감, 그리고 일을 성공적으로 할 수 있다고 느끼는 자신감으로 구성되어 있다. 자아개념은 자신감과 밀접한 관계가 있는 것이다.

자아개념은 타인의 행동에 영향을 주고 행동을 결정하는 요인이다. 자아개념을 위해서는 생활 속에서 죄책감, 열등감, 자기 비방과 불신감 같은 부정적 감정을 떨쳐버리는 것이 중요하다. 자신의 어떤 적대적·공격적 감정들을 이야기하면 감정을 완화할 수 있다. 긍정적인 자아개념은 노인으로 하여금 안정감과 자신감을 주어 생동감 있게 만들고 타인에게도 긍정적인 느낌을 전달하는 것이다. 이와 같이 노인교육지도자는 사람을 세우는 멘토링 관계를 통하여 인간적인 모습으로 지원하는 역할과 리더십을 개발해야 할 것이다.

2. 치유자로서의 역할

노인들은 사회역할 상실과 소외로 인한 돌봄이 필요한 치유의 대상이다. 폴 틸리히는 신학자나 목회자는 바로 궁극적인 관심을 가지고 학문을 하며 인간을 돌보는 사람들로 보았다.[266] 생명은 스스로 살아가고 성장한다. 관찰자와의 관계에 있어서 같은 물질이라도 다른 형태로 표현되는 것이다. 하물며 하나의 인간은 상대와의 관계 속에서 서로 다른 모습을 보이고 있다. 노인교육지도자로서의 리더십은 어떻게 발휘하여야 할까?

인간은 지구의 일부이다. 즉, 모든 것이 다른 것들과 서로 연계를 맺으면서 전체로서 하나의 '생명의 직물'을 이루고 있다. 마음과 신체는 별개의 것이 아니라 마음에 스트레스가 쌓이면 신체에도 나쁜 영향이 온다. '관계'는 조용히 정신과 대화하는 묵상이나 연상에 의해 직관적으로 통찰할 수 있다. 자아는 자신의 입장이 좋도록 주위를 통제하려 하고 '내가, 내가'라고 끊임없이 앞에 서려한다. 타인의 의도와 경쟁하여 이기려고 하므로 관계는 단절되고 긴장된다.

아래의 도표는 J. Canfield의 「100ways to enhance self-concept」에 나오는 인간관계가 끝나려고 할 때의 행위 유형을 나타낸 것이다. 절박한 상황에서도 지도자는 은연중에 발언형 내지는 충실형을 택하여 가급적 관계를 살려나가고자 노력할 것이다.

---

266) 오성춘, "목회상담 어떤 특성을 갖는가?" 한국교회를 위한 목회상담학, (서울: 대한기독교서회, 1997), 280.

<그림 8> 인간관계가 끝나려고 할 때의 행위 유형

<table>
<tr><td colspan="3" align="center">능동적
(Active)</td></tr>
<tr><td align="center">발언형
(Voice)</td><td></td><td align="center">탈출형
(Exit)</td></tr>
<tr><td align="left">지속적
(Constru-ctive)</td><td></td><td align="right">단절적
(Destruc-tive)</td></tr>
<tr><td align="center">충실형
(Loyalty)</td><td></td><td align="center">무관심형
(Neglect)</td></tr>
<tr><td colspan="3" align="center">수동적
(Passive)</td></tr>
</table>

보살핌이란, 다른 이를 충만시키는 것이다. 보살피는 자의 관점에서 보살핌이란 상대의 성장과 가능성 실현을 돕는 것이다. 보살핌(caring)은 학급이 하나의 공동체가 되는 결과를 가져올 수 있다. 요구를 요구로 느껴지지 않는 것이 보살핌이다. 보살핌이란 보살핌 받는 이를 포함한 관계이고, 보살피는 자와 보살핌 받는 자가 서로 의지하는 것이다.

길리건·Noddings·마틴 등이 말하는 관계윤리 즉 보살핌윤리는 모성애·상호의존성·애착·동정심·공감·친밀함·애정·책임·희생·봉사·조화·협동·부드러움·배려 등의 여성적 가치이다. 보살피는 자는 보살핌을 받는 자를 확신시키기 위해서 그의 현재와 미래의 모습 즉 보살핌을 받는 자기 마음속에 그리는 최선의 자아를 보아야 한다. 누군가를 보살필 때는 보살핌이 불필요하지는 않은지 고려할 필요가 있다. 진실로 보살필 준비를 하는 일은 침착한 중립의 상태에 머무르면서 지켜보고 기다리는 것이다.

보살핌의 과정은 첫째, 염려하고 주의하는 것이다. 둘째, 보살핌의 책임을 인식하는 과정이다. 셋째, 노동을 통해서 보살핌을 받는 자와 접촉하면서 보살핌을 실천하는 과정이다. 넷째, 보살핌을 받는 사람이 보살핌에 응답하는 과정이다. 진정한 관계는 자신과 타인이 연결되고 타인과 자신을 함께 보살펴주는 것을 뜻한다. W가 X를 보살필 때, X가 W가 자신을 보살핀다는 사실을 인식하는 것은 X가 보살핌을 성실하게 수용한다는 사실을 의미한다(Noddings, 1984: 69).

Noddings는 보살핌의 관계성의 실천이 '수용적인 기쁨(receptive joy)'을 가져온다고 본다. 기쁨은 관계성의 실현을 의미한다. 기쁨이 보살핌을 유지하게 만들고, 보살핌에 헌신하도록 한다. 기쁨은 배려를 받을 때 생겨나는 특별한 감정이고, 남을 배려한 것에 대한 주된 보상을 의미한다.

Noddings는 보살핌의 원 개념을 통해서 동심원의 중심에서 가까이에 위치한 사람들이 친밀함과 보살핌의 관계가 더욱 깊다고 본다. 원을 넘어서서 존재하는 사람들은 나와 만나보지도 못했던 사람들로서 사슬을 통해서 연결된다고 본다. 보살핌이 타인을 위해서 자신을 희생하게 되며, 가까운 사람들은 보살펴 줄 수 있지만 한정된 영역밖에 있는 사람들의 욕구를 무시할 수도 있다고 본다.

진정한 보살핌이 되기 위해서는 보살핌을 받는 자의 필요와 욕구에 대한 이해와 인식 그리고 대화가 필요하다. 가장 중요한 대화 형태는 지시적인 대화가 아니라 일상적인 대화이다. 일상적인 대화에서는 경쟁하거나 이기려들지 않는다는 것이다.

따라서 노인교육지도자는 치유자 즉 보살피는 자로서 지적인 성장과 함께 신체적·정신적 성장을 위한 교육도 함께 해야 하며, 노인들과 협동적으로 일하고 문제를 공동으로 해결하며, 결과에 대해서 점수로 평가하지 않고 기쁨을 누리면서 함께하는 사람이라고 본다.

3. 집단지도자로서의 역할

노인교육지도자로서의 리더십의 핵심에 두어야 하는 것은 봉사이다. 분명 권력은 늘 리더십과 결부되는 것이지만, 그 권력의 사용을 정당화 할 수 있는 유일한 목적은 봉사인 것이다. 노인목회를 하고 있는 노인 공동체 목회자로서의 리더십(leadership)이란 "집단의 목표를 달성하기 위해 구성원을 협동시키고, 구성원의 능력을 최고로 발휘케 하는 리더의 작용"이다. 리더십은 헤드십(headship)과 상반된 개념이다.

지도자에게 봉사가 중요하다는 사상은 오랜 역사를 가지고 있다. 고대의 군주들은 자신들이 국가와 백성에게 봉사하는 입장에 있음을 인식하고 있었다. 비록 실제 행동이 그 같은 인식과 일치하는 것은 아니었지만, 근대의 대관식이나 국가 원수의 취임식을 보면, 신과 국가, 국민에 대한 봉사를 서약하는 의식이 포함되어 있다. 정치가는 국민에 대한 봉사라는 관점에서 자신의 역할을 정의하고 있는 것이다. 종교적으로도 봉사는 언제나 리더십의 핵심에 위치하고 있는데, 그것을 가장 높은 차원에서 상징적으로 보여주는 것이 예수의 제자를 씻어주는 모습이다.[267]

리더십은 테크닉이 아니다. 그것은 삶의 방식이다. 가족 내의 리더이건 기업의 최고위 직이건 모두 마찬가지이다. 리더십에 수반되는 권력이나 특권은 리더를 타락시킬 위험을 안고 있다. 그러나 신탁이라는 사고방식을 확고하게 가지면 리더는 권력과 봉사정신의 조화를 이룰 수 있다.[268] 리더는 가끔은 홀로 있고 생각하는 사람이어야 한다. 웃음과 유머가 있는 것이 좋다. 유머감각이 뛰어난 사람은 남녀노소를 막론하고 누구나 호감을 갖는다.

---

267) Keshavan Nair, Ibid., 77-78.
268) Ibid., 109.

노인교육지도 리더가 가장 어렵게 여기는 그룹이 소외된 추종자인데, 그들은 업무에 소극적으로 임하면서도 비판을 일삼는 스타일로서 대개 집단의 약 15~25%로 구성되어 있다. 비판적(독립적)이면서도 적극적으로 업무를 하는 스타일의 추종자가 조직에서 가장 바람직한 형이라고 한다. 리더십은 사람 사이에 일어나는 것을 대상으로 한다. 리더십은 의도적으로 중요한 변화를 지향해야 한다. 오직 변신만이 갈등과 위기를 대처해 나간다. 관리자와 다른 점은 끊임없이 혁신을 추구한다는 점이다.

높은 자신감을 가진 리더는 어려운 과제를 기꺼이 시도하고 자신을 위해 도전적인 목표를 설정한다. 공유된 목표를 추구하여야 한다. 어떠한 과업이 구체성이 있고 목표량을 측정하기 쉬울 때 리더십의 발휘는 유리하다. 버나드 쇼(Shaw)도 "나아갈 방향을 모르고 방황하는 것이 지옥이며 목표를 향하여 달리는 것이 천국"이라고 말했다.

리더십의 영향력 행사가 일방적이거나 강제성이 아니어야 한다. 남에게 매력을 끌고 영향력을 미치려면, "네가 어디 있든지 내가 항상 거기 있을 것이다"라는 마음을 상대방에게 전해 준다. 개인 한 사람 한 사람의 감정과 관심, 그리고 욕구를 존중함으로써 부하들에게 동기 유발시키는 것이 필요하다. 팀 조직에서도 리더가 지녀야 할 가장 중요한 기능(skill) 중의 하나는 코칭(coaching) 기능이다. 즉, 팀원 개개인에 대한 세심한 관심을 통하여 변화의식을 북돋우고, 새로운 기능개발에 필요한 훈련을 제공하여 일에 대한 자신감을 가지게 하는 것이다.

『성공하는 사람들의 일곱 가지 습관』은 스티븐 코비가 70년대 후반 대학원에서 박사학위과정수업의 일환으로 지난 200년 동안에 발표된 성공 문헌들을 조사하면서부터 집필되기 시작된 것이다. 이 책에서 이야기하는 일곱 가지 습관을 간략히 살펴본다.

습관 1. 주도적이 되라. 주도적인 노력에 의해 스스로의 인생을 고결하게 하는 인간의 불가사의한 능력보다 더욱 고무적인 것은 없다.

습관 2. 목표를 확립하고 행동하라. '목표를 확립하고 행동하라'는 말의 가장 근본적인 적용은 오늘부터 시작하여 자신의 최후 순간에 갖고 싶은 이미지, 모습, 그리고 패러다임 표준으로 삼는 것이다.

습관 3. 소중한 것부터 먼저 하라. 리더십은 소중한 것이 무엇인가를 결정하는 것이다. 하기 싫은 일은 분명히 '안 된다고 말하라.' 하고 싶지 않은 일에 대해서는 그 자리에서 바로 거절하는 것이 오히려 그 사람을 더 생각해 주는 길이다. '나는 이 일에 쏟을 충분한 시간이 있는가?'를 판단하고 나서 결정한다.

습관 4. 상호이익을 추구하라. 상호이익을 얻기 위해서는 커다란 용기와 많은 배려가 필요하다. 무승부법을 실천한다.

습관 5. 경청한 다음에 이해시켜라. '리더에게는 귀가 여러 개 있다. 보스에게는 귀가 없다.' 리더는 표정이나 동작에서 당신이 경청하고 있다는 것을 보여야 한다.

습관 6. 시너지를 활용하라. 모든 일에는 관용을 소중히 하자. 시너지란 무엇인가? 간단히 정의한다면 시너지는 전체가 각 부분들의 합보다 더 크다는 것을 의미한다.

습관 7. 심신을 단련하라. 이것은 다른 습관들의 실행을 가능하게 해 주기 때문에 다른 여섯 가지 습관들을 둘러싸고 있다. 이 습관은 우리 인생에서 할 수 있는 가장 훌륭한 투자이다.

이와 같은 집단지도자로서의 습관을 강화한다면 노인교육지도자로서의 역할을 충실히 할 수 있을 것이다.

4. 옴부즈맨(ministry of ombudsman)의 역할

옴부즈맨으로서의 기능이란 고충을 처리해 주는 자원봉사적인 기능이다. 정보제공과 의뢰로서의 기능과 밀접하게 연관된 기능이다. 옴부즈맨의 기능은 노인들의 권리를 옹호해 주는 노인교육지도자로서 가장 바람직한 대안이 될 수 있다. 교회에서는 정보제공과 옴부즈맨의 기능을 함께 해 주면 좋을 것이다. 옴부즈맨은 노인들에게 찾아가야 할 곳 뿐만 아니라 찾아가서 만나야 할 사람까지 알려주어야 할 필요가 있고, 법에 관련된 문제들, 재정적인 문제들, 특히 유언을 작성하는 문제 등에 있어서 노인들에게 도움을 주어야 한다. 옴부즈맨 기능을 위한 교인자원봉사자는 교회에서만 머무르지 않고 보다 넓은 지역사회로까지 연결될 필요가 있다. 옴부즈맨에게는 노인을 긍휼히 여기는 마음이 요구되고, 노인들의 욕구를 헤아려 낼 수 있는 훌륭한 인터뷰 기술, 인내심을 가지고 각 상황에 대처하는 능력, 상상력이 요구된다.

– 교육지도자의 자원봉사자로서의 인성 체크리스트는 다음과 같다.

평균 이하(below average) 보통의(fair) 좋은(good) 우수한 (excellent)

첫째, 정서안정과 정신적 건강이다. 공포, 양심의 가책, 굴욕, 사소한 일에 대한 근심에서 자유롭다. 비판에 지나치게 민감하다. 쉽게 짜증이 나지 않는다. 과도한 수줍음에서 해방되어 있다. 열등감과 우월감의 복합적인 감정에서 벗어나 있다. 일시적 감정을 잘 통제한다. 극단으로 기분이 갑자기 변하지 않는다.

둘째, 외모이다. 경우에 따라 적절히 옷을 입는다. 조심성이 있고 적절히 균형이 잡혀있다. 잘 차려입는다. 침착한 모습을 풍긴다. 옷을 선택함에 있어서 훌륭한 멋을 드러낸다. 세련되고 교양 있는 인상을 준다. 색상 배합을 잘 한다. 옷을 다림질을 하고 깨끗하게 유지한다.

셋째, 건강과 생명력이다. 신체적으로 정신적으로 조심한다. 추진력을 나타낸다. 심미적이고 쾌활하다. 건강하게 보인다. 정력적이다. 모든 상황에서 잠재 가능성에 각성되어 있다. 행복한 표현을 한다. 힘을 보존하고 있다.

넷째, 정직, 인격, 성실함이다. 훌륭한 가치감을 드러낸다. 어떤 상황에서도 올바른 일을 할 수 있다고 기대된다. 신뢰할 수 있고 충실하다. 실수를 인정한다. 약속을 지킨다. 사람을 대하는 데 있어서 공정하고 올바르다. 의무를 이행한다. 지적으로 정직하다. 높은 수준의 행위를 유지한다.

다섯째, 적응력이다. 다른 사람들의 제안을 호의적으로 수용하고 민감하게 이해한다. 상황에 적극적으로 기여하려는 책임감을 받아들인다. 타인을 도움에 있어서 자신의 불편을 기꺼이 참는다. 새로운 상황에 의해서 도전을 받는다. 동정적이며 타인의 생각과 고통을 공유하고 이해하는 데 참을성이 있다. 외교술과 가능한 공격적이지 않게 말해야만 하는 것을 말한다. 피할 수 없는 틀에 박힌 일에 반응한다.

여섯째, 협동이다. 공동의 목적을 달성하기 위해 서로 함께 일한다. 필요할 때는 자원봉사를 한다. 대부분 필요한 곳에 적합하다. 제안을 환영하고 진보하려고 노력한다. 자신 이전에 집단의 복지를 우선한다. 과외의 일에 기꺼이 공유한다. 위원회에서 건설적인 일꾼이다.

일곱째, 목소리와 언어이다. 세련되게 나타내고 문화적 배경의 증거를 보여준다. 적절한 정도로 억양의 변화를 주어 명료하게 말한다. 집단의 크기에 따라 잘 적응, 조절된 어조를 지니고 있다. 호의적인 주의를 끈다. 이해하기가 쉽다. 정확하게 발음한다. 산만하고 짜증나게 하는 독특한 버릇이 밴 화법에서 벗어나 있다.

여덟째, 리더십이다. 존경심을 모은다. 자신감이 있다. 계획·조직·실행에서 능력을 나타낸다. 적절한 행위를 하도록 타인을 설득시킬 수 있다. 비상시에 결정을 내리고 행위를 할 수 있다. 훌륭하게 판단한다. 다른 사람에게 최선을 다하도록 격려한다. 환경을 지배한다. 주도권과 독창력을 발휘한다. 집단의 사고를 말로 표현하는 능력을 지니고 있다. 건전한 신념을 지지할 용기를 가지고 있다.

아홉째, 융통성 있는 재능이다. 고난에 직면할 때 제안을 가지고 있다. 가장 전망 있는 해결책을 선택함에 있어서 통찰력이 있고 빠르다. 이끌어 낼 힘을 보존하고 있다. 행동을 취할 때를 알고 있다. 정신적 능력을 연상케 한다.

열 번째, 사회성이다. 타인을 어리둥절하게 하고 공격적이고 난처하게 하는 것을 피하도록 하기 위해 충분한 예절의 규범을 알고 있다. 타인에게 비이기적으로 관심이 있다. 넓은 관심을 갖고서 격려하는 대화자이다. 동정적인 관점을 지니고 있다. 타인의 마음을 편하게 한다. 타인과 교제를 추구한다. 타인의 견해와 공동생활에 관용이 있다. 친구의 마음을 사로잡고 간직한다. 훌륭한 경청자이다. 유쾌할 때와 심각할 때를 안다. 편안하고 즐거운 분위기를 일으킨다. 환경 속에서 유머를 이해한다. 멋진 스포츠맨이다. 공적인 인간관계에서 당신은 어떻게 잘 행위하고 있는가?[269]

제2절 대안적 목회방안들

1. 현행 일반적인 노인학교 프로그램

교회는 그 존재 자체가 목적이 아니라 세계 안에서 하나님의 뜻을 실현하는 도구가 되는 데 목적이 있다.[270] 생태계, 정치적 억압, 경제적인 불평등, 종교적, 인종적 폭력과 전쟁, 문화적인 갈등 등 과제를 안고 있는 교회의 선교는 그에 상응하는 교회적 삶을 모색하라는 요청을 받고 있다.[271] 이것은 현대화의 새로운 환경에 적응하지 못하는 소외된 노인들에게도 적용된다.

1999년 현재 전국적으로 독거노인이 27만 7천 명, 노부부가 57만 쌍에 이르렀다고 통계청이 조사결과를 밝힌 바 있다. 독거노인과 노부부들만 사는 형편에서는 가족들의 수발을 기대하기가 어려운데 이런 의미에서 교회의 노인학교는 교회 안의 노인과 아울러 교회에 나오지 않는 지역

---

269) G. E. Robinson and E. S. Bianchi, "What does PR mean to the teacher?" NEA Journal, vol.48, no.4, p.14, National Education Association, (Washington. April, 1959; Richey), 260-261.

270) 박근원, "교회 이해의 새로운 전환", 교회론의 새 지평, (서울: 도서출판 진흥, 1996), 210.

271) 채수일, "선교와 일치", 한국교회와 신학실천, (서울: 대한기독교서회, 1999), 195.

노인들을 포함해서 그들의 노후생활에 필요한 지식 기술, 정보를 제공하고 동시에 그리스도의 진리와 사랑을 전해 주는 교육봉사이다.

따라서 노인학교를 운영하는 각 교회는 그 설립 목표와 학습 내용을 설정할 때 노인 성도들의 신앙성장을 위한 교육 내용과 지역 노인들의 성공적인 노년기 생활을 위한 교육내용을 적절하게 배분하여 실시함이 필요하다.

교회 노인학교의 일반적인 프로그램을 종합해 보면 대체로 제3의 인생, 존경받는 어른, 소풍, 행복한 삶, 건강한 생활, 노인잔치 등과 같은 프로그램을 제공하고 있으며, 바른 생활과 신앙, 구강보건, 성인병, 율동 및 노래, 체조, 종이접기, 한글 공부와 같은 프로그램과 함께 행복한 노후 생활, 노인의 경제, 노인복지와 건강, 식이요법, 노인문화, 법률상식, 노인여가, 성경, 여행, 합창 이외에 더하여 사물놀이, 환경 교육, 치매예방, 죽음과 신앙, 취미 생활 등의 프로그램이 제공되고 있다.

이런 프로그램을 다시 나누어 보면,

1) 강의: 현대의 모든 분야의 학문과 생활에 대한 것, 즉 동서고전, 역사, 문학, 사회과학, 미래학, 음악, 의학 등과 현대의 가정생활, 사회생활, 노인학 등의 과목에 대해 해당 분야의 학자와 실무자들을 강사로 초빙하여 강의한다.

2) 견학(방문): 교육, 연구기관을 위시하여 정부기관, 언론기관, 산업시설, 사회단체, 고적, 각종개발 상황 등을 견학 시찰한다.

3) 개인연구 또는 정리과제 및 공동과제(워크숍): 학생 각자의 연구과제나 특기나 관심상 따르는 과제를 선정하여 연구정리 및 작품 활동을 계속 정진하도록 하고 공동과제를 해나가도록 한다.

4) 위탁교육 주선: 각급 학교와 협의 또는 제휴하며 노인학교의 청

강 희망 분야의 강의를 (특별 청강생)대우받아 수강할 수 있는 길을 모색한다.

5) 취미활동과 레크리에이션 및 친교행사를 실시한다.

6) 사회봉사활동; 봉사활동을 장려하고 노인들의 사회 참여도를 높이기 위해 노인자원봉사 카드를 작성하고 수련과정을 거쳐 각급 학교 각종 사회단체, 기업체 친목단체 등의 행사에 특별 초청을 받도록 한다.

7) 노인이해 교육; 이 부분은 노인 가족이나 일반시민, 교인에게 노인에 대한 이해를 돕고 경로사상을 갖도록 교육한다.(95)

<표 18> 노인교육 영역별 프로그램 개발

영역	상위 프로그램	하위 프로그램
노후 생활 교육	1. 여가 및 취미 프로그램	• 여행실습 프로그램 • 음악 프로그램 • 탈춤추기 프로그램 • 이야기책 만들기 프로그램
	2. 노인 생활정보 프로그램	• 법률상식 프로그램 • 교통안전 프로그램
	3. 노인 건강 프로그램	• 건강관리 프로그램 • 죽음준비 프로그램
	4. 문화유산 전수 및 계승 프로그램	• 구비전승 프로그램 • 전통놀이 프로그램
	5. 상호세대 간의 대화와 인간관계를 위한 프로그램	• 동료와의 인간관계 프로그램 • 상호 세대 간의 화합을 위한 프로그램
	6. 사회활동 프로그램	• 자원봉사활동 프로그램 • 사회 참여활동 프로그램
	7. 노인 생활지원 프로그램	• 전화서비스 프로그램 • 동아리 활동 프로그램 • 정보지발간 지원 프로그램
	8. 특별 행사 프로그램	• 바자회 프로그램 • 생일잔치 프로그램 • 새로 하는 고궁산책 프로그램
취업 및 퇴직 준비 교육	1. 취업교육 프로그램	• 기초 교육 프로그램 • 직종별 교육 프로그램
	2. 재취업 및 재배치 교육 프로그램	• 기초 교육 프로그램 • 직종별 교육 프로그램
	3. 창업교육 프로그램	• 기초 교육 프로그램 • 업종별 교육 프로그램
	4. 퇴직준비교육 프로그램	• 생활설계 프로그램 • 퇴직준비 프로그램
지도 자 교육	1. 노인 기초교육과정 프로그램	• 교육학의 이해 • 노인교육의 이해 • 노인교육방법론
	2. 노인 전문 과정 프로그램	• 노인심리 • 노인복지 • 노인과 건강

1) 사회 참여활동 프로그램 설계

　지역사회 스스로 열린 평생학습 공동체가 되기 위해서는 평생학습도시의 건설을 위해 지역공동체가 적극적으로 지역주민의 주거거점별로 평생 학습망이나 학습조직을 건설해야 한다.[272] 사회 참여활동 프로그램은 그 내용에 따라 이론 프로그램과 실습 프로그램으로 나누어 구성된다. 다음에서는 이론 및 실습 프로그램을 살펴보자.

---

272) 한준상, "모든 이를 위한 안드라고지", Lifelong Education,, (서울: 학지사, 2003), 123.

〈표 19〉 이론 프로그램

차시	활 동 내 용	전 개 방 법
1	노인복지정책의 개발과 사회주도 이론	- 담당강사의 강의
2	영국, 스웨덴, 미국, 일본의 노인 단체와 그레이파워의 영향 1. 영국-노인들에 대한 연금제도의 개혁 2. 스웨덴-생계의 권리 3. 미국-1930년대의 타운센트 운동 4. 일본-1950년대 노인복지법 제정	- 담당강사의 강의
3	한국 노인운동 단체와 활동: 전국 노인 단체연합회(1968),한국 노년 유권자 연맹(1994), 대한노인회(1976)	
4	노인운동의 종류 1. 생명운동/환경운동/친환경적 소비문화확립 운동/소비자 의식 교육운동/건전한 가정문화 운동 2. 공동체 운동/노인의 정치 참여 운동/평화운동 (평화통일을 위한 활동)/폭력방지 운동/TV모니터 교육 운동	- 담당강사의 강의
5	한국노인 권익 운동의 이념적 기초	- 담당강사의 강의
6	노인복지정책과 프로그램의 종류 1. 소득보장정책: 연금, 생활 보호금, 노령수당 지급, 경로우대제 2. 의료보장: 의료보험, 의료보호B, 노인건강진단 3. 주택보장: 재가목적 주택보장, 수용목적 주택보장 4. 사회적 서비스 보장: 노인복지 상담원 서비스, 노인복지회관, 노인학교, 노인휴양시설, 가정봉사원 파견서비스, 노인 주간 보호시설 및 단기보호시설	- 담당강사의 강의
7	한국노인권익운동의 과제 1. 사회운동으로서 노인권익운동 2. 성공적인 사회운동의 구비요건 3. 내적 구비조건(리더십: 지도자는 어떤 사람이어야 하며, 지도자의 전략은 무엇인가 4. 조직: 조직의 운영방식과 구성, 응집력	-담당 강사의 강의
8	노인권익운동의 실천적 과제 1. 노인권익운동의 가능성 2. 노인권익운동의 결정변수 3. 노인권익운동의 방법: 입법부에의 접근, 행정부에의 접근, 사법부에의 접근	- 담당강사의 강의

<표 20> 실습 프로그램

차시	활 동 내 용	전 개 방 법
1	TV 모니터 교육 운동 TV에 드러난 왜곡된 노인의 모습 역할 등을 지적 고발하고 노인문제와 관련하여 노인에 대한 편견 왜곡된 시각 변화를 지향하려는 운동	−관련 노인운동의 계획 및 참여와 실천
2	환경운동 1. 환경 살리기 운동: 환경감시단 재활용 운동/대중교통 이용하기 2. 쓰레기 줄이기 운동: 음식쓰레기 줄이기 운동 연대	−관련 노인운동의 계획 및 참여와 실천
3	절제 운동: 아나바다 운동의 생활화 친환경적인 소비문화 확립 소비자 의식 교육	−관련 노인운동의 계획 및 참여와 실천
4	바른 문화 운동 1. 바람직한 청소년 문화: 청소년 유해환경 감시단 활동, 문화 마당, 토론 마당 운영 2. 바른 결혼문화: 함, 예단, 호화 혼수, 청첩장 줄이기 3. 건전한 가정문화: 한 가정 한 기관 돕기, 외식 줄이기	−관련 노인운동의 계획 및 참여와 실천
5	정의공동체 운동 1. 노인의 정치 참여운동: 노인 지도력 활용, 노인포럼, 노인문화제 2. 평화 운동: 평화 통일을 촉진하는 활동 전개 3. 폭력 방지 운동: 학원 폭력, 가정폭력 방지 사업	−관련 노인운동의 계획 및 참여와 실천

（1）자원봉사센터에서의 노인교육 프로그램

〈표 21〉 부천시자원봉사센터 운영 사례

교육기간	교육제목	교육내용
2000.10.24-11.16	어르신 자원봉사지도자 전문교육	노인자원봉사자들의 리더십 훈련
2001. 3.14- 5.16	노인자원봉사아카데미	자원봉사이론 및 체험 등으로 구성된 노인자원봉사 전문교육 프로그램
2001.10.18-10.19	노인자원봉사 리더십 워크샵	마을 만들기를 주제로 한 노인자원봉사자들의 리더십 워크샵
2001. 8.21- 9.13	제1회 노인자원봉사학교	자원봉사이론 및 체험으로 구성된 노인자원봉사 전문교육 프로그램
2001.12.13-12.20	경로당 순회 자원봉사교육	노인이 경로당을 직접 방문하여 자원봉사교육을 실시
2002. 5. 1- 5.31	제2회 노인자원봉사학교	자원봉사이론 및 체험으로 구성된 노인자원봉사 전문교육 프로그램
2000. 4 -현재	자원봉사자 기초, 전문교육 노인봉사단 정기 및 보수교육	초기노인봉사자 교육, 봉사단의 욕구와 필요에 맞는 보수교육 제공

• 노인자원봉사교육 프로그램

〈표 22〉 노인자원봉사학교 프로그램

구분	회기	시간	프로그램	내 용
자원봉사 기초교육	1강	3시간	개강식 기조강연 친교 프로그램	· 오리엔테이션, 조 구성 · 나의 목표세우기 · 기조강연: 자원봉사와 사회통합 · 친교프로그램: 자기소개, 레크리에이션
	2강	3시간	노인자원봉사의 의미, 필요성	· 고령화 사회와 노인의 사회 참여 · 토론
실기교육	3강	3시간	인간관계훈련(Ⅰ)	· 의사소통 및 대화기법 훈련
	4강	3시간	인간관계훈련(Ⅱ)	· 자아발견 프로그램: '나의 인생'
	5강	3시간	리더십훈련(Ⅰ)	· 리더십의 이해
	6강	3시간	리더십훈련(Ⅱ)	· 비전 만들기
간접체험 교육	7강	3시간	국내외 노인자원봉사 사례	· 사례발표 · VTR시청 · 토론
자원봉사 탐색	8강	6시간	지역사회복지의 이해 및 기관방문	· 지역사회와 노인자원봉사 및 지역사회 복지기관 방문 · 기관방문 소감 발표
	9강	3시간	아동, 청소년 대상 활동의 이해	· 아동의 특성 및 아동대상 활동소개 · 청소년 문화이해하기 · 그룹토론
	10강	3시간	장애인대상 활동의 이해	· 장애인의 이해 · 토론: 장애인을 위한 봉사
	11강	3시간	노인 & 노인	· 노인복지와 자원봉사 · 또래노인 돕기 사례발표 · 토론(노인대상 자원봉사)
체험	12강	6시간	체험! 봉사현장	· 체험활동 오리엔테이션 · 체험배치표 전달 · 활동 후 집단토론
봉사영역 결정	13강	3시간	노인자원봉사 마켓	· 다양한 영역의 봉사 찾기 · 새로운 봉사영역 및 활동창조
평가	14강	3시간	제2의 인생설계 평가회, 집단발표 평가 설문 작성, 수료식	· 제 2의 인생설계 · 그룹별 발표 · 평가회

(2) 노인자원봉사 리더십 교육 프로그램

〈표 23〉 노인자원봉사 리더십 워크샵 프로그램(예)

시간운영	시간	내 용	장 소
18일 (목)			
09:00		집결 (복사골 문화센터 1층 로비)	
09:30-11:20	110분	출발 및 도착 (아산시 도고면 소재)	세미나실(B1층)
11:20-12:00	40분	방배정 확인 및 짐 풀기 (방배정표 제작)	각 방(2층)
12:00-13:00	60분	점심식사 및 자유 시간	식당(1층)
13:00-13:10	10분	워크샵 목적 및 일정소개	세미나실(B1층)
13:10-14:00	50분	자유토론 (발제: 박○○, 김○○)	
14:00-14:20	20분	휴식	
14:20-15:30	50분	강의1. 지역사회의 문제와 노인의 역할 마을 만들기의 개념 소개(약대동 마을 만들기 김○○ 간사)	
15:30-15:40	10분	휴식	
15:50-16:20	40분	강의2. 마을 만들기의 개념과 실천단계 (부천시자원봉사센터 송○○ 팀장)	
16:20-17:30	70분	〈워크샵 1〉 마을 만들기 실천 강령 만들기	
17:30-19:00	90분	자유 시간 및 저녁식사	각방, 식당(1층)
19:00-22:00	180분	〈워크샵 2〉 성격유형과 갈등관리 (부천시지역사회교육협의회 홍○○ 국장)	
22:00-		취침 및 자유 시간	각방
19일 (금)			
07:00-08:00	60분	기상 및 자유 시간	각방
08:00-08:20	20분	아침체조	운동장
08:20-09:00	40분	아침식사	식당(1층)
09:00-09:20	20분	짐 정리 후 세미나실로 집결	각방 및 세미나실
09:20-10:20	60분	워크샵1 결과발표 및 Comment	세미나실(B1층)
10:20-11:00	40분	평가회 및 발표	
11:00-11:20	20분	기념촬영	콘도 주변
11:20-12:00	40분	현충사 이동	차량탑승
12:00-13:00	60분	점심식사 및 자유 시간	현충사 휴게실
13:00-13:40	40분	영인산 자연휴양림 이동	차량탑승
13:40-15:00	100분	삼림욕 및 자유 시간 (간식제공)	영인산 자연 휴양림
15:00-17:00	120분	부천으로 출발-〉복사 골 문화센터 도착	차량탑승

(3) 경로당 순회 자원봉사교육 프로그램

〈표 24〉 경로당 순회 자원봉사교육 프로그램

제 목	진 행 내 용	소요시간
인사소개	교육취지 설명	5분
건강 레크리에이션	자원봉사의 전제조건: 건강 레크리에이션 진행	10분
생생 정보	노인들에게 유용한 건강정보, 지혜를 주는 글 제공	10분
자원봉사교육	노인자원봉사의 의미, 참여방법, 활동내용 등 자원봉사 기초교육 실시	30분
다함께 노래 부르기	부천시 노래: '고향의 봄' 부르기	5분

〈표 25〉 노인교육 담당자 및 전문가 양성과정 기본 교육과목

과 목	시간	주 요 내 용
노년학	6	노인의 개념과 노화의 이해 노인문제 및 노인의 건강·경제·가족관계 노인교육·고용·복지관련 법규 및 정책
노인교육개론	6	노인교육의 개념 및 필요성 노인교육의 국내외 현황 노인교육의 전망과 과제
노인교육 행정 및 경영의 실제	15	노인교육기관 홍보 및 수강생모집 노인교육기관의 재정·시설·인력 관리 노인교육기관과 지역사회 기관과의 연계 실버산업
노인 학습이론 및 노인상담의 실제	12	노인학습의 이해/ 노인상담방법 및 실제
노인교육방법론	9	노인교육방법의 원리 개인중심·집단중심 노인교육방법
노인교육프로그램 개발	15	노인교육프로그램 요구분석 노인교육프로그램 개발·운영·평가 노인교육프로그램 사례 및 실제
노인자원봉사론	6	노인자원봉사 필요성 및 현황 자원봉사자 관리
노인교육기관 현장실습	6	노인교육시설 견학/노인교육 실습
계 (8개 과목)	75	

※ 과정운영 시 필수 반영사항으로서 수강생 50명 이상, 교육시간은 총
   75시간 이상, 주당 2회·1일 3교시, 3개월 편성 원칙으로 무료 운영.
※ 대학에서는 2000년 노인교육 담당자 및 전문가 양성과정의 개설을
   기점으로 심화과정을 편성하고 노인교육 지도사 민간자격취득 과정
   으로 확대하여 총 145시간의 교육과정을 운영하는 대학(인하대, 성
   결대, 호남대, 조선대 등)과 민간자격과정으로서 노인교육지도자과
   정을 자체 개설하는 대학이 증가하고 있음.

<표 26> 노인교육 담당자 및 전문가 양성과정 선정 대학

구분	2000년도	2001년도	2002년도	2003년도
서울	서울여자대학교	경 기 대 학 교	숙명여자대학교	이화여자대학교
	–	서울여자대학교	이화여자대학교	–
인천	인 하 대 학 교	인 하 대 학 교	인 하 대 학 교	인 하 대 학 교
경기	–	성 결 대 학 교	성 결 대 학 교	가톨릭 대학교
부산	동 의 대 학 교	부산대·동의대	부 산 대 학 교	동 의 대 학 교
경남	–	창 원 대 학 교	창 원 대 학 교	창 원 대 학 교
대구	계 명 대 학 교	대 구 대 학 교	대 구 대 학 교	대 구 대 학 교
경북	–	–	안동 과학 대학	경 북 대 학 교
광주	조 선 대 학 교	조선대·호남대	조 선 대 학 교	조 선 대 학 교
전남	–	–	순천 청암 대학	목포대·청암대학
전북	전 북 대 학 교	전 북 대 학 교	전 북 대 학 교	전 북 대 학 교
충북	청 주 대 학 교	청 주 대 학 교	청주 과학 대학	청주 과학 대학
대전	목 원 대 학 교	대 전 대 학 교	목 원 대 학 교	대전 보건 대학
충남	–	천안대(천안외대)	천 안 대 학 교	천안 대학교 외
강원	한 림 대 학 교	한 림 대 학 교	영동 전문대학	강릉 영동 대학
제주	제 주 대 학 교	제 주 대 학 교	제주 한라 대학	제 주 대 학 교
계	10개 대학	16개 대학	16개 대학	16개 대학

노인이 할 수 있는 자원봉사의 분야, 대상, 그리고 프로그램 활동은 다양하다. 봉사 분야로는 보건 및 복지 분야를 비롯하여 정치, 문화, 환경, 교육, 범죄예방, 법률, 교통, 소비자 분야, 그리고 국제협력과 난민구조 등이 있다. 이에 따른 구체적인 봉사활동 프로그램을 살펴보면 다음과 같다.

2) 노인봉사활동프로그램

(1) 사회복지

우호방문, 음식배달, 쇼핑 돕기, 사교모임, 공중목욕탕동반, 병원동반, 행정서류 대서, 편지 써주기, 물리치료보조, 가시일 돕기, 간병, 수발, 불우노인 돕기 캠페인 및 활동 참여 등

(2) 지역사회봉사

환경 – 쓰레기 줍기, 쓰레기 분류 및 관리, 나무심기, 환경교육, 환경오염조사(물, 공기, 토양 등)지역사회환경정화, 계몽활동 등
교육 – 기능교육 및 훈련, 기술교육, 유치원, 초, 중, 고등학교 보조교사 등
체육 – 노인운동지도보조, 청소년운동지도보조, 각종 운동행사지원 등
문화 – 음악교육, 판소리지도, 미술교육, 서예지도, 도자기기술교육, 연극 및 춤 지도, 각종 문화행사지원 등
의료 – 병원업무보조, 환자방문, 환자동행, 간병서비스, 건강정보전화서비스, 호스피스 등
범죄 – 성폭력상담, 교육 및 계몽, 유해환경조사 및 퇴치캠페인, 지역사회안전보호(자경단), 정책건의 등
법률 – 무료법률상담, 법률교육, 유언서작성보조, 유산상속절차보조 등

교통-노인교통정리, 지하철안전지도원, 각종 행사를 위한 교통질서
　　　정리, 교통단속 감시원 등
정치-부정선거감시, 선거사무소사무보조, 투표, 개표참관인 활동, 선
　　　거인등록사업보조, 정당활동, 로비활동 등
소비자-불량상품홍보, 고발 등

(5) 금품 및 장기기증

금품기증-공동모금기금, 유산기탁, 지정기탁 등
장기기증-신체기증(심장, 눈, 신장 등), 장기기증운동지원

(6) 국제협력난민구호

개발도상국의료, 물품, 식량지원보조, 후진국사회개발을 위한 자원봉
사활동, 국제협력행사 등 참여

2. 죽음대비교육

인간은 언젠가 죽음을 맞닥뜨리게 되어 있다. 시편 23편 4절을 보면
"내가 사망의 음침한 골짜기를 다닐지라도 해를 두려워하지 않을 것은
주께서 나와 함께 하심이라 주의 사망의 지팡이와 막대기가 나를 안위
하시 나이다." 다윗은 무덤의 공포, 죽음의 공포를 이겨낼 수 있는 비결
을 제시하였다. 전도서의 지혜자도 당당하게 죽음과 맞서라고 이야기한
다.273) 솔로몬은 죽음에 대해 병적인 강박관념을 갖지 않았다. 피할 수

---

273) 전도서 7: 2. "초상집에 가는 것이 잔칫집에 가는 것보다 나으니 모든 사
　　람의 결국이 이와 같이 됨이라 산 자가 이것에 유의하리로다."

없는 일이라면 사실 그대로 받아들이라고 권고하였다. 당당하게 살아가는 가장 좋은 비결은 죽음에 대해 솔직해 지는 것이다.[274]

Bengtson과 그의 동료들이 행한 연구(1977)에 의하면, 죽음에 대한 공포를 가장 많이 느끼는 층은 중년의 응답자들(45-54세)이고 노인집단(65-74세)은 오히려 가장 공포를 적게 느낀다는 것이 규명되었다. 더욱이 죽음의 시간이 임박할수록 노인들은 죽음에 대한 공포를 덜 느끼는 것으로 조사되었다. 그러나 한편으로는 노인들이 죽음을 공포로서가 아니라 수용하는 자세로 보고 있기는 해도 대부분의 조사결과들은 노인들이 다른 어느 연령집단들보다도 죽음에 대해서 더욱 많이 생각하고 이야기한다고 밝히고 있다.(Riley & Forner, 1968)

이것은 자신들이 죽음을 눈앞에 두고 있다는 데 기인하는 것일 뿐만 아니라 친구나 친척들보다도 오래 살면서 그동안 죽음과 관련된 경험들이 축적되어 있기 때문이기도 하다.(Kalish, 1976) Kalish에 의하면 죽음에의 공포는 종교적 믿음과 깊은 관계가 있다. 가장 종교적인 사람이 죽음에 대한 공포가 가장 적다고 한다. 또한 종교성과 죽음에의 공포 사이에 곡선관계가 있다고도 한다. 즉, 매우 종교적인 사람들은 죽음에의 공포가 가장 적고, 중간수준의 종교성을 갖고 있는 사람들이 중간 정도의 공포를 가지고 있으며, 비종교적인 사람들은 가장 공포를 많이 느낀다는 것이다.

Kalish는 노인들이 죽음을 덜 두려워하는 이유를 세 가지로 지적하고 있다.

첫째, 노인들은 자기의 생명에 큰 가치를 두지 않으며 자신의 미래가 제한되어 있음을 인정하고 있다.
둘째, 오랜 세월을 살아온 노인들은 자신이 충분히 살았고 이제부터 사

---

274) Max Lucado. Traveling Light, 나벽수 역, 길을 버리고 길을 묻다, (서울: 좋은 씨앗, 2004), 164.

는 것은 덤으로 사는 것이라고 생각하기 때문이다.

셋째, 사람들은 세월이 흐름에 따라 타인의 죽음과 많은 연관을 갖게 되고 그것이 자기 자신의 죽음을 받아들일 자세를 갖추도록 돕는다는 것이다.

노인들이 보통 죽음에의 공포에 시달리지 않는 것은 그들이 여러 측면에서 죽음을 준비하고 있기 때문이라고 볼 수 있다.(Kastenbaum, 1969) 죽어가는 것은 전인적인 것이다.[275] 노인들이 죽음을 맞이하는 방법은 여러 가지이지만 자신의 집을 정돈하고 사회적 활동들을 줄이며 종말을 기다리면서 끝까지 활동을 계속하면서 죽음의 공포에서 탈피하고자 하는 것이다. 죽음을 용납하는 단계에 도달한 많은 환자들은 그저 죽게끔 내버려 달라는 희망을 표시하고 또 바로 죽는 그 순간까지도 마음의 평정과 존엄성을 유지할 수 있다.[276]

따라서 노인들로 하여금 곧 다가올 자신의 죽음을 인정하고 그동안의 인생을 정리하고 경우에 따라서는 죽음에 대한 공포에서 벗어나기 위해 새로운 활동을 전개하도록 돕는 것이 노인교육 분야에서 중요하게 다루어야 할 죽음대비교육인 것이다.

시편 23편 4절에서 다윗은 죽음을 보기 전에 하느님을 보라고 요구한다. 한 걸음 더 나가서 하느님과 대화하기 전까지는 죽음에 대하여 이야기하지 말라고 한다. 하느님만이 그곳에 이르는 길을 정확히 알고 계시고, 주님만이 우리를 그곳까지 안전하게 인도하신다.[277]

---

275) 가시와키 데쯔오, 박수길 역, 말기환자를 위한 호스피스, (서울: 오상, 1999), 21.

276) Elisabeth Kübler-Ross, Questions And Answers On Death And Dying, 이인복 역, 죽음과 임종에 관한 의문과 해답, (서울: 우진 출판사, 1980), 129.

277) Ibid., 165.

1) 죽음의 과정

　정상적인 건강상태에서 임종의 상태로 접어드는 과정을 표현하기 위해서 Glaser와 Strauses(1968)는 임종의 탄도(trajectory of dying)이라는 용어를 사용했다. 여기에는 지속기간(duration)과 형태(shape)라는 두 가지 중요한 특징이 포함된다. 지속기간이란 임종탄도가 시간을 통해 발생됨을 의미하고, 형태란 임종이 도표로 그려질 수 있다는 사실을 말하는 것이다. 어떤 유형의 지속기간은 느리고 어떤 것은 매우 급작스럽게 발생한다. 형태 가운데 어떤 것은 시종일관 내리막길을 나타내고, 또 어떤 형태는 내려가다 다시 상승하듯 하다가 또 다시 내려가기도 한다.

　임종탄도는 그 환자가 앓고 있는 질병이나 환자의 성격에 따라 좌우된다. 예를 들어 실제로 죽은 것보다 훨씬 더 일찍 죽을 것으로 기대되는 환자들에게서 질질 끄는 (lingering)유형이 있는데 이런 경우는 완만한 하강추세를 나타낸다. 단기적 집행유예(short-reprieve)유형의 환자는 기대치 않던 죽음의 연기현상을 보인다. 또 다른 유형으로 급작스러운 놀라움(abrupt surprise)의 탄도가 있는데, 이것은 회복되는 듯하다가 갑자기 죽은 환자의 유형이다. 또 환자가 병원에서 집으로 보내지고 그 후 몇 해를 더 살게 되는 집행유예 판결(suspended sentence)유형도 있다. 마지막으로 서서히 침몰하는 환자로서 여러 차례 병원에서 집으로, 집에서 병원으로 옮겨 다니는 입원-재입원(entry-re-entry)유형도 있다.

　절망적인 병을 앓고 있는 환자들과 면담했던 Kübler-Ross(1969)는 사람들이 자신의 죽음에 대비하여 5단계의 심리적 단계를 거쳐 다가오는 죽음을 깨닫는다는 것을 발견했다. 즉 거부, 분노, 협상(타협), 의기소침(우울), 그리고 수용의 5단계이다.

2) 죽을 권리(안락사의 문제)

절망적인 병을 가진 환자의 고통과 괴로움이 늘어감에 따라서 또 혼수상태에 있다고 해도 기계에 의존해서 생명을 지속시킬 수 있게 됨에 따라서 생명을 과연 언제가지 유지시켜야 하는가에 대한 문제가 야기되었다.

이와 관련하여 Morison(1971)은 죽어가는 환자를 치료하는 의사에게 있을 수 있는 세 가지 가능성을 제시했다. 즉, ① 환자를 살리기 위해 모든 가능한 수단을 전부 사용하는 것, ② 인위적인 수단이나 초인적인 방법들을 중단하고 통상적인 절차만을 계속하는 것, ③ 죽음과 임종의 탄도에 속도를 가하도록 어떤 조치를 취하는 것 등의 세 가지 가능성이다.

대부분의 사람들은 환자를 살아 있게 하는 강제적인 수단에서 통상적인 의학 절차로 옮겨야 할 시기가 있음을 인정하면서도 생명의 종말을 가속화시키자는 결정에는 찬성하지 않는다. 생명을 유지하기 위한 강제적인 수단을 사용하지 않고 자연적으로 환자가 죽도록 내버려두는 것을 소극적인 안락사(Passive euthanasia)라고 한다. 전혀 가망이 없거나 식물인간 상태인 환자의 생명을 의사가 의도적으로 끊는 것은 적극적인 안락사(active euthanasia)라고 한다. 적극적인 안락사는 본인 혹은 주위의 사람들이 환자가 사망하도록 능동적으로 조치를 취하는 경우이다.

소극적인 안락사와 적극적인 안락사를 명확히 구분 짓기가 매우 어려운 일이기 때문에 안락사를 논의하는 데 있어서 또 다른 구분은 죽어가는 환자의 입장에 관련된 자의성의 정도를 참고해야 한다. 환자들이 정신적으로 능력이 있고 의식이 있을 경우에는 소극적이든 적극적이든 안락사를 요구하거나 동의할 수가 있는데 이때 그들의 죽음을 자의적 안락사(voluntary euthanasia)로 규정한다.

안락사 문제에 대한 논쟁은 주로 두 가지 방향으로 집중되어 있다. (Dyck, 1974) 하나는 살아갈 가치가 없는 생명이란 없으며, 어떤 이유에서라도 생명을 인위적으로 끊어 버릴 수는 없으므로 안락사는 금지되어야 한다는 것이다. 반면에 다른 하나는 자기 자신의 삶과 죽음을 스스로 통제할 권리와 존엄성을 각자가 가지고 있으므로 안락사에 대한 결정은 개인자신에게 달려 있다는 것이다.

안락사를 찬성하는 사람이나 반대하는 사람 모두 받아들일 만한 절망적인 치료에 대한 혁신적인 방법은 남은 생의 몇 주간을 Hospice에서 보내도록 하는 것이다. Hospice는 병원 내에 격리된 장소일 수도 있고, 독립된 시설일 수도 있다. 원래 그 말뜻은 여행자들을 위한 간이휴게소 정도였지만 현대에 와서는 그것이 특별히 임종을 보살피는 데 전념하는 시설을 의미하게 된 것이다. 여기에서는 치료가 아니라 보호를 강조하고 기관의 요구가 아닌 환자 개인의 요구에 맞도록 스케줄을 작성한다.

Hospice의 핵심방침은 신체적, 심리적 고통의 감소이므로 통증을 호소하는 환자에게 고통을 덜어줄 수 있는 진통제를 제공하거나 심리보호나 생활환경 및 대우 그리고 종교적인 상담 등을 통해서 간호하는 데 주력한다. 결국 Hospice의 본질은 Hospice운동의 철학, 즉 한 사람의 마지막 날들을 곧 죽으리라는 의식 속에서가 아니라 현재 살아 있다는 의식 속에서 보내져야 할 것이라는 철학과 깊은 배려에서 나온 것이라고 볼 수 있을 것이다.

3) 사별에 대한 노인의 태도

노인들은 종종 자기 배우자나 친구의 죽음을 예상하기 때문에 미리 앞으로 있게 될 충격에 대하여 준비를 한다. 죽음이 발생했을 때 어느 정도 슬픈 일은 이미 마음속으로 치렀기 때문에 비판의 사건은 쉽게 잊혀지고 안정을 되찾게 된다.

또한 젊은이에 비해 노인들은 친구나 친지들보다 오래 살게 됨으로써 계속적인 사별의 고통을 더 많이 경험하게 된다.

여러 차례 사별을 겪다보면 괴로움과 신경과민이 축적되어 노인들은 외부세계에 적대감정을 나타내거나 타인에 대해 부정적이고 불신하는 태도를 나타내 보일 수 있다. 슬픔이 심리적으로 더 이상 조정될 수 없을 때, 노인의 슬픔은 신체적인 증상으로 표면화한다.

4) 죽음대비교육의 방법

큰사랑교회는 죽음대비교육을 통해서 노년의 교인들에게 죽음에 대한 새로운 이해를 진행을 하였다. 여기서는 죽음대비교육 프로그램의 내용에 대하여 간략히 알아보자. 일본 교토대학의 Becker 교수는 죽음대비교육을 "불완전과 통증 그리고 죽음 그 자체에 대한 두려움을 극복하는 것"으로 규정했다. 노년기에 접어들면 당연히 죽음과 자신의 붕괴라는 불가피한 현상을 자각하기 시작한다. 그리하여 지나온 일생을 회고하여 자신의 성격을 재조직, 재통합하려는 행동경향이 나타나게 된다. 이는 과거에 대한 회상을 통한 자아에 대한 새로운 사고, 과거경험과 그 의미의 재평가, 거울에 비친 자신을 비추어 보기 등을 통하여 나타난다.

이 인생회고과정에는 인생을 정리하고 노년기의 심리적 적응을 성취하여 아무런 두려움 없이 죽음에 직면할 수 있도록 해 주는 긍정적인 측면이 있다. 이 긍정적인 과정은 인생의 황혼기를 살아가는 노인들을 위한 정신 치료적 효과를 줄 수 있다. 가령 앨범, 책, 족보, 기억 등을 통해 지나온 자신의 모습을 돌아보고, 과거에 겪었던 우울증 경향, 죄의식, 사춘기의 적응문제, 심리적 갈등, 가족관계나 직업상의 어려웠던 문제들을 하나씩 이해하고 자각함으로써 원만하게 자신의 일생을 마무리 지을 수 있게 된다. 교회는 세계의 구원과 해방을 위한 도구이다.[278) 교회에서 죽음대비교육을 통하여 하느님의 구원과 해방을 해석하여 준다면 그것은 선한 도구로서 순종하는 바람직한 모습이 될 것이다. 그러면 죽음대비교육에는 어떤 요소들이 있는지 알아보자.

(1) 임종의 두려움(불완전)을 회고 및 메시지를 통해 극복해 주기

얼마 안 있어 죽게 된다는 말을 들은 사람은 누구나 어떻게 해서든지 더 살기를 바란다. 실제로 많은 사람들은 임종환자를 대면할 때 할 말을 잃는 느낌을 갖는다. 그럼에도 침묵하고 있는 것보다 사려 깊은 간병인들은 불완전한 느낌을 갖고 있는 환자를 치유하는 데 도움을 줄 수 있다. 그 환자가 어떤 일을 완수할 수 없음을 슬퍼할 때, 우리는 성취되지 않은 욕망보다 긍정적 성취에 초점을 맞추어서 그의 삶에서 완수했던 좋은 일들이 얼마나 많았는지를 그에게 회상시켜 주는 쪽으로 대화를 전환시켜 줄 수 있다.

이것은 환자의 삶의 역정을 이미 알고 있는 가족과 친구들에게 있어서는 쉬운 일이다. 그들은 그가 자녀를 키웠던 방법, 가족에게 했던 봉사, 그의 회사를 발전시킨 것, 여행하거나 정원을 가꾸고, 그리고 훌륭한 친지들을 돌본 일들 등을 칭찬해 줄 수 있다. 우리의 환자들이 채워지지 않은 욕망에 공감하기보다 그들이 성취한 것을 소중하게 여김으로써 우리는 그들의 생각이 후회로부터 점차 수용과 감사로 전환될 수 있도록 도울 수 있을 것이다.

환자의 불완전한 느낌 혹은 무력감에 대한 또 다른 중요한 반응은

---

278) 게오르크 F 휘체돔, 하나님의 선교(Missio Dei), (서울: 대한기독교출판사, 1998), 68-69.

그의 행동에 달려 있는 많은 중요한 것들을 지적해 주는 일이다. 더욱이 잘 거동하지 못하고, 기껏해야 한두 달밖에 살 수 없는 대부분의 사람들은 그들의 마지막 유언장을 쓰거나 다시 한번 검토해야 한다. 다만 소수의 사람들만이 미리 법적으로 적절한 유언장을 준비한다. 그러나 마지막 유언장이 없으면 남은 자들이 큰 피해를 입게 된다. 그 환자가 많은 재산을 소유하고 있다면 그 유산은 종종 싸움의 실마리가 되거나 남은 가족들 간의 법적인 분쟁거리가 되고 말기 때문이다.

더욱이 비교적 재산이 적을 경우, 유언장이 없게 되면 가족들은 매우 쓸데없는 걱정을 할 수도 있다. 가족이 죽은 자를 애도하고 그리고 먼 친구들과 친척들에게 인사를 해야 하는 그런 시간에 이 종결되지 않은 임무는 더욱더 불필요한 짐을 부가시킨다. 죽은 자가 이것의 처분을 우리들에게 얼마나 원할 것인지? 우리는 저것을 누구에게 주어야 하는지? 그 가족은 처분을 망설이게 되고, 또한 누구에게 주어야 하는지를 모르게 된다. 그러므로 환자들의 재산의 수와 가치에 상관없이 그들은 사실 합법적인 유언을 남겨 놓아야 한다.

가치 있는 것이 전혀 없다고 항변하는 환자들에게 우리는 "당신은 전에 언젠가 편지를 쓴 적이 있습니까? 그 펜을 편지 답신자에게 주는 것은 어떻습니까?"라고 물을 수도 있다. 그 펜 자체는 값어치가 나가는 것은 아니지만 수령인에게 그것은 죽은 자를 영원히 기억하게 하는 귀중한 유품이 된다. 당신이 아끼던 음반이나 CD들을 당신과 함께 그것들을 즐기던 사람들에게 남겨주는 것은 어떨까? 이방인에게 그것들은 매우 특별한 것이 될 것이다. 그림, 옷, 보석, 그 밖에 사람들이 칭찬하고 공유했던 어떤 것들이라도 이와 똑같이 언급될 수 있다.

이와 비슷하게 유언장에 작은 기부금이라도 기록해 두었을 때 그것은 측정할 수 없는 가치를 갖는다. 학교나 동창회, 종교기관, 사회단체, 병원과 같은 기관에 기부된 기부금은 대단한 의미를 갖게 된다. 기부자체의 단순한 자산적 가치를 떠나서 수혜자들은 그 기증자가 그의 마지막 순간에 그들을 기억했다는 느낌을 받을 것이다. 즉, 수혜자들은 그 기증자가 앞으로 있을 그들의 행위를 감지했던 것이 얼마나 중요한지를 깨닫게 된다. 다시 말해서 수혜자들은 그 죽은 자를 기억하면서 그들의 행위를 계속할 격려를 받는다. 사람들의 작은 소유와 기부금이 얼마나 가치 있는지에 대한 예들을 제시해 줄 때, 많은 환자들이 그들이 마지막 시간들 동안 무엇을 누구에게 줄지를 생각해 보면서 아주 의미 있게 자기 자신을 되찾게 된다.

많은 환자들은 그들의 침실이나 서재 안에 있는 개인적 일들을 정리하기를 원한다. 실제로 그 방에 갈 수 없는 그들을 우리는 비디오를 이용하여 도울 수 있다. 상담가는 환자의 서재 또는 침실에 있는 각각의 품목들을 촬영하여 그의 병원 입원실에서 환자에게 보여주면서, 그 각각의 품목에 대해 그 환자가 어떻게 하기를 원하는지를 기록한다. 이러한 방법으로 움직일 수 없는 말기 환자들은 그들의 방을 정리해야 하는 미결의 일들을 완수하는 데 참여할 수 있다.

많은 환자들에게 의미 있는 또 다른 행위는 친구들과 친척들에게 줄 메시지를 만드는 일이다. 환자들이 펜을 충분히 잘 사용할 수 있다면, 그들이 감사와 고백, 후회 도는 사과의 뜻을 보내고 싶은 사람들을 생각하도록 용기를 줄 수 있다. 그들의 손이 일정하게 쓰기에 불충분할 경우에는 더욱이 나이가 들어서 거의 앞이 안 보이는 환자들에게는 카세트테이프에 메시지를 녹음하는 방법을 쉽게 가르칠 수 있다. 침상에서 일어나지 못하여 낙심한 환자는 녹음기 사용법을 안 이후에, 그는 직장, 손 자녀들, 그리고 그의 오랜 지우들에게 들려 줄 말을 수십 개의 테이프에 녹음하였다. 대안으로 아직 태어나지 않은 후손을 위하여 환자의 목소리와 표현분만 아니라 얼굴과 몸짓을 보존해 줄 목적으로 환자의 표정과 말들을 비디오테이프에 녹화할 수도 있다.

어떤 환자들은 장례나 묻힐 장소 그리고 비석들에 대한 세세한 지시 사항들도 만들어 놓기를 원할 것이다. 펜, 카세트테이프 혹은 비디오테이프 등 어떤 것들을 사용하든, 이런 방법들은 환자를 쉽게 그의 제한된 공간으로부터 벗어나서 중요한 사람들과 교류하게 해 준다. 그러므로 그들이 남아있는 시간이 너무 짧기 때문에 살 의미가 없다고 하는 한탄은 필요로 하지 않게 된다. 그들은 그들의 일의 순서를 정해야 하고, 유언장을 써야 하고, 그들의 방을 정리해야 하고, 감사와 사과의 메시지를 만들어 보내야 하는 등 남아있는 일이 너무도 많기 때문이다.

(2) 임종의 두려운 고통을 영적, 심리적으로 해결하기

말기의 환자들은 종종 육체적 고통뿐만 아니라 다양한 영적 고통들에 직면한다. 그들의 고통의 육체적 원천을 해결할 길이 없음에도 불구하고 많은 환자들은 종종 기질적 원인에서뿐만 아니라 심리적, 영적 원인에서 기인하는 심한 통증을 호소한다. 그 통증들이 현미경 검사로 진단될 수 없다고 해서 환자들에게 덜 사실적이라거나 덜 고통스러운 것은 아니다. 그러므로 간병인들은 이것을 진지하게 취급해야 한다.

다루어져야 할 고통은 두 가지이다. 말기 암환자들에게서 특히 심한 신체적 고통은 몰핀이나 페노바비탈과 같은 진통제로 잘 조절될 수 있다. 이것은 진정한 의학적 방법이다. 말기 환자들이 충분한 진통제가 없어서 육체적 고통을 겪어야 한다는 데에는 이론의 여지가 없다. 환자에게 이젠 고통을 두려워할 필요는 없을 것이라는 말 이외에 더 이상 확신을 줄만한 것이 없다.

두 번째로 좀더 어려운 문제는 환자의 심리적, 영적 고통을 처리하는 일이다. 많은 연구들은 환자들이 아플 때마다 아이스크림이나 장난감들을 준다면 그들은 그들이 병든 것에 대하여 보상받는 느낌을 갖는다는 것을 증명해 보였다. 즉 그들의 병든 행동에 보상을 해 주면, 그들의 병

과 고통에 대한 민감성이 증가된다는 것이다. 그러므로 고통의 표현을 너무 받아준다거나 소중히 여긴다거나 하는 것은 그리 현명하지가 못하다. 고통을 표현하는 환자들에게 특별한 관심을 보여주기보다는 오히려 우리는 공감적으로 신속하게 그 고통을 없애주려는 시도를 해야 한다. 우는 애들은 즐거운 어떤 것을 얻었을 때 그 고통을 즉시 잊어버린다. 어른들에게서도 마찬가지이다. 한 가지 접근법은 대화의 주제를 육체로부터 그 환자가 아주 깊이 흥미 있어 하는 다른 주제로 바꾸는 일이다.

최근에 과학자들은 뇌를 알파파 상태로 만들어서 고통을 인지하는 민감성을 약화시키는 데 도움을 주는 카세트테이프를 제작하였으며, 맥박처럼 자극하는 기계를 만들었다. 경피성 전기-신경 자극기(TENS: transcutaneous electropneural stimulation devices), 침, 손을 얹는 것들이 환자의 고통이 신체적이기보다 심리적일 때 고통 감소에 도움을 줄 수 있다. 인간관계가 심리적, 영적 고통을 낮게 하는 결정적인 열쇠가 되기 때문이다.

환자들이 절망이나 죽고 싶다는 표현을 하게 되면, 우리는 그들의 존재가 우리들에게 얼마나 중요한지를 표현해 주어야 한다. 일부 미국 병원들에서는 환자들을 돌볼 때 긴장완화 기술과 치료적 접촉을 사용하는 교육을 간병인들에게 하고 있다. 이와 같은 기술들은 병원의 낯선 사람들 가운데서보다 집에서 더 쉽게 사용될 수 있다. 그리고 모든 간병인들과 가족들에게 적극 권장할 수 있는 방법이다.

(3) 임종의 두려움을 죽음과 사후세계를 해석함으로 극복하기

모든 말기환자들의 세 번째로 나타나는 커다란 두려움은 죽음 그 이후에 대한 것이다. 역설적이게도 사후의 사람을 믿지 않는다고 말한 사람들이 임종 자체에 더 큰 두려움을 갖는다는 것이다. 이런 상황에서

목사는 죽음과 사후의 특성을 설명해 줄 수도 있을 것이다. 다른 한편, 우리는 적절한 경청과 상담을 통해 그들의 두려움을 완화시켜 나갈 수 있다. 우리는 오히려 환자들이 죽음과 임종과정에 관해 생각하는 것을 그들로부터 배울 수 있을 것이라고 말해 줄 수 있다.

상담가들은 환자들의 생각을 소멸이나 무지의 두려움으로부터 그들이 잠재의식이나 상상 안에서 그 자신들을 거의 자연스럽게 묘사하는 미래의 가능성에 대한 이완된 예측으로 전환시켜서 그들을 도울 수 있다. 이것이 대다수 종교들의 기원이자 목표이다. 종교적 영은 목사나 설교를 통해 밖으로부터 가르침을 받을 수 있는 것이 아니라, 삶은 무엇인가? 죽음이란 무엇인가?와 같은 궁극적인 질문들을 추구하는 과정에서 잠재의식으로부터 발굴되고 드러나는 것임에 틀림없다.

(4) 죽음대비교육 과제들

죽어가는 것을 이해하는 것은 우리 모두에게 자신의 죽음을 적절하게 준비하는 데 도움을 줄 수 있다. 만일 우리가 죽음에 대해서 미리 생각하는 것을 두려워하지 않는다면 확실하게 우리에게 다가올 그 시간을 위해서 책임 있게 계획할 수 있을 것이다. 죽음의 슬픔은 종종 사람들이 죽음을 완전히 준비하지 않음으로 인해 비극적으로 된다.

입증이 되던 그렇지 않건 간에 사후의 삶은 위기에 처한 사람들에게 아주 편안한 생각을 갖게 해 준다. 고통으로 죽어가는 환자에게 단순히 자기의 고통을 온전히 경험해야 한다고 말하는 것은 그 사람의 고통을 잔인할 정도로 인식하지 못하는 것이다. 죽어가는 사람에게 그가 사후에서도 사랑하는 가족을 만날 것이라고 말하는 것은 확실한 위안이고 반드시 거짓말이 아니다. 죽어가는 환자들에게 헌신하는 간병인에게 그의 노력은 죽음에서 끝난다는 것을 말하는 것은 정말 우울하다.

그러나 그의 일은 환자가 다음 삶을 위해서 환자의 출발을 준비시키는 것이라고 말하는 것은 훨씬 고무적이다. 사별로 슬퍼하는 당사자에게 죽은 가족의 영혼은 살아 있고 가족들을 사랑하며 가족들이 잘 살기를 바라고 슬픔을 치유하도록 돕는다는 것을 말하는 것은 잘못된 일이 아니다.

죽어가는 것을 이해하는 것은 우리의 삶의 가치를 모두 다시 생각하게 하는 데 도움을 줄 수 있다. 많은 환자들이 침상에서 지난날의 삶을 생각해본다. 대부분 자기들의 삶을 주의 깊게 다시 생각해보는 사람들은 삶에서 가장 중요한 것이 돈이나, 명예, 높은 점수 혹은 물질적 소유물과 거의 관련이 없다는 것을 말한다. 인생에서 가장 중요한 것은 오히려 다른 사람, 사랑하는 사람과 함께 친밀하게 일하는 데 연결되어 있고, 아름다운 상황을 만드는 것이며, 어려운 상황의 해결책을 찾는 것에 연결되어 있다는 것을 주로 말한다.

죽음이란 인간으론 이해할 수 없는 영역이다. 누구도 그 질문에 해답을 줄 수는 없다. 그렇지만 죽음의 영역에는 신국(神國)을 확장하는 커다란 메시지가 있다. 이사야서 57장 1-2절[279]에서는 죽음이란 하느님께서 사람이 화를 입지 않도록 보호하시는 방법[280]이라고 말한다. 노인목회 현장에서 죽음은 너무도 중요한 신국(神國)을 확장하는 선교현장이 될 것이다.

---

279) 사57: 1-2. "의인이 죽을지라도 마음에 두는 자가 없고 자비한 자들이 취하여 감을 입을지라도 그 의인은 화액 전에 취하여 감을 입은 것인 줄로 깨닫는 자가 없도다 그는 평안에 들어갔나니 무릇 정로로 행하는 자는 자기들의 침상에서 편히 쉬느니라".

280) Max Lucado, Ibid., 180.

제3절 목회능력

1. 목회능력에 대한 고찰

목회자는 교회에서 신국(神國)을 세우고 평화를 선포하고 예수 그리스도의 구원과 방의 사역을 전인적으로 감당해야 할 사명이 있다. 교회 안에 있는 모든 교역 직분은 "섬김을 받으러 온 것이 아니라 섬기러 오신"(막10:45) 그분의 빛 가운데서 이해되어야 한다.

교역자가 교역을 받아들일 때 그는 자신이 해야 할 일을 자기 나름대로 이해하면서 교역에 임하게 된다. 자신을 보내신 이가 누구인지를 알고 있을 것이며 보냄 받은 그리스도의 공동체를 알고 있을 것이며, 거기서 그가 감당해야 할 일이 무엇인가를 알고 있을 것이다. 이런 것을 우리는 "교역 소신"이라고 부른다.

본 연구자의 교역 소신을 다음과 같이 네 가지로 구분하여 본다.

1) 교역에로 부르셨다는 것(소명)을 분명히 함으로써 교역의 중요성을 새롭게 하고 교역의 긍지를 갖게 되어 교역자로서의 자신의 삶을 보다 보람 있게 살도록 도울 것이다.

2) 교역에로 부르신 이의 뜻을 분명히 함으로써 교역의 방향을 분명하게 하도록 도울 것이다.

3) 교역 현장에서 일어나는 여러 가지 일들을 보다 바르게 분별하여 신학적인 통찰을 할 수 있도록 도울 것이다.

4) 교역의 희망을 분명히 바라보게 됨으로써 교역현장의 이변적인 상황 속에서 흔들리지 않고 인내하여 교역의 길을 걸어갈 수 있도록

도울 것이다.

이런 것을 갖출 때까지 자신의 능력을 냉철하게 고찰하면서 다방면에서 목회능력을 개발해야 한다.

이 목회능력 Project에 동참하여 함께 연구할 연구반원은 다음과 같다.

〈표 27〉 목회능력 Project 동참 연구반원

번 호	성 명	성 별	나 이	직 업	교회직분	특 기
1	한기홍	남	59	목사	목사	전도폭발
2	강대용	남	47	목사	목사	예배
3	박천응	남	45	목사	목사	노동자보호
4	문희석	남	74	교수	목사	신학, 자원봉사
5	고운숙	여	56	교수	장로	노인복지
6	김성오	남	40	사업	집사	전도
7	양홍우	남	45	사업	집사	봉사
8	이행로	남	67	사업	권사	남전도회장
9	명순복	여	72	주부	권사	여전도회장
10	윤순자	여	61	주부	권사	사무
11	문옥숙	여	62	주부	권사	선교
12	강재현	여	54	전도사	전도사	상담

2. 연구반조직의 특성

1) 연구반은 본 연구주제가 노인에 대한 자원봉사교육프로그램을 이해할 수 있어야 하기 때문에 전문적인 지식을 갖춘 구성원들로 구성하였다.

2) 연구대상자가 노인들이기 때문에 노인의 처지를 충분히 이해하고

심리적으로 안정감이 있고 신뢰감을 주는 구성원들로 구성하였다.

3) 구성원의 다양한 조건과 다양한 조건과 삶의 체험을 요구하기 때문에 다양한 직업과 교회직분을 고려하여 구성하였다.

4) 연구반원은 교회 각 기관의 대표성도 고려하여 구성하였다.

3. 연구반운영계획

1) 처음 3개월 동안은 매주 교회 사무실이나 가정에서 모이기로 하고 총무 1인을 선출하여 연구하고 토론한 내용을 기록하여 남기기로 한다.

2) 그 후 1개월 동안 한 달에 한번씩, 교회사무실에서 모임을 갖고, 본 연구에 관한 과제를 토의한다.

3) 운영기간 중에 야유회 1회, 자원봉사훈련사례발표 세미나 1회, 목사관에서 식사 1회 등을 가진다.

4. 연구반의 조언

연구반원은 본 연구주제에 대해 충분한 이해를 갖고 조언을 해줌으로써 본 연구자가 자신의 모습을 객관적으로 살펴보는 데에 큰 도움을 주었다. 연구반원은 다음과 같이 본 연구자의 목회능력에 대해서 조언을 하였다.

1) 상담자

부드러운 성품과 냉철한 판단력, 잘 들어주는 강한 인내심과 포용력을 갖춘 목회상담가로서 매우 긍정적인 평가를 해 주었다.

2) 교육자

목회자 자신의 배움의 열정과 꾸준한 노력을 갖춤으로써 배움과 영적성장에 이르도록 촉진자 역할을 잘하고 있다고 긍정적으로 평가를 하였다.

3) 설교자

설교의 내용은 좋으나 전달과정에서 논리적인 부분이 많아 좀더 부드럽게 이야기식의 설교를 하는 것이 좋겠다고 지적을 하였다.

4) 행정가

조직 관리를 통하여 행정력이 뛰어나며, 교인들을 활용하여 함께 섬기는 모습이 좋았다고 평가를 해 주었다.

5) 목회자

부드러운 미소와 따뜻한 정으로 교인들을 대하고 희생적이고 혈기를 절제할 수 있는 성격을 가진 사람이라고 목회자로서 성품과 소양을 매우 긍정적으로 평가해 주었다.

5. 목회유능성 개발

1) 변화목표

(1) 설교자로서 목표: 원고작성을 충실하게 하되 원고에 얽매이지 않고 청중을 바라보면서 천천히 설교하며 이야기식의 전달을 통하여 이해하기 쉽게 전달하도록 한다.

(2) 교육자로서 목표: 체계적인 기독교이론 및 노인교육에 대하여 공부하고 노인교육 전문가들과 빈번한 만남과 대화를 통하여 교육기획력을 증대시킨다.

(3) 상담가로서 목표: 소외되고 삶의 자리를 잃어버린 노인들에게 그들의 삶을 이해하여 줄 수 있는 상담가로서 능력을 개발하기 위하여 노인상담 부분을 공부한다.

2) 시행전략

본 연구자는 목회역량을 극대화하기 위하여 다음과 같은 일을 시행하기로 한다.

(1) 설교자로서 본 연구자는 설교를 잘하는 목회자를 집중 분석하여 3월 초부터 매주 화요일과 수요일에는 새벽기도회를 끝내고 아침 6시부터 8시까지 설교를 듣고 설교전달방식과 제스처를 실제로 연기하여 체득하기로 한다. 모든 설교를 미리 작성하여 뜻을 정확히 파악하여 설교 시에는 원고를 보지 않고 이야기식으로 풀어갈 수 있도록 토요일 오후 7시부터 8시까지는 주일 설교를 설교훈련을 한다. 설교문제는 논리적이기보다는 이야기식으로 쉽게 작성하여 청중을 한 사람 한 사람 바라보며 설교를 통한 교육적인 효과도 높일 수 있도록 한다.

(2) 교육가로서 본 연구자는 기독교교육 이론과 노인교육기획에 대한 전문서적을 구입하여 집중적으로 공부하며, 노인교육에 관한 정기간행물을 4월부터 구독 신청한다.

(3) 상담가로서 본 연구자는 노인봉사를 위한 상담의 기술을 터득하여 4월부터 매주 화요일과 목요일에 시간은 오후 3시부터 5시까지 독거노인과 몸이 불편한 노인을 방문하여 노인상담가로서 목회현장에서 능력을 배양시킨다.

3) 평가

(1) 설교가

명설교가의 설교를 집중 연구하고, 원고를 암기하여 청중들을 바라보면서 설교한 결과, 청중들의 좋은 반응을 얻게 되었다.

(2) 교육가

기독교교육과 원리에 대한 책 5권과 노인교육기획 전문서적 7권을 읽고 교회에 적용한 결과 자신감을 갖게 되었다.

(3) 상담가

노인봉사를 위한 상담세미나를 참석하여 상담에 대한 기술을 터득하고 본 교회에 적용한 결과 자신감을 갖게 되었다.

제4장 결   론

지금까지 노인의 사회역할 상실에 따른 대안적 교육목회를 위하여 살펴보았다. 큰사랑교회의 노인자원봉사교육프로그램을 중심으로 하는 노인교육프로그램은 노인의 정체성 확립은 물론이고, 고령화 사회를 대비하여 건강한 사회의 안전장치를 교회가 기여할 수 있다는 확신을 갖게 되었다. 특히 죽음대비교육을 통하여 죽음이 끝이 아니라 새로운 출발을 하는 아름다운 공간이라는 것과 죽음이야말로 행복한 삶을 나누는 화평의 기회임을 말하고 싶었다. 그런 큰 사역을 이룰 수 있는 세대가 바로 노인이라는 것이 이번 연구의 가장 클라이막스이다.

본 연구자는 노인 목회방안에 대한 연구를 하면서 얻은 결론은 첫째, 노인들의 의식 변화가 가능하다는 것이다. 노인이 대상이 아닌 주체로서 자원봉사활동을 계획하였고 작은 행위를 통해서 정체성 회복을 발견할 수 있었다.

교회의 노인목회는 하느님으로부터 시작한다. 하느님께서 세상을 사랑하시고 세상과 인류를 구원하시기 위하여 하느님의 외아들 예수 그리스도를 세상에 보내시고 십자가에 달려 죽으시게 하심으로 인간의 생명을 살리시는 일을 하셨다. 하느님의 생명을 살리시는 사역을 실천하신 분은 예수님이시다.(히4:15) 빌 브라이트[281] (Bill Bright, 1921-2003)는 "우리는 하느님의 완전하고 무한하고 무조건적인 사랑의 대상이 누구인지를 반드시 알아야 한다고 하면서 그 대상은 바로 우리 자신이다"고 말했다. 하느님 자신이 그분의 큰사랑을 나타내시기 위해서 십자가의 형벌을 다 감당하셔서 우리가 그것을 면할 수 있게 된 것이

---

281) Bill Bright, first Love, 이용복 역, 처음사랑, (서울: 규장, 2004), 35.

다. 로마 가톨릭은 하느님의 백성으로서의 교회로서 사제중심의 교회가
아니라 평신도 중심의 교회로의 역동적인 구조개혁을 시대적인 소명으
로 받아들였다.[282] 21세기 교회는 평신도교회가 될 것이며 평신도 존재
가치의 회복을 통하여 비사제적 교회로 전환될 것이다.[283]

　우리 자신은 앞으로 노인이 될 것이다. 그래서 노인을 위한 목회는
노인을 위한, 노인에 대한, 노인에 의한 것이 다 포괄하는 개념이다. 그
러므로 우리 자신이야말로 하느님의 백성으로서 바로 노인목회의 현장
이라고 할 수 있다. 목회자로서 도덕적 기준을 가지고 목표와 수단의
주화, 노인에 대한 존중을 가지고 리더십을 발휘하여야 할 것이다. 노인
목회의 대안으로 리더십의 향상을 위해서 우리 삶을 급격하게 변화시
킬 필요는 없다. 리더십의 한 단계 높은 규범에 도달하기 위해서는 단
일한 행위규범을 준수하고, 봉사정신을 받아들이고, 도덕적인 테두리 안
에서 행동할 때, 변화를 가져올 것이다. 스스로 모범을 보이는 리더십은
가장 설득력이 있는 메시지이다.

　둘째로는 공동체정신을 통한 예수사랑실천운동이다. 어떤 조직이든
조직의 외형을 단순히 변화시키는 것만으로는 충분하지 않다. 부분을
단순히 합친 것보다 전체 쪽이 더 커지도록 하기 위해서는 공동체 정
신을 창조하지 않으면 안 된다.[284] 노인들끼리 교제와 나눔을 통하여서
노인이해의 경험을 갖도록 하였다. 인간관계의 중요성과 개발방법을 습
득함으로써 가족, 이웃, 동료와 원만한 인간관계를 유지할 수 있다. 교
회가 지역사회와 긴밀한 공동체로 교류할 때에 살아 있는 생체구조로

---

282) Walbert Buhlmann, God's Chosen People. Marynoll, (NY: Oris Books,
　　　1982: The Coming of the Third Church. Marynoll, NY; Orbis Books,
　　　1978), 38-41.

283) Paul. Bernier, Ministry in the Church, (Twenty-Third Publications,
　　　1992), 279-293.

284) Keshavan Nair, Ibid., 125.

서의 공동체가 될 것이다. 예수께서는 죽음을 앞둔 자신을 버리고 도주했던 겁 많고 연약한 제자들의 무리를 제외하고, 믿지 않는 세계 앞에 하나님의 영을 나타내 보이기 위해 지상에 아무런 몸도 남겨 두지 않고 승천하셨다. 우리가 바로 예수께서 세상에 남겨 둔 자들이다.[285] 그리스도께서는 인류의 형태를 취하셨고, 교회는 인류의 일부에 지나지 않는다고 본 훼퍼는 말했다.[286] 우리는 그리스도의 몸이다. 세상은 주로 우리의 모습을 통해서, 우리가 그분을 "육신으로 나타내 보여줌"으로써 보이지 않는 하나님을 알게 된다. 고령화 시대의 소외된 노인을 위한 노인목회는 이러한 노인들의 공동체 정신을 살리는 것이 대안이 되어야만 한다.

셋째로는 구조변화이다. 큰사랑실버라이프를 설립하고 자원봉사팀을 조직하고 선교를 통하여 사회 참여의 기회를 갖게 하였다.

노인들이 소외되는 것은 현재 세계를 변화시키고 있는 트렌드 가운데서도 발견할 수 있다. 더비드 피어스 스나이더(David Pearce Snyder)가 제시한 다섯 가지 트랜드[287]는 문화적 현대화(cultural modernization),

---

285) Philip Yancey & Poul Brand. Ibid., 249.

286) Dietrich Bonhoeffer, Ethics, (London: SCM Press, 1971), 64.

287) 다섯 가지 트랜드들은 다음과 같다. 문화적 현대화(cultural modernization)
－교육의 평준화, 여성의 노동 참여 수의 증가, 인구의 도시집중화이다. 경제적 현대화(economic modernization)－세계화(globalization)는 장기적으로는 어디서나 사람들의 삶의 기준을 높여주고, 사람들을 위한 상품과 서비스의 비용을 낮추는 것이지만, 단기적으로는 위협적으로 느끼게 하는 것이다. 우주적 연결(universal connectivity)－정보기술은 우리에게 기적적인 능력으로 계속해서 범람시키면서 우리의 집단적 행동에 중대한 영향을 미친 것처럼 보이는 새로운 힘을 주었다. 거래의 투명성(transactional transparency)－아직도 기업과 정치에서 투명하지 못한 점이 나타나고 있지만, 오래전부터 투명한 거래운동이 일어났고, 투명한 방향으로 운영하도록 압력을 받고 있다. 사회적 적응(social adaption)－문화적 현대화를 만드는 힘은 교육, 도시화, 제도적 질서라고 할 수 있는데 이러한 힘들이 사회변화를 일으켰음은 사실이다.

경제적 현대화(economic globalization), 우주적 연결(universal connectivity), 거래의 투명성(transactional tansparency), 사회적 적응(social adaption) 등이라고 주장했다. 노인은 이러한 트렌드에 따라가기 힘들며 적응하지 못하는 경우가 많다.[288] 오늘날 사회문제를 해결하기 위해 기업들은 서로 협력하기 시작했다. 또한 민관이 힘을 합쳐 환경을 보호하고 교육수준을 향상시키며 더 나은 의료제도를 구축하는 프로그램을 만들어 내고 있다. 이제 모든 분야에서 사람들이 가지고 있는 최선의 것에 호소하는 기회가 주어져 있는 것이다. 교회는 항상 개혁해야 한다. 교회의 본질은 신앙의 원초적 증언[289]에 의해서 과거의 교회를 회상하고, 현재의 상황에서 출발하여 내일을 전망하는 설계가 있어야 한다.[290] '다음 교회(the next church)'는 노인문제의 해결을 하여야 한다. 교회에서는 노인의 인구가 증가하기 때문이 아니고 감소하기 때문에 교회의 문제이다. 그러므로 노인의 사회역할 상실에 따른 대안적 교육목회가 필요하다.

네 번째는 노인교육전문가의 육성을 통한 노인교육프로그램개발이다. 2000년 7월을 기점으로 우리나라의 65세 이상 노령인구는 339만 4천명으로 총인구 4천 700만 8천명의 7.2%를 차지하여 고령화 사회에 이르렀으며, 2019년에는 노인인구 731만 명으로 전 인구의 14.4%로서 고령사회가 될 것으로 예측되고 있다(2003, 통계청). 미래사회의 노인은 경제적으로 신체적으로 향상된 일상을 영위하게 될 것이다. 노인들의 학력수준이 향상되고 새로운 학습욕구의 확산에 부응할 수준 높은 교육프로그램이 제공하여야 하며, 사회에 공헌하고 영향을 주려는 노인의 욕구를 충족하기 위한 고령자 인적 자원개발 사업도 활발히 전개되어야 할 것이다. 이를 뒷받침할 노인교육전문가의 육성은 시급한 과제가

---

288) 맹용길, Ibid., 9.

289) Hans Kung, 교회란 무엇인가? (Was ist Kirche?) 이홍근 역, (왜관: 분도출판사, 1978), 28-31.

290) 안종철, 열린 목회와 예수공동체, (서울: 쿰란출판사, 1997), 16-17.

아닐 수 없다.

다섯째, 노인의 사회역할 상실에 따른 대안적 교육목회는 생명에 대한 경외심을 일깨워 주는 의식화 교육이 되어야 한다. 육체적 생명과 함께 영적 생명을 똑같이 귀중히 여기는 교육이 되어야 한다. 육적 생명, 곧 목숨만이 아니라 영생하는 생명, 곧 예수를 믿음으로 얻은 생명 또한 귀중히 여기는 교육이어야 한다. 환경적 차원에서 생명을 위협하는 모든 것으로부터 그 생명을 지키는 교육이 되어야 한다. 노화과정을 이해하고 자신의 신체 변화를 긍정적으로 수용하며 나아가서는 자신의 건강을 관리할 수 있는 의학 정보와 운동방법을 제공해야 한다.[291] 미래학자들은 21세기에는 생명과 자연과 환경의 보존 문제가 더욱 심각하게 다가올 것이라고 말한다. 생명의 문제는 우리 삶 가운데서 가장 중요하고 기본적인 영역이다.

그러므로 생명에 대한 이해에 따라 우리의 삶이 결정되고 미래사회 형성에 크게 영향을 미치게 될 것이다. 지극히 작은 생명, 보잘것없는 생명까지도 그 자체를 귀히 여기시는 창조주 하느님을 믿고 그 생명을 살리기 위해 성육신하신 예수 그리스도의 대속의 은총을 받은 그리스천은 어떤 인간의 생명이라도 경시하는 일을 감히 생각할 수 없을 것이다.

교회는 반드시 생명을 위한 교육을 근본적으로 실시하여야 하며, 노인복지 차원에서 더욱 이 생명 교육이 강조되어야 할 것이다. 따라서 생명교육은 다음과 같은 점에 유의하여 실시되어야 한다. 우리는 우리에게 있는 자원으로부터 우리의 이웃부터, 우리의 봉사 영역에서부터 시작해야 한다. 비록 우리 각자가 전 세계를 변화시키지는 못할지라도, 우리가 함께 힘을 모으면 그의 임재와 사랑으로 땅을 충만케 하라는

---

291) Howard J. Clinebell (ed). Paster and Parish: The Pastoral Counselor in Social Action. 오성춘 역, 목회와 지역사회, (서울: 대한기독교서회, 1984), 111-126.

하느님의 명령을 이해할 수 있다. 우리가 손을 내밀어 남을 도우려 할 때, 우리는 그리스도의 몸의 손을 내미는 것이다.[292]

여섯째, 죽음의 현장에 대한 하느님의 선하신 계획[293]을 알리는 교육이 되어야 한다. 모든 사람을 생명의 세계로 구원할 수 있는 은혜의 장소이기 때문이다. 따라서 교회가 죽음의 현장을 주목하고 선교의 대상으로 삼는다면 신국(神國)은 땅 끝까지 이룰 수 있는 것이다. 죽음대비 교육을 통하여 노인들의 삶에서 죽음을 긍정적으로 수용하고 나아가서는 자신의 죽음을 계획하고 준비할 수 있다. 죽음을 준비하는 방법으로는 평안을 끼치는 것이 좋은 방법이 될 수 있다. 평안을 끼치는 방법으로는 그동안의 삶을 통하여 연관된 모든 가족 및 이웃과의 화해를 이룩하는 것이다. 이러한 화해야말로 참 평안을 주어 죽음을 극복하게 되어 죽음을 계획하고 준비할 수 있게 된다.

일곱 번째, 노년기에 있어서 일의 의미를 이해하고 재취업과 창업을 준비하기 위한 기능과 지식을 습득한다. 나아가서는 재취업과 창업을 통하여 사회 참여의 가치와 자아실현을 도모할 수 있다.

여덟 번째, 노인은 사회적으로 유용할 뿐만 아니라 개인적으로 효능감을 느껴야 한다. 가정과 교회에서 역할을 찾아드리는 것, 다양한 봉사활동에 참여할 수 있는 기회를 드려야 한다. 한 개인에게 사회에 대한 자원봉사활동이 생의 충만으로 이루어갈 수 있듯이 그런 자원봉사자가 많아지는 사회는 그만큼 풍성한 보람으로 충만한 사회가 될 수 있다. 일반 시민들이 사회문제에 대한 새로운 인식과 문제의 발견은 그 해결을 위해 필요한 첫 단계가 된다. 또 기존의 사회문제 해결을 위한 제도적·정책적 노력이 가진 여러 가지 결함을 발견하여 사회문제 해결에 효과적으로 가능하도록 하는 작업도 자원봉사활동을 통해 가능하다.

---

292) Philip Yancey & Poul Brand, Ibid., 180.

293) 벧후 3: 9. 주님은 "아무도 멸망치 않고 다 회개하기에 이르기를" 원하신다.

본 연구자는 교회시설을 제공하고 또한 교인들이 직접 자원봉사의 은사를 체크하여 지역사회 노인들에게 직접 찾아가서 봉사를 실천해 나가는 자원봉사를 실천하였다. 연구와 연관해서 노인자원봉사활동을 하면서 느꼈던 문제점들과 해결방법을 함께 살펴보면, 우선 제일 문제라고 느꼈던 점은 개척교회로서 재정적인 어려움을 들 수가 있으며, 아직까지 노인들이 노인자원봉사활동에 대한 인식이 부족하였다. 많은 사람들이 노인자원봉사활동을 아직도 억지로 하고 있었고, 실제 자원봉사활동을 하고 있는 사람들은 시간 때우기 식으로 활동에 임하고 있는 경우가 많았다.

그러나 교회가 건강한 노인만이 아니라 교회에 출석하지 않는 노인들까지도 포함하여 노인들에게 자원봉사교육을 실시하며 예수사랑을 전한다면, 교회성장에도 도움이 되고 노인의 정체성에 크게 기여할 것이다. 노인을 위한 교회의 헌신적이고 전문적인 봉사활동은 우리사회를 휴머니즘이 높은 사회로 신국(神國)이 회복되고 확장되는 사회로 변화시키는 데 기여할 것이다.

둘째, 기존의 민관의 사회복지시설이나 정부의 기관에서의 노인자원봉사관리자의 관리미흡을 들 수 있다. 노인은 청소년들과는 달리 그 욕구와 능력이 다양하다. 노인들은 대체로 신체적으로 노쇠하고 정서적으로 둔감하며 사회적으로 무기력한 점에서 비슷한 것 같지만 개개인은 그 어떤 연령층보다도 더 다양하다. 그러나 사회나 국가는 이들의 능력을 개발할 수 있는 정보 및 그 정보의 공유가 미흡하다. 그러나 교회는 삶을 나누는 공동체로서 옴부즈맨 제도를 통하여 그들의 삶을 나눌 수 있고 그들의 재원을 충분하게 나눌 수 있으므로 이들의 재원을 가장 잘 가까이에서 관리할 수 있는 효과적인 공간이 될 수 있다.

셋째, 자원봉사자지원체계의 부족이다. 우리나라 교회는 효를 중시하고 부모를 공경하라는 높은 가치를 갖고 노인에 대한 보호와 봉사를 게을리 하지 않았다. 국가의 경제가 발전하고 노년층의 욕구가 다양해지면서 교회는 이런 사회적 변화에 대응하려는 노력이 많이 있었으나 사회일반이 기대하는 정도의 적극적인 수준에는 미치지 못하고 있다. 요즘 교회마다 노인복지 프로그램이 진행되고 있으며 정부에서도 다양한 지원을 하고 있다. 그렇지만 50명 이상의 노인 회원이 있는 단체에 국한하고 있다. 작은 교회나 시설단체에도 정부의 적극적인 지원이 있어야 할 것이다.

넷째, 자원봉사 교육의 부재이다. 교회는 건전한 노인문화 창달에 중요한 역할을 할 수 있다. 노인이 사회주변인에서 주류인으로 회복하는 데는 교회가 크게 기여할 수가 있다고 본다. 이제까지의 활동은 주로 중, 하위계층을 대상으로 하였다. 앞으로는 중상층의 노인에게도 관심을 갖고 프로그램을 개발해야 한다. 아직까지는 노인에 대한 목회는 개 교회 중심으로 하고 있다. 연합하는 노인목회는 심각하게 생각하지 않고 있다. 교회는 노인에 대한 특히 사회적으로 노인에 대한 부정적인 인식을 개선하기 위해서 바람직한 노인문화창달과 노인권익 옹호에 관심을 가져야 할 것이다.

이번 연구에서는 빠졌지만 앞으로 작은 교회들이 연합하여 노인프로그램을 연합하는 네트연락망을 한다면 노인에 대한 관심 분야를 넓이는 지원세력이 될 것이다. 개 교회는 자신이 일하게 될 업무 분야에 대한 보다 실질적인 정보 위주로의 교육프로그램을 개발하고, 더 나아가서는 교회가 연합하여 노인들에게 희망을 주는 유용성이 있는 노인자원봉사교육 프로그램을 만들어야 할 것이다.

참고문헌

1. 영문도서

Babara Ward and Association. (1985). *Good Grief(I & II)*, London (Jessica Kingsley publishers).

Bonhoeffer, Dietrich. (1971). *Ethics.* London(SCM Press).

Buhlmann, Walbert. (1982). *God's Chosen People.* Marynoll. NY(Oris Books).

Buhlmann, Walbert (1978). *The Coming of the Third Church.* Marynoll, NY(Orbis Books).

Butler, R. N. & Lewis, M. I. T. (1997). Sunderland, 4th(ed) *Aging and Mental Health*; Positive Callanan Maggie & Kelley Patricia. *Final Gifts.* New York(Bantam Books).

Coleman, Jr. Lucien E. (1982). *Understanding Today's Adults.* Nashville (Convention Press).

Durkheim, Emile. (1965). *The Elementary Forms of the Religious Life,* trans. by Joseph Wald Swain New York(Free Press), Originally published in 1912.

Durkheim, Emile. (1951). *Suicide,* trans. by John A. Spaulding & George Simpon, New York(Free Press), Originally published in 1897.

Ehrenstrom Nils and Muelder (1963). Walter G. ed., *Institutionalism and Church Unity.* New York(Association Press).

Fenn Richard K. (1972, March). "Toward a New Sociology of Religion", *Journal for the Scientific Study of Religion Vol. no.1.*

Fowler, James W. (1981). *Stages of Faith, The Psychology of Human*

320

Development and the Quest for Meaning. New York(Harper Collins Publishers).

Freire, Paulo. (1993). *Pedagogy of the Oppressed*(Continuum).

Fromm, Erich. (1957). *The Art of Loving.* New York(Harper and Brother).

Frost, Michael. (1999). *Eyes Wide Open Seeing God in the Ordinary.* Australia(Albatross Books).

Groome, Tomas H. (1980). *Christian Religious Education: Sharing our story and vision.* San Francisco(Haper & Row Pub).

Hauerwas Stanley.(1981). *A Community of Character: Toward a Constructive Christian Social Ethic.* Notre Dame(university of Notre Dame Press).

Havighurst, Robert J. (1972). *Developmental Tasks and Education.* New York(David Macke Company Inc).

Hutchins, (1968). *The Learning Society,* New York(Fredrik A. Praeger).

Küng, Hans. (1990). *Reforming the Church Today.* New York(Crossroad).

Kohut, Heinz. *The Analysis of the Self.* New York(International Universities Press, Inc).

Lee, Jung Young. (1971). *The Principle of Change: Understanding the I Ching.* New York(University Books).

Lengrand, P. (1969). *Perspectives in Lifelong Education.* UNESCO Clonicle 15.

Luther, Martin. (1970). *On the Papacy in Rome, in Luther's Works.* ed., Eric W. Gritsch. Philadelphia(Fortress).

Mbiti, John S. ed., (1976). *African and Asian Contributions to Contemporary Thoelogy: Report.* Geneva(Bossey).

Messer, Donald E. (1992). *A Conspiracy of Goodness: Contemporary Images of Christian Mission.* Nashville(Abingdon Press).

Niebuhr, H. Richard. (1960). *Radical Monotheism and Western Culture.* New York(Harper and Brothers).

Moltmann, Jurgen. (1967). *The Theology of Hope.* New York(Harper and Row).

Panikkar, R. (1982, Fall). "Toward an Ecumenical Ecumenism", *Journal of Ecumenical Studies 1982 Fall no.4.*

Saunders, Cisely, (1995). *Care of the Dying.* London(Mac Millan & Co., Ltd).

Paul. Bernier, (1992). *Ministry in the Church*(Twenty-Third Publications).

Robert, Fulton. ed, (1966). *Death and Identity.* New York(John Wiley & Sons, Inc).

Rood, Wayne R. (1968). *The teaching christianity.* Nashville(Abingdon Press).

Ross Elisabeth Kübler. (1969). *On Death and Dying.* New York(The MacMillan Company).

Royce, Josiah. (1968). *The Problem of Christianity.* Chicago(University of Chicago Press), vol. I.

Sherrill, L. (1959). *The Gift of Power.* New York(Harper and Brothers).

Weber, Max. (1963). *The Sociology of Religion.* trans. E. Fischoff. Boston(Beacon Press).

2. 번역 및 한글도서

Buber. Martin. (1990). *나와 너.* 김천배 역, 서울(대한기독교서회).

Bromley, D. B. (1990). *노인심리학,* 김정휘 역, 서울(성원사).

Conzelmann, Hans. Grundrissder (1982). *Theologie des Neuen Testaments.* 1967 김철손, 박창환, 안병무 공역, *신약성서신학.* 서울(한국 신학연구소).

Cullmann, Oscan. (1965). *Immortality of the Soul or Resurrection of the* dead; 1958. *영혼불멸 죽은 자의 부활*. 서울(한국 신학대학출판부).

Cox, Harvey. (1967). *The Secular City(세속 도시)*. 서울(대한기독교서회).

Clinebell Howard J. (ed). (1984). *Paster and Parish: The Pastoral Counselor in Social Action*. 오성춘 역, *목회와 지역사회*. 서울(대한기독교서회).

Cone, James H. (1980). 현영학 역, *눌린 자의 하나님*. 서울(이화여자대학교출판부).

Elias, John L. (1984). *Conscientization and Deschooling*. 은준관, 김태원 공역, *의식화와 탈교육화*. 서울(대한기독교서회).

Grelot, Pierre. (1975). *Are Mort in Vocabulaire de Theologie Biblique*. Paris(1970). 장경 역, *죽음*. 서울(신학 전망 31호).

Ingram, Chip. (2004). *Miracle of Life Change*. 홍종학 역, *탈바꿈*. 서울(생명의 말씀사).

Kung, Hans. (1978). *교회란 무엇인가?* (Was ist Kirche?) 이홍근 역, 왜관(분도출판사).

Lucado, Max. (2004). *Traveling Light*. 나벽수 역, *길을 버리고 길을 묻다*. 서울(좋은 씨앗).

Moltmann, J. (1989). *오늘의 신학 무엇인가?* 서울(한국 신학연구소).

__________. (1990). *예수 그리스도의 길*. 김균진 역, 서울(대한기독교서회).

__________. (1997). *그리스도가 계신 곳에 생명이 있습니다*. 서울(대한기독교서회).

Nair, Keshavan. (2001). *A Higher Standard of Leadership*. 김진옥 역, *섬김과 나눔의 경영자 간디*. 서울(씨앗을 뿌리는 사람).

Nearing, Helen. (1992). *Loving and Leaving the Good Life*. 이석태 역, *사랑 그리고 마무리*. 서울(보리).

Papalia, D. E. et al., (1992). *인간발달 II*. 정옥분 역, 서울(교육과학사).

Richards, Lawrence O. and Hoeldtke, Clyde. (1980). *A theology of church leadership*. 황을호 역, (1994). 서울(생명의 말씀사).

Ross, Elisabeth Kübler. (2000). *On Death And Dying.* 성염 역, *인간의 죽음.* 서울(분도출판사).

Ross, Elisabeth Kübler. (1980). *Questions And Answers On Death And Dying.* 이인복 역, *죽음과 임종에 관한 의문과 해답.* 서울(우진출판사).

도로테 죌레. 서광선 역, (1998). *현대신학의 패러다임.* 서울(한국 신학연구소).

Sundermeier Theo. (1993). "Koinonia als Leben und Zeugnis." *신학사상 83호.* 서울(한국 신학연구소).

Toumier, Paul. Apprendre a Vieillier(1971). *노년의 의미.* 한준석 역, (1980). 서울(종로서적).

Wilkinson Bruce H. & Kopp, David. (2004). *A Life God Rewards.* 마영례 역, *하나님이 상주시는 삶.* 서울(도서출판 디모데).

Yancey Philip & Brand Poul.(2002). *Feafully and Wonderfully Made.* 정동섭 역, *나를 지으신 하나님의 놀라운 손길.* 서울(생명의 말씀사).

Young Ed & Stanley, Andy. *Can We Do that?* 2002. (2004). 김희수 역, *창조적 목회 프로젝트 24.* 서울(국제제자훈련원).

게오르크 F 휘체돔. (1998). *하나님의 선교(Missio Dei).* 서울(대한기독교출판사).

길버트 빌지키언. (1998). *Community. 공동체.* 서울(두란노).

루이스 S 머지. (1995). *하나님의 백성 - 새 시대의 교회론.* 박문재 역, 서울(대한기독교서회).

강윤구. (2003). "교회의 노인교육프로그램 개발 및 운영." *기독교노인교육 과제와 전망.* 서울(한국 기독교교육협회).

김경재. (1994). *해석학과 종교 신학.* 서울(한국 신학연구소).

______. (1997). *그리스도교 신앙과 영성.* 서울(한국기독교장로회 선교교육원).

김동배. (1995). "노인문제와 교회의 역할: 한국기독교 사회복지회편." *기독교와 사회복지.* 서울(예안).

김도수. (1994). *평생교육.* 서울(양서원).

김동일. (1982). *노령화의 의미.* 서울(대한노인회).

김성진. (2004). *영적 멘토링의 기술*. 서울(MSC).

김용복. (1993). "코이노니아로서의 교회: 한국기독교적 시각." *교회와 코이노니아*. 서울(대한기독교서회).

______. (1993). "하나님의 정치경제: 경제적 정의의 새로운 개념을 위하여." *기독교 신앙과 경제문제*. 서울(한국 신학연구소).

______. (1990). "민중과 연대하는 교회." *신학사상* 68호. 서울(한국 신학연구소).

______. (1999). 기독교신문 1999년 9월 19일자 11면.

김종서 외. (1982). *한국에서의 평생교육 체제정립에 관한 연구*. 서울(한국정신문화연구원).

김현진. (1999). *공동체적 교회 회복을 위한 공동체 신학*. 서울(예영 커뮤니케이션).

디트리히 본회퍼. 문익환 역, (1993). *신도의 공동생활*. 서울(대한기독교서회).

루이스 J. 셰릴. 김재은. 장기옥 공역, (1981). *만남의 기독교교육*. 서울(대한기독교출판사).

릴리 핑거스. 이인복 역, (1992). *죽는 이와 남는 이를 위하여*. 서울(우진출판사).

문선영. (1984). *노인문제와 그 현주소*. 서울(중앙일보사).

미셸 초스도프스키. (1998). *빈곤의 세계화*. 이대훈 역, 서울(당대).

박원기. (1997). *신학윤리와 사회과학*. 서울(대한기독교서회).

박근원. (1988). *교회와 선교*. 서울(종로서적).

______. (1996). "교회 이해의 새로운 전환." *교회론의 새 지평*. 서울(도서출판 진흥).

______. (1993). "코이노니아 교회 형성의 실천적 과제 - 한국 기독교학회 편." *교회와 코이노니아*. 서울(대한기독교서회).

박재간. (1985, 5-6월호). *노인학교의 학습프로그램, 노인생활*. 서울(대한노인회).

박재순. (1988). *예수운동과 밥상공동체*. 서울(도서출판 천지).

______. (1993). "본회퍼 신학과 민중 신학의 고난 이해." *신학사상 83호.* 서울(한국 신학연구소).

변선환. (1999). *현대문명과 기독교.* 서울(한국 신학연구소).

손규태. (1996). "본회퍼." *103인의 현대사상.* 서울(한길사).

손인수. (1989). *한국교육사상사 III.* 서울(문음사).

송 복. (1990). "한국사회의 갈등구조." *현대문학.* 서울(현대문학사).

우택주. (2001). *성경의 효.* 인천(성산효도대학원 효학 연구소 편찬).

______. (2000). "하나님의 섬김과 부모공경." *성경의 효.* 인천(성산효도대학원대학교 효학연구소).

위르겐 몰트만 지음. 차옥숭 역, (1989). *오늘의 신학 무엇인가?* 서울(한국 신학연구소).

안병무. (1982). "마가복음에서 본 역사의 주체." *민중과 한국 신학,* (NCC 신학연구위원회 편). 서울(한국 신학연구소).

______. (1986). *민중의 교회 신학사상 53.* 서울(한국 신학연구소).

______. (1982). *역사와 해석.* 서울(대한기독교출판사).

안종철. (1997). *열린 목회와 예수공동체.* 서울(쿰란출판사).

오성춘. (1997). "목회상담 어떤 특성을 갖는가?" *한국교회를 위한 목회상담학.* 서울(대한기독교서회).

______. (1995). "일반교역의 입장에서 본 목회신학의 동향.", *실천신학 논단.* 서울(대한기독교서회).

이성호. (1988). *성구대사전 1권.* 서울(혜문사).

이원규. (1998). *한국교회 무엇이 문제인가?* 서울(감신대출판부).

______. (1981). "현대사회의 두 가지 종교기능론." *신학과 세계 7집.* 서울(감신대출판부).

______. (1991). *종교사회학: 이론과 실제.* 서울(한국 신학연구소).

이정용. (1998). 이세형 역, *역의 신학.* 서울(기독교서회).

임희섭. (1988). *사회변동과 가치관.* 서울(정음사).

울리히 두흐로. (1990). *하느님의 정치경제와 민중운동*. 강원돈 역. 서울(한국 신학연구소).

장인협, 최성재. (1987). *노인복지학*. 서울(서울대학교 출판부).

장 종 학. (1994, 8). "노년 갈등에 대한 지원 상담 이해." *교육교회*. 서울(장로회신학대학교기독교교육원).

정웅섭. (1982). *기독교교육개설*. 서울(대한기독교교육협회).

정진홍. (1995). *죽음과의 만남*. 서울(우진출판사).

조경철. (1993, 8). "코이노니아의 성서적 이해." *기독교사상*. 서울(대한기독교서회).

조이스 브라더스. 김옥라 역, 이인복 감수. (1992). *홀로 남은 이를 위하여*. 서울(우진 출판사).

지인성. (1999). "그리스도교 영성의 통전적 이해." *한국교회와 신학 실천*. 서울(대한기독교서회).

차원태. (1998). *해석에서 행동으로*. 서울(정암 문화사).

최일섭, 최성재. (1999). *사회문제와 사회복지*. 서울(나남출판).

채수일. (1999). "선교와 일치." *한국교회와 신학실천*. 서울(대한기독교서회).

최인식. (1996). *다원주의 시대의 교회와 신학*. 서울(한국 신학연구소).

최재락. (1997). *위기와 교육적 치유*. 서울(대한기독교서회).

파울로 프레이리. 성찬성 역, (1997). "억눌린 자를 위한 교육." *페다고지*. 서울(한마당).

한국기독교학회 편. (1993). *교회와 코이노니아*. 서울(대한기독교서회).

한국기독교장로회 선교교육원 편 (1999). *1999년도 설교 자료집*..

한국 실천 신학회 편. (1995). *실천신학논단*. 서울(대한기독교서회).

한정란. (2003). "노인을 위한, 노인에 관한, 노인에 의한."*교육노년학*. 서울(학지사).

한준상. (2003). "모든 이를 위한 안드라고지." *Lifelong Education*. 서울(학지사).

허정무. (2002). *노인교육이론과 실천방법론*. 서울(양서원).

현대사회 연구소편. (1982). *한국교회성장과 신앙양태에 관한 조사연구*. 서울(현대사회연구소).

호세 발라도. (1983). *떼제 이야기*. 왜관(분도출판사).

홍근표. (1991). "노인들의 정신세계와 건강", *빛과 소금 5월호*. 서울(빛과 소금).

홍숙자. (2002). *노년학 개론*. 서울(도서출판 하우).

홍순원. (1999). "생명체인 교회를 위해서." *한국교회와 신학실천*. 서울(대한기독교서회).

3. 논문 및 기타

Deeken, Alfons. (2001). *生と死の敎育*. 東京(岩波書店).

칼 베커. (2004). "미국에서의 죽음준비교육 – 이유, 단계, 내용." *죽음준비교육, 왜 실시해야 하는가?* (사랑의 장기기증운동본부 세미나 자료).

고영철. (2004). "러시아에서의 죽음학과 죽음대비교육." *죽음준비교육, 왜 실시해야 하는가?* (사랑의 장기기증운동본부 세미나 자료).

김동배. (2004, 10). *한국사회의 노인문제 해결을 위한 교회의 역할과 과제* (한국교회 사회사업학회 정기학술대회 제3차).

김성은. (2003). *노령층의 사회 재통합을 위한 교회 노인교육*(서울신학대학교).

김은이. (1994). *한국기독교 노인교육의 실태조사와 교육 모델에 관한 연구* (서울신대 석사 논문).

목창균. (2000). *세속화 신학논쟁 – 그 신학적 배경을 중심으로*(서울신대논문).

김현수. (2004). "한국에 있어서의 죽음의 대비교육.", *죽음준비교육, 왜 실시해야 하는가?* (사랑의 장기기증운동본부 세미나 자료).

안선호. (1993). *교회노인학교의 문제에 관한 고찰*(중앙대학교 사회개발대학원 석사학위논문).

이가옥. (1994). *노인의 생활실태와 노인복지의 정책과제*(한국보건사회연구원, 94-01).

이석철. (2003). "교육대상자로서의 노인에 대한 이해-기독교노인 교육의 과제와 전망" *기독교교육논총 9*(한국 기독교교육학회 논문).

이정효. (2003). "한국기독교 노인교육의 과제-기독교 노인교육의 과제와 전망", *기독교교육논총 9*. 서울(한국기독교 교육학회 논문).

장종철. (2003). "역의 신학과 기독교교육-기독교 노인교육의 과제와 전망", *기독교교육 논총 9*. 서울(한국기독교 교육학회 논문).

정무성. (2003). *교회 사회사업 프로그램의 개발과 평가*-"제1회 교회 사회사업실천 세미나"(한국교회 사회사업학회 논문).

한국교회 노인학교 연합회. (2000). 노인학교 운영지침서.

교육부. (1999. 12). "행복한 노년준비와 고령자인력자원화 계획." 21C 고령화 시대에 부응하는 노인교육.

2003년 주민등록 인구 통계(인천광역시) 2003년 12월 31일 기준.

• 저자 •

박상철
(朴商澈)

• 약 력 •
한국방송통신대학교 중문학과 졸업(문학사)
서울신학대학교 대학원 목회학 석사(M.Div)
샌프란시스코신학대학(SFTS) 여름학기 수료
뉴욕신학대학교 대학원(NYTS) 교역학 박사(D.Min)
기아대책 이사
큰사랑실버라이프 소장
현) 큰사랑교회 담임목사

• 주요논저 •
「등소평의 黑猫白猫論에 대한 考察」
「노인의 사회역할 상실에 따른 대안적 교육목회」
『신앙의 리모델링』(박상철 목사 설교집 1)
『예수그리스도의 심장으로』(박상철 목사 설교집 2)
『작은 교회 큰사랑 이야기』(박상철 목사 칼럼집)

노인의 사회역할 상실에 따른 대안적 교육목회

• 초판 인쇄	2006년 11월 30일
• 초판 발행	2006년 11월 30일
• 지 은 이	박상철
• 펴 낸 이	채종준
• 펴 낸 곳	한국학술정보㈜
	경기도 파주시 교하읍 문발리 526-2
	파주출판문화정보산업단지
	전화 031) 908-3181(대표) · 팩스 031) 908-3189
	홈페이지 http://www.kstudy.com
	e-mail(출판사업부) publish@kstudy.com
• 등 록	제일산-115호(2000. 6. 19)
• 가 격	31,000원

ISBN 89-534-6008-5 93230 (Paper Book)
      89-534-6009-3 98230 (e-Book)